Vertiefungen

Neue Beiträge zum Verständnis
unserer Welt

Vertiefungen

NEUE BEITRÄGE ZUM VERSTÄNDNIS UNSERER WELT

Protokolle der Freitagsgesellschaft
Herausgegeben von Helmut Schmidt

Siedler

Bei den Texten dieses Bandes handelt es sich um bislang unveröffentlichte Vorträge. Lediglich der Beitrag von Wolf Singer »Vom Gehirn zum Bewußtsein« wurde bereits abgedruckt in dem Sammelband »Das Gehirn und sein Geist«, hrsg. von Norbert Elsner und Gerd Lüer, Göttingen 2001. Der Abdruck des Beitrags von Siegfried Lenz »Über Märchen« geschieht mit freundlicher Genehmigung des Hoffmann und Campe Verlags, Hamburg.

Der erste Band mit Protokollen der Freitagsgesellschaft erschien 1999 in der Deutschen Verlags-Anstalt, München.

FSC
Mix
Produktgruppe aus vorbildlich
bewirtschafteten Wäldern und
anderen kontrollierten Herkünften

Zert.-Nr. SGS-COC-001940
www.fsc.org
© 1996 Forest Stewardship Council

Verlagsgruppe Random House FSC-DEU-0100
Das FSC-zertifizierte Papier *Munken Premium* für dieses Buch
liefert Arctic Paper Munkedals AB, Schweden.

Erste Auflage

Umschlaggestaltung: Rothfos + Gabler, Hamburg
Lektorat und Satz: Ditta Ahmadi, Berlin
Druck und Bindung: GGP Media GmbH, Pößneck
Printed in Germany 2010
ISBN 978-3-88680-967-7

www.siedler-verlag.de

Inhalt

Naturwissenschaften

Religion und Geschichte

Anhang

Vorwort

Zwei Motive liegen diesem Buch zugrunde: Es soll zum einen zu vielerlei Bereichen des Lebens und des Wissens interessante Informationen bieten. Zum anderen aber hofft der Herausgeber, dass sich Menschen in anderen Städten durch unser Beispiel zur Gründung ähnlicher Gesellschaften anregen lassen.

Die Freitagsgesellschaft zu Hamburg besteht seit 1985. Einige meiner Bekannten und Freunde haben damals in ähnlicher Weise wie ich den Wunsch empfunden, Gesprächspartner über ihr eigenes berufliches Gebiet hinaus zu finden und sich mit ihnen auszutauschen. So kam eine kleine Runde von etwa zwölf Personen zu der Verabredung, sich im Winterhalbjahr an sechs Abenden zu einem gemeinsamen Thema zusammenzusetzen, immer am zweiten Freitag des Monats. Wir wollten uns keineswegs auf Wirtschaft oder Politik oder auf die Wissenschaften beschränken, sondern erhofften uns Aufschluss und Überblick über Fachgebiete, von denen wir nicht genug wussten, auf die wir gleichwohl neugierig waren.

Dem einen oder anderen unter uns war wohl die ehrwürdige Berliner Mittwochsgesellschaft ein Begriff; einige Jahre zuvor waren Teile ihrer Protokolle aus den Jahren 1932 bis 1944 als Buch veröffentlicht worden.* Wir haben uns nur von fern an diesem Beispiel orientiert. Wir haben kein Statut und keinen Vorsitzenden, aber wir haben seit den ersten Jahren einen bestimmten Ablauf verabredet und dann auch beibehalten. Es beginnt immer mit einem gemeinsamen Abendessen, davor ein Drink; nach dem Essen kommen der

* *Die Mittwochs-Gesellschaft*, herausgegeben von Klaus Scholder, Berlin 1982

lange vorher verabredete Vortrag und sodann die Diskussion, die jedes Mal von einem anderen Mitglied geleitet wird.

Wir haben uns keineswegs auf männliche Teilnehmer beschränkt, die Frauen sind allerdings in der Minderheit geblieben. Im Lauf eines Vierteljahrhunderts hat sich die Mitgliederzahl verdoppelt; jedes neue Mitglied ist im Einvernehmen der bisherigen Mitglieder berufen worden. Wir versammeln uns immer am selben privaten Ort – in unserem Haus in Hamburg-Langenhorn. Nur wenn es der Anlass erfordert, treffen wir uns auch anderswo; zweimal ging es per Schiff über Alster und Elbe.

So sind in einem Vierteljahrhundert über 150 Vorträge zustande gekommen. Davon ist in den letzten Jahren beinahe die Hälfte von Personen gehalten worden, die nicht zum Kreis der Mitglieder gehören und oft auch von außerhalb unserer Stadt kommen. Natürlich können, zum Beispiel beruflicher Gründe wegen, nicht alle Mitglieder jedes Mal dabei sein. Einige sind inzwischen infolge Umzugs in andere Städte (und Länder) praktisch ausgeschieden, aber sie werden weiterhin eingeladen (für den Fall, dass sie zufällig in Hamburg sein sollten) und mit den Niederschriften versorgt. In Ausnahmefällen wird zu einem besonderen Anlass auch der jeweilige Ehepartner eingeladen.

Im Laufe langer Jahre haben sich Sympathien und auch Freundschaften ergeben – zwischen Angehörigen weit voneinander entfernter Berufe oder wissenschaftlicher Disziplinen. Wer die Mitgliederliste im Anhang zu diesem Buch betrachtet, wird eine erstaunliche Vielfalt finden. Parteiliche Zugehörigkeiten haben in unserem Kreise keinerlei Bedeutung; infolge der allseitigen Offenheit aber haben sie zur Erhellung mancher politischer Problemstellungen beigetragen.

Die Themen der Innenpolitik spielen in der Freitagsgesellschaft allerdings nur eine Nebenrolle, sie stehen am Rande. Dagegen hat sich unser Interesse von Anfang an des Öfteren der auswärtigen und der Weltpolitik zugewandt. Insgesamt aber – das zeigt auch der im Anhang wiedergegebene Überblick über die bisherigen Vortragsthemen – ist das Feld der Politik nur eines unter vielen Feldern. Für die Wahl eines Themas ist allein entscheidend, dass der Vorschlag, den ein Mitglied macht, von den anderen am Tisch aufgenommen oder modifiziert und schließlich einvernehmlich akzeptiert wird.

Dabei stellt sich des Öfteren heraus, dass unter uns Mitgliedern niemand sich als ausreichend kompetent empfindet, das jeweilige Thema oder sein Umfeld zu behandeln; in solchen Fällen kommt es dann zur Einladung auswärtiger Gäste.

Die jedem Vortrag folgende Diskussion ist bisweilen eine Fragestunde, zumeist eine sehr lebhafte Debatte, manchmal eine Mischung aus beidem. Der Vortragende kann immer intervenieren und antworten; aber oft genug muss der jeweilige Vorsitzende dafür sorgen, dass alle zu Wort kommen. So ungewöhnlich viel ich aus den Vorträgen gelernt habe, so sehr habe ich von den Diskussionen profitiert. Das geht wohl allen von uns ähnlich. In vielen Fällen ist man später froh, im Protokoll das eine oder andere nachlesen zu können.

Natürlich sind die Niederschriften eine Last für den jeweiligen Notar; sie sind infolgedessen sehr unterschiedlich in ihrer Länge und Ausführlichkeit. Wenn ein ausgearbeitetes Manuskript des Redners zur Verfügung gestellt wird, kann man sich nachträglich besonders gut vergewissern.

Wenn andere Menschen in anderen Städten sich durch dieses Buch zur Gründung vergleichbarer privater Gremien angeregt fühlen sollten, so darf an dieser Stelle auch ein Wort zu den geistigen Grundlagen der Hamburger Freitagsgesellschaft nicht fehlen. Uns alle eint das Engagement zum öffentlichen Wohl, zur *salus publica*. Unser gemeinsamer Antrieb stammt aus der Neugierde jedes einzelnen Mitglieds. Unser gemeinsamer Stil beruht auf Offenheit, Toleranz und Verantwortungsbewusstsein. Ansonsten aber sind wir alle sehr verschiedene Menschen.

Mindestens in einer weiteren deutschen Stadt wird ein ähnliches Vorhaben verfolgt. Marion Dönhoff und Richard von Weizsäcker haben 1996 in Berlin die Tradition der altehrwürdigen Mittwochsgesellschaft wieder aufgenommen, die von 1863 bis 1944 ihren Mitgliedern wertvolle Unterrichtung und geistige Orientierung geboten hat. Die alte Mittwochsgesellschaft brachte es auf 1056 Sitzungen, die Protokolle der Jahre bis 1919 sind in Auswahl ebenfalls publiziert: eine hochinteressante Quelle für die Geschichte der Wissenschaft.* Auch die neue Mittwochsgesellschaft hat dankenswerterweise begonnen, einige der in ihrem Kreis gehaltenen Vorträge zu veröffentlichen.** Sie stehen auf dem gleichen Boden wie die Vorträge der Freitagsgesellschaft.

Aber über Berlin hinaus möchte ich mir wünschen, dass sich auch an anderen Orten Bürger zum freundnachbarlichen Gespräch über ihre Besorgnisse und Hoffnungen zusammenfinden, ihr Wissen und ihre Einsichten austauschen. Allzu sehr neigen viele Menschen dazu, ihren Freundes- und Bekanntenkreis auf das berufliche Umfeld zu beschränken: Gewerkschafter unter sich, Arbeitgeber unter sich, Manager unter sich; Naturwissenschaftler, Ingenieure, Ärzte, Juristen, Politiker – viele neigen zur geistigen Inzucht. Allzu viele nehmen Informationen jenseits ihres beruflichen Interesses nur über die Massenmedien auf.

Die Gefahren einer Aufspaltung unserer Gesellschaft in egoistische Interessengruppen und die damit einhergehende Verflachung unserer Kultur sind längst schon sichtbar geworden.

Aber wir, die privaten Bürger, wir können dem entgegenwirken – also lasst uns das tun!

Helmut Schmidt
Hamburg, im Mai 2010

* *Die Mittwochs-Gesellschaft im Kaiserreich*, herausgegeben von Gerhard Besier, Berlin 1990

** *Die neue Mittwochsgesellschaft,* Band 1: Gespräche über Probleme von Bürger und Staat, Stuttgart 1998; Band 2: Menschenrecht und Bürgersinn, Stuttgart 1999

Zur Kunst

SIEGRFRIED LENZ

Über Märchen

9. März 2007

Die Zeit, in der das Wünschen geholfen hat, ist noch nicht vorbei, sie wird wohl nie vorbei sein, zumindest so lange nicht, wie es das Märchen gibt und wir bereit sind, uns als zeitweilige Bewohner der Märchenwelt zu empfinden. Die Wünsche, die wir erfüllt sehen möchten, sind nicht zuletzt ein Ausdruck unserer Sehnsucht, einer Sehnsucht nach einer Welt, die durchschaubar ist, in der es sich gefahrlos leben läßt und in der das Gute belohnt, das Böse aber bestraft wird. Ohne Zweifel sind nicht wenige Märchen in pädagogischer Absicht erzählt; die sogenannten Ammen-Märchen sind ein naheliegendes Beispiel dafür. (Die Amme, betraut mit einer gewissen Stufe der Erziehung, erfand selbst nicht Märchen, sondern erzählte wieder, was sie sich als Fundus angeeignet hatte – also Geschichten von Prüfung und Bewährung und wunderbarer Lösung vertrackter Konflikte.) Aufs Ganze gesehen läßt sich wohl sagen, daß Märchenwelt vor allem Kinderwelt ist.

Die Phantasie erhält eine bedeutende Rolle. Wo die Wirklichkeit bei dem Versuch, eine Lösung zu finden, sich als ungenügend zeigt, wird Phantasie zu Hilfe genommen, Phantasie schafft das Wunder, das alles bedeutet, das aus Gefahren rettet, das für Gerechtigkeit sorgt oder zu ersehnter Erkenntnis führt. Das Geschenk der Wunder läßt möglich werden, was in der Tatsachenwelt unerreichbar ist. Das Wunder ist die zentrale Möglichkeit des Märchens.

Um herauszufinden, was in der Luft und im Wasser gesprochen wird, schnupfen der Kalif von Bagdad und sein Großwesir ein Pulver, das ein fahrender Händler in einer Dose verkauft. Nach Einnahme des Pulvers und der Nennung des Schlüsselworts Mutabor finden sich die Herren als langbeinige Störche wieder, sprechen Storchensprache, essen Storchennahrung, bevorzugen nach Storchenart Hausdächer. Ein Wunder beschert ihnen einen Zuwachs an Erkenntnis, die dem Kalifen sogar seine gefährdete Stellung vor Augen führt.

Das häßliche Entlein wird nicht zeitlebens unter seiner Häßlichkeit zu leiden haben, denn durch ein Wunder wird offenbar, daß es aus einem Schwanen-Ei entstammt und so schön ist wie ein Schwan. Und da eine liebgewordene Märchengestalt nicht sterben darf – zumindest nicht endgültig –, muß Schneewittchen den giftiges Apfel loswerden und ins Leben zurückkehren. Das Wunder bewirkt ein Wurzelstrauch, über den die Träger des Sarges so folgenreich stolpern, daß sich das Mädchen wünschenswert erbricht und sich von dem Gift befreit.

Seltsam, das Wunder, wie es im Märchen vorkommt, befremdet uns nicht, es gehört zur Wirklichkeit der Kindheit, in der die Wunschträume der Phantasie mit ihren Bedürfnissen nach Glück und erfolgreicher Zauberei ihren Platz haben. Wirklichkeit und Wunder, sie liegen nah beieinander, sie ergänzen sich. Und darin, so glaube ich, erkennen wir für uns auch das Märchenhafte: in der Überwindung des Schreckhaften, in der kaum noch erhofften Einlösung unserer Wünsche, im Triumph der Naivität.

Naivität: Man kann sie auch die Unschuld des Herzens nennen; im Vergleich zeigt es sich, daß diese Naivität auch ein Element der Poesie ist. Bei dem Versuch, das Märchen formal zu bestimmen, ist man wohl genötigt, den poetischen Charakter zu erwähnen; eine Verwandlung der Realität spricht dafür.

Poesie ermöglicht es, uns eine fremde, nicht erfahrene Welt anzueignen – durch Transponierung, durch Entschüsselung. Wir willigen ein, das Dargestellte als glaubwürdige Möglichkeit des Daseins zu empfinden, und damit akzeptieren wir das Wunder und nicht nur dies: Wir erkennen die Gesetze an, die im Zauberwald herrschen, wir sind einverstanden mit den Spielregeln im Schlaraffenland, wir schließen wie selbstverständlich Bekanntschaft mit Riesen, Hexen und sieben Zwergen und leiden mit Königskindern, die durch Haß und Mißgunst um das Glück gebracht werden. Auch wenn die Angehörigen einer – sozusagen hochalpinen – Gesellschaftsschicht – Prinzessinnen vor allem – als besonders beliebte Märchenfiguren vorgestellt werden, es gibt durchaus auch Märchen, in denen die soziale Niederung zum Vorschein kommt; das kleine Mädchen mit den Schwefelhölzern wird für immer ein Beispiel dafür geben, ebenso Handwerker, Bauern und Fischer. Und daß wir auch auf ein trauriges Ende gefaßt sein müssen, bestätigt uns der standhafte Zinnsoldat: Er, der von einem Zinnlöffel geboren wurde, landet in einem Ofen, freilich zusammen mit der angebeteten Tänzerin.

Was man hier und da dem Märchen nachsagt, daß in ihnen alles Soziale und Politische ausgespart bleibt oder daß ihre Erzähler sich uninteressiert an diesen Fragen zeigten, trifft nicht zu. H.C. Andersens unsterbliche Geschichte von des Kaisers neuen Kleidern – um nur diesen Bereich zu erwähnen –, beweist, daß das Märchen es sogar erträgt, erkennbar kritische Fragen aufzuwerfen: Von Betrügern animiert, ja überredet, neue Kleider anzulegen, die noch gar nicht existierten, zeigt sich der Kaiser seinem Volk. Zugegeben: Es ist ein Land des unaufgeklärten Despotismus. Alle bewundern, was man ihnen zu bewundern aufgetragen hat, und da die Kammerherren eine Schleppe tragen, die nicht existiert, ist die Begeisterung allgemein. Vielsagend genug: Ein Kind, das sich nichts vormachen läßt, das darauf besteht, allein das zu sagen, was es sieht, spricht aus, was die Mehrheit nicht auszusprechen wagt: Der Kaiser ist ja nackt.

H.C. Andersen, der große Märchenerzähler, bereichert die Form dieser Gattung, indem er es wagt, ein Märchen im Märchen zu schildern; dadurch gewinnt er eine Perspektive, aus der er sich bekenntnishaft über seine bevorzugte Kunstform äußern kann. So erfahren wir etwa im »Fliegenden Koffer«, daß ein Märchen tiefsinnig und belehrend sein soll und daß man beim Zuhören lachen kann. Das sind Forderungen eines Märchenerzählers an sein eigenes Metier.

Woran dem Erzähler indes mehr liegt, das ist die Aufnahme und Weitergabe eines märchenhaften Stoffes. Da bei vielen Völkern eine Märchenkultur besteht, kann man leicht die Wanderschaft der Motive verfolgen; man übernimmt Stoffe aus alter Volksdichtung und verwandelt sie. Die Kinder- und Volksmärchen der Brüder Grimm lieferten oft den Anlaß zum Neu- beziehungsweise zum Weitererzählen. Daß sich ein Stoff, ein Problem, ein Motiv beim wieder- und weitererzählen verändert, ist eine alte Erfahrung; der Stoff wird meist angereichert; in seiner offenen oder verdeckten Beweisabsicht dem Leser näher gebracht. Ein Vergleich zwischen dem »Schweinehirt« von Andersen und dem »König Drosselbart« der Grimms zeigt, welche Veränderung Motive erfahren können. Das Märchen »Was Vater tut, ist immer gut« erklärt uns die Veränderungen. Es beginnt so: »Jetzt werde ich hier eine Geschichte erzählen, die ich gehört habe, als ich klein war, und jedesmal, wenn ich seither an sie gedacht habe, fand ich, daß sie immer schöner wurde, denn es geht mit Geschichten wie mit den Menschen: Sie werden schöner und schöner mit dem Alter, und das ist erfreulich.«

Die märchenhaften Geschichten, die erzählt werden – und das gilt allgemein –, stammen aus längst vergangener Zeit. Sehr selten läßt sich der Erzähler auf ein bestimmtes Datum ein, wie etwa De la Motte Fouqué in seiner Geschichte »Das Schauerfeld«, die beginnt: »Am Fuße des Riesengebirges, in einer blühenden schlesischen Landschaft, hatten sich einige Zeit vor dem Westfälischen Frieden unterschiedliche Verwandte in die Erbschaft eines reichen Bauern zu teilen.« Der häufigste Anfang enthält einen unbestimmten Zeitbegriff: Es war einmal; oder er verweist uns auf eine wunderbare märchenhafte Zeit, in der das Wünschen noch geholfen hat. Mitunter wird auch die Vorzeit als besonders glaubwürdig angerufen wie im Grimmschen »Zaunkönig«: »In den alten Zeiten, da hatte jeder Klang noch Sinn und Bedeutung.« Vergebens wird man nach dem Datum forschen, an dem der Sultan Soliman den Thron der Welt bestieg. Dennoch beginnt mit ihm ein Märchen von Christoph Martin Wieland, ein Märchen, das uns damit bekannt macht, daß dieser Sultan den Greif vom Gebirge Kaf zum König aller befiederten Scharen erklärt hat. Was zeitlich unbestimmbar ist, legt den Gedanken der Zeitlosigkeit nahe, und in der Tat wollen Märchen als Ereignisse genommnen werden, die immer geschehen können, sofern unsere Phantasie nur bereit oder fähig ist, die Distanz aufzuheben.

Der relativen Unbestimmtheit der Zeit entspricht für zahlreiche Märchen die Unbestimmtheit des Ortes; zwar werden fast immer die Orte für märchenhaftes Geschehen genannt, doch sie sind so allgemein und willkürlich vorstellbar, daß sie uns als übertragbar erscheinen.

Eines der bekanntesten Märchen, »Hänsel und Gretel«, beginnt: »Vor einem großen Walde wohnte ein armer Holzhacker.« Der Wald, der dichte, dunkle, geheimnisvolle Wald ist ein Lieblingsort für zauberische Ereignisse. Indes, es werden auch namentliche Orte genannt, doch wo dies geschieht, haben sie märchenhaften Klang, sie existieren nur auf der Landkarte der Phantasie. Ein Märchen von Brentano beginnt mit den Worten: »Es war einmal ein König von Rundumherum.« Und im Märchen von Rosenblättchen lesen wir: »Der Herzog von Rosmital hatte eine sehr schöne Schwester.«

Bei aller Vielfalt der Motive, bei aller Berufung auf vergangene Zeiten – ein spürbarer romantischer Grundton ist in fast allen klassischen Märchen zu finden. Das gilt für die Kinder- und Volksmärchen der Brüder Grimm wie für die Märchen der deutschen Romantik und die bildreichen und geheimnisvollen Märchen des Orients.

Den Unterschied zwischen Volksmärchen und Kunstmärchen hat man in der Literaturgeschichte erst spät gemacht. Ursprünglich galt in dieser Gattung nur die Erzählform: Typische, archetypische Erfahrungen der Menschen wurden mündlich weitererzählt, die Defizite des Lebens mithilfe von Phantasie ausgeglichen oder überwunden. Die Brüder Grimm sammelten und vereinigten, was als sogenanntes Volksgut bereits existierte. Von vielen wechselnden Erzählern weitergegeben, kannte keiner den Ursprung. Die Urheber der sogenannten Kunstmärchen, in denen eine ästhetische Formung offenbar wird, haben einen Namen: Ludwig Tieck, Clemens Brentano, Christoph Martin Wieland. Sie sind eigene, souveräne Märchenerzähler, sie sind – in des Wortes zutreffender Bedeutung – Märchendichter. Einer, der die Märchenliteratur außerordentlich bereichert hat, war Ludwig Bechstein; er war Sammler und Dichter zugleich; in seinem Märchenbuch finden wir, was wir alle kennen und was uns berührt und ergriffen hat: Dornröschen ebenso wie Ritter Blaubart, Rotkäppchen und den Wettlauf zwischen Hase und Igel. Ihm, Ludwig Bechstein, verdanken wir eine Geschichte, die den anspruchsvollen Titel hat »Des Märchens Geburt«.

Tiefsinniger kann ein Kommentar über die Entstehung des Märchens nicht sein. Erzählt wird von zwei Königskindern – ein Junge und ein Mädchen –, an denen zunächst nur ihre Müdigkeit und ihre Traurigkeit auffällig sind. Die Kinder sind unglücklich. Sie haben die kostbarsten Spielsachen, sie können sich jede Speise wünschen, in ihren Gärten stehen goldene Vogelhäuser, Springbrunnen und prachtvolle Blumenbeete laden zu Kurzweil ein; dennoch: Sie sind der Pracht müde. Auf die Fragen der Mutter, was ihnen denn fehle, wissen sie keine Antwort. Sie wissen es so lange nicht, bis sie eines Tages einen sehr schönen Vogel entdecken, einen paradiesischen Wundervogel, der ihnen ein goldenes Ei hinterläßt. Das Wesen, das aus dem Ei schlüpfte, war nicht Schmetterling, nicht Biene, nicht Libelle, es war der Märchenvogel Phantasie. Kaum nötig zu sagen, daß sich den müden und traurigen Kindern nun eine Welt eröffnete, eine Wunschwelt, die sie, nun im Besitz von Flügeln, erkunden konnten. Märchen erwiesen sich als Kinderglück.

Aber wie die Literaturgeschichte zeigt, waren es nicht nur Kinder, die das Glück im Märchen fanden; auch Erwachsene bekannten sich zu dieser Gattung, auch große Schriftsteller wie etwa Fontane und Thomas Mann.

Thomas Mann bekannte, daß ihm den tiefsten und nachhaltigsten Eindruck die Märchen von Andersen gemacht haben, und er dachte dabei vor allem an den standhaften Zinnsoldaten, gewiß aber auch an die kleine Meerjungfrau, die Andersen als Schlüsselfigur diente mit ihrer wortlosen Liebe zum Prinzen. Michael Maar hat gezeigt, welch ein Fortleben etliche Märchenfiguren – verändert, verwandelt – in der Weltliteratur gefunden haben.

Wem aber sind diese Zaubertexte, die wir Märchen nennen, ursprünglich zugedacht? Fast alle Erzähler wenden sich an Kinder, eine frühe Ausgabe von Andersens Märchen enthält den ausdrücklichen Hinweis »erzählt für Kinder«. Es spricht für sich, daß dieser Hinweis in späteren Ausgaben weggelassen wurde – gewiß auf Wunsch des Autors. Also darf man annehmen, daß der Märchenerzähler sich an jedermann wende, auch an den erwachsenen Leser. Und dieser wird feststellen, daß die Sehnsucht, der Schmerz und die Wonnen der eigenen Kindheit wunderbar aufgehoben sind in einer Erzählung, die wir Märchen nennen.

KLAUS FUSSMANN

Die Erfindung der abstrakten Malerei

14. Februar 1997

Anfang des 18. Jahrhunderts wird die französische Malerei führend in Europa. Sie hielt mühelos und überzeugend diese Position länger als zweihundert Jahre, erst nach dem Zweiten Weltkrieg verlor sie ihre Dominanz an die Vereinigten Staaten von Amerika. Jedes Jahr wird im Grand Palais, in Paris, das Werk eines der großen Maler des Landes ausgestellt, jedes Mal ein anderer, und jedes Mal ist es ein weltberühmter Künstler. Mehr als fünfzig Namen könnte man aufzählen, die in Frage kommen, kein anderes Land kann sich damit messen. In Frankreich entstand die Moderne Malerei, erstand die Moderne, eine geistige Bewegung, deren gewaltige Auswirkung wir noch nicht übersehen können. Eine zentrale Position nimmt innerhalb der Moderne die Erfindung der abstrakten Malerei ein, deren Entstehung sich in Frankreich ziemlich selbstverständlich, fast logisch vollzog. Wer aber auf der Welt als Erster ein abstraktes Bild gemalt hat, ob Kandinsky, Turner oder etwa Victor Hugo, oder – wie die Forschung meint – Braque es war, ist hier belanglos. Braque ist als Maler da wohl der Überzeugendste. Aber um den Weg dahin und den geistig-soziologischen Hintergrund aufzuzeigen, der diese Malerei erst möglich machte, sollten wir uns auf Frankreich konzentrieren, denn hier gibt es wirklich so etwas wie eine Geschichte der Abstraktion, ein Sinn im Gegenstandslosen, eine gewisse Logik sogar, ein Vorher und ein Nachher. Doch blicken wir zurück auf die Ursachen.

Die Französische Revolution von 1789 veränderte die politischen wie zivilisatorischen Fundamente Europas – und damit letztlich der ganzen westlichen Welt – grundlegend. Die bildenden Künste waren davon nicht ausgenommen, sie verloren dabei eine wichtige geistige wie materielle Plattform. Die Beeinflussung der Malerei ist stilistisch gesehen eher zögerlich, Bilder aus der Zeit zeigen zunächst kaum Veränderungen, die Verschiebungen registrieren wir erst Jahrzehnte später, und diese begründen sich nicht im Zeitgeschmack, sondern eben soziologisch. Doch mit der Revolution und noch einmal nach Napoleon I. verliert die Malerei wichtige, von ihr besetzte Felder: Geschichtliche Verherrlichung und religiöse Inbrunst waren nach der Revolution keine selbstverständlichen Größen mehr, sie glichen plötzlich eher einer Theatervorstellung, die Revolution hatte diese Themen – fast nebenbei – mit ihrem politischen Elan ausgehöhlt, hatte sie auf ein Nebengleis gestellt. Der Fokus war jetzt auf das Reale, wirklich Machbare eingestellt. Der Ruch des Irrealen und Unwichtigen lag über Sujets von Helden und Heiligen, und diese Entzauberung von tausend Jahren Tradition sollte irreparabel bleiben.

Ganze Arbeitsfelder der bildenden Künste brachen damit weg. Die wichtigen Auftraggeber aus Adel und Klerus vergaben kaum noch Aufträge, und auch später, in der Restitution, blieben ihre künstlerischen Ambitionen gebrochen, glücklos und zögerlich, sie nahmen kaum noch Einfluss auf den Zeitgeist, auf die Kunstgeschichte. Eine Epoche war vorbei.

Den Malern ging es nach der Revolution, vor allem in der ersten Hälfte des 19. Jahrhunderts, miserabel. Wie schon gesagt, Adel und Kirche, ziemlich verarmt, fielen auch wegen Machtverlusts aus, und die neue bürgerliche Gesellschaft war zwar reich geworden, sah aber keinen Sinn darin, für Kunst Geld auszugeben, hatte auch einen unsicheren Geschmack. In dieser prekären Zeit, als die Maler von Barbizon bescheiden ihre kleinen Landschaften malten und die Karikatur vom armen Künstler sich gesellschaftlich manifestierte, sollte vornehmlich über die kleinen Formate eines Corot, Daubigny, Troyon, eines Daumier – Letzterer war allerdings kein Maler in Barbizon –, die Grundlagen der Moderne sichtbar werden. Es gab mehrere, verschieden arbeitende Künstler, die Vorläufer der Moderne waren, Delacroix und Courbet zum Beispiel, die oft großformatig arbeiteten, aber die wesentlichen Anstöße kamen über kleinformatige Landschaften, die im Impressionismus dann zu den ersten modernen Bildern weitergeführt wurden. Die Voraussetzung aber für eine Wende war das geistige Vakuum, welches der angeschlagene, wieder monarchisch gewordene Staat und die verblassten sakralen Legenden zurückgelassen hatten.

Der Anlass, warum ich diese Ausführungen dem Thema »Erfindung der abstrakten Malerei« vorausschicke, ist Hans Sedlmayrs Buch »Verlust der Mitte«, welches 1948 im Otto Müller Verlag, Salzburg, erschienen ist und in der Folgezeit, durch die ganzen fünfziger Jahre, die Diskussion in Deutschland über die moderne Kunst maßgeblich beeinflusst hat. Sedlmayr war der absolute Antipode der Moderne. Schon der geringste Verstoß gegen das Gegenständliche wurde von ihm als Schritt in die Anarchie gewertet. Sein Weltbild war im buchstäblichen Sinne orthodox, und anscheinend war er unfähig, die neue Ästhetik der Moderne überhaupt wahrzunehmen. Damit wäre seine Kritik eigentlich obsolet gewesen, aber die Wirkung von »Verlust der Mitte« war so enorm, dass man ihn damals einfach nicht ignorieren konnte. Dabei müssen wir uns vor Augen halten, dass seine Schmähung die vergleichsweise noch harmlose abstrakte Kunst meinte, die wir heute Abend zum Thema haben und nicht das Informel, den amerikanischen abstrakten Expressionismus, Hardedge oder Pop-Art, denn diese waren damals noch gar nicht oder gerade eben in der Welt – von heutiger Land-Art, Video-Art, Performances und so weiter gar nicht zu reden. Aber hören wir die ersten Zeilen seiner Einleitung zu »Verlust der Mitte«:

> »In den Jahren und Jahrzehnten vor 1789 hat in Europa eine innere Revolution von unvorstellbaren Ausmaßen eingesetzt: die Ereignisse, die man als ›Französische Revolution‹ zusammenfaßt, sind selbst nur ein sichtbarer Teilvorgang dieser ungeheueren inneren Katastrophe. Es ist bis heute nicht gelungen, die dadurch geschaffene Lage zu bewältigen, weder im Geistigen noch im Praktischen.

> Zu verstehen, was damals wirklich geschehen ist, ist vielleicht die aktuellste Aufgabe, die den historischen Wissenschaften überhaupt gestellt ist: An dieser historischen Wende sind wir nicht nur historisch, sondern ganz unmittelbar interessiert. Denn mit ihr beginnt unsere Gegenwart, und von ihr her erkennen wir auch noch unsere Lage, erkennen wir uns selbst.
>
> Die Betrachtung der Kunst ist berufen, entscheidende Erkenntnisse zum Verständnis dieser inneren Revolution beizutragen. Nirgends ist das Unvergleichliche, Neue, das damals begonnen und Epoche gemacht hat, schärfer zu fassen als an einer Reihe von Erscheinungen in dem Gebiete der Kunst, die außerordentliche Prägnanz besitzen. Ist man imstande, diese Erscheinungen nicht bloß als historische Tatsachen zu sehen, sondern als Symptome, dann ergibt sich aus ihnen zwanglos eine Diagnose des Leidens der Zeit. Denn als Leiden werden diese Zustände zweifellos weithin empfunden.«

Er sieht also hier das Unheil sogar schon vor der großen Revolution sich anbahnen. Hans Sedlmayr war der letzte Kritiker der Moderne, der wirklich ernst genommen wurde. Die Schieflage der Kunst gab es, so seine Ansicht, schon in der Renaissance, und Vorboten von luziferischem Einfluss waren für ihn auch die Gemälde von Goya und Caspar David Friedrich. Beide verlassen mit ihrer Kunst das menschliche Maß, der Spanier mit seiner Welt des Schaurigen und Alogischen, der Deutsche mit seinen unendlichen Weiten und Eiswüsten. Beide tragen Schuld, beide haben zum Verlust der Mitte beigetragen.

Die Geschichte ist über die Warnungen des Hans Sedlmayr hinweggegangen, seine Rufe sind verhallt, doch ob er am Ende in großen Teilen Recht hatte, könnte heute wieder erwogen werden. Was er nicht sah, war die unglaubliche Leistung, nämlich, wie in äußerster Bedrängnis die Malerei sich verselbstständigte, sich selbst erfand, ihr Thema, ihre zeitnahen Sujets sich selbst auswählte; ohne Mythos und ohne Allegorie, wie allmählich die erste Abstraktion des Impressionismus entstand – die Übertreibung der Natur, die Verherrlichung der Natur, die Freude am Alltäglichen und die Liebe zum Gegenstand.

Überblicken wir die Moderne von den Anfängen im Impressionismus über den Expressionismus und Kubismus bis zu den letzten Aktionen und Konzeptionen, so unterscheidet vor allem die Abstraktion sie grundlegend von allen anderen Epochen. Alle nach ihr folgenden modernen Kunstformen sind davon berührt. Die überzeugendste Abstraktion ist der von Cézanne abgeleitete und von Picasso und Braque vollzogene Analytische und später Synthetische Kubismus. Ohne die Arbeit Cézannes wären der Kubismus und seine Folgen undenkbar gewesen.

Kunst ist nicht logisch, und die Malerei von Cézanne ist es erst recht nicht. Der frühe Cézanne tat sich schwer. Es mutet unglaublich an, dass der Mann, der mit achtundzwanzig noch ungelenke Bilder malt, zum wichtigsten Veränderer der modernen Kunst werden sollte. Man entdeckt in den frühen Bildern zwar eine bohrende Kraft, sieht aber, dass er kaum Talent hatte. Wahrscheinlich war es gerade dieses Handicap, welches ihn zu einem so großen Maler machte.

Eine gewisse Sprödigkeit bleibt Cézanne bis zum Schluss. Talent, wie es in seinen Augen Monet und Renoir hatten und welches er sich selbst immer so wünschte, war ihm nicht gegeben. Cézannes Jugendfreund Zola, der sich für Manet tapfer geschlagen hatte, konnte seine Malerei nicht verstehen. Cézanne veränderte die Malerei, indem er zeigte, welches Gerüst unter einem Bild liegt. Der Künstler konnte sich nicht auf seine Fertigkeit verlassen, und so wählte er jede Farbe bewusst. Auf den Bildern Cézannes verschiebt sich die Realität der Wirklichkeit zur Realität des Bildes. Er arbeitete sehr langsam. Der Sammler Joachim Gasquet spricht in seinen Erinnerungen an Cézanne von zwanzig Minuten, die manchmal zwischen den einzelnen Pinselzügen lagen. Das Bild entsteht gleichzeitig über der ganzen Fläche. Er bevorzugt kein Detail, sondern setzt zunächst nur Akzente, die sich allmählich mit den vorgearbeiteten Stellen zum fertigen Bild vereinen. Das Bild ist nicht Abbildung, wichtiger ist jetzt das Farbgitter. Dieses Gitter, durch das die Wahrheit nicht mehr entschlüpfen kann, wie Cézanne sagte, wird die neue Wirklichkeit der Kunst. Der scheue Mann schuf die moderne Ansicht von Kunst, stellte ihr neues Gesetz auf, in dem Form und Farbe in der Malerei vor dem Sujet rangieren.

Betrachten wir nun ein Bild von ihm, sind die starken Linien darauf und die modellierte Oberfläche unübersehbar. Das Bild ist im Vergleich zu den Arbeiten seines Freundes Pissarro viel mehr »gemacht«, die Gegenstände sind abstrakte Versatzstücke. Und doch ist die fast hedonistische Weise, ein Bild zu sehen, hier noch eher möglich, denn das Schönste an Cézannes Bildern ist dieser Schwebezustand zwischen real und abstrakt. Die Dinge haben ihr gewohntes Aussehen verloren; wie nach einem schwachen Erdbeben ist ein Riss durch sie gegangen: Nichts stimmt wirklich, die Fußleiste verläuft versetzt hinter der Figur weiter, das eine Auge der Figur ist zu tief angesetzt, und so geht es weiter von Fehler zu Fehler durch das ganze Gemälde, aber das Bild ist dadurch nur stärker geworden. Der Maler bricht mit der Realität, damit die Kunst größer werde.

Manche Bilder von Cézanne muten schon fast kubistisch an, dermaßen kantig und prismatisch sind sie bereits. Doch wäre Cézanne wahrscheinlich entrüstet gewesen, hätte man ihn auf diese Entwicklungsmöglichkeit hingewiesen. Die Kunst völlig von der Natur zu trennen, wäre ihm wie ein Sakrileg vorgekommen – als Gegenteil dessen, was ihm vorschwebte. Diesen Schritt in den Kubismus, mit dem das Eigenleben der Kunst beginnt, taten dann Braque und Picasso.

Das Entstehen dieser Malerei wirkt auf uns wie ein rasantes Abenteuer. Die Maler betraten Neuland und konnten überhaupt nicht sicher sein, verstanden zu werden. Besonders die Skizzen von Picasso aus der frühen Zeit, die angefangenen Akte, haben trotz aller Rigorosität Versuchscharakter. Es war ein Griff ins Dunkle, und der war zunächst ohne Widerhall. Vieles blieb tastend. Selbst die

»Demoiselles d'Avignon« nahm Picasso sich später aufs Neue vor und »meißelte« die rechte Maskengruppe über das bereits fertige Bild. Die Eremitage in Sankt Petersburg besitzt mit dem Bild »Trois Femmes« ein den »Demoiselles d'Avignon« vergleichbares Werk. Die Figuren dieses Bildes sind nicht überarbeitet, und deshalb haben die einzelnen Prismen die flachen Winkel des ganz frühen Kubismus, und die Komposition ist noch längst nicht so asymmetrisch. Der Kubismus vollendete sich nicht an einem Tag, sondern im Dialog zwischen Vorher und Nachher.

Es gab mehrere Abstraktionen, allein der Kubismus führte zu Mondrian. Kandinsky ging einen ganz anderen Weg in die abstrakte Malerei. Mit seinem abstrakten Bild von der Murnauer Bimmelbahn fängt er mehr Flair und Bewegung ein als die Kubisten, verliert aber sofort an Raum. Der Verzicht auf die festen Cézanneschen Konturen lässt eine vollkommene Gegenstandslosigkeit sogar eher zu als der Kubismus, die Bilder büßen jedoch an Lesbarkeit ein. Es ist durchaus möglich, dass Kandinsky das erste ganz und gar abstrakte Bild gemalt hat, doch nur abstrakt zu sein war nicht das Anliegen der frühen Kubisten. Eine Analyse der Malerei musste zunächst über eine Analyse der Formen gehen.

Der Analytische Kubismus ist, vereinfacht gesagt, ein in Kuben zerlegtes Stillleben, ein Interieur oder ein Modell oder auch ein Porträt – sehr selten eine Landschaft. Der Analytische Kubismus orientiert sich noch am Gegenüber, übernimmt die Anregungen direkt, während im Synthetischen Kubismus der Maler seine Anlehnung an den Gegenstand erst im Nachhinein aufspürt, nachdem er das Bild absichtslos begonnen hat. Aber über die ersten Malvorgänge wissen wir wenig, auf jeden Fall war auch viel Handwerk dabei – Versuche, Ausprobieren, Scheitern und Gelingen. Was auch immer wir über die erste Zeit des Kubismus erfahren können, zum Beispiel die Geschichte von der stark gemusterten Tapete, die bei Braque, Picasso und Gris als Collage verwandt wurde, und wer sie als erster, nämlich Braque, in dem Polstergeschäft auf dem Montmartre entdeckt hatte; über Daten: ob die Erfindung schon 1905 oder erst, was ziemlich gesichert ist, zwischen 1907 und 1910 anzusetzen ist, all das hilft uns zum Verständnis dieser neuen Ästhetik nicht weiter. Denn es fällt schwer, einmal in einem Bild keine Analogie zur Wirklichkeit zu suchen. Wir erkennen im zersplitterten anthropoiden Gebilde den Kunsthändler Daniel Henry Kahnweiler und wissen, dass der eigentlich nicht die Botschaft sein kann. Die Kunst, die Malerei, hat sich hier von ihrer Aufgabe, Dinge, Räume, Personen und so weiter abzubilden, losgesagt, hat dafür aber eine haptisch modulierte Oberfläche und eine überhöhte Spannung der Komposition bekommen. Beides, »Textur« – also die haptische Bildfläche – und die asymmetrische Komposition, befreien die Farbe, sie ist nicht mehr dazu da, der Realität zu dienen. Farbe kann jetzt intuitiv, ja instinktiv eingesetzt werden.

Mit der Farbe tat man sich zunächst schwer, die frühen Arbeiten des Kubismus gehen durchweg nicht über ein Braun oder Ocker hinaus; die Modulation der Fläche stand ganz im Vordergrund, hier lag auch der eigentliche Schwerpunkt der Entdeckung. Farbe als primäres Konzept, leuchtend und flächig, gibt es erst bei Gris, also im Synthetischen Kubismus.

Meines Erachtens ist es vollkommen unmöglich, ohne Einübung solche Malerei zu »verstehen«. »Verstehen« fordert in diesem Falle, dass sich der Betrachter sprachlos dem Bilde nähert. Er darf gar nicht erst versuchen, das Gesehene zu erklären, sondern muss alle Vorbehalte ablegen und absichtslos das Werk ansehen. Bis heute, trotz tausend und abertausend Reproduktionen abstrakter Bilder, sind die meisten Menschen dazu nicht in der Lage, sie sehen nichts Aufregendes, sondern Nonsens, und es gibt keine Sprache, die hier klärend behilflich sein könnte. Wenn ich das Bild ad hoc nicht verstehe, wird es zunächst einmal stumm bleiben, vielleicht sogar für immer. Es ist also kein intellektueller Vorgang, der zum Verständnis der abstrakten Kunst führt, sondern hilfreicher ist wohl eher eine lange Beschäftigung mit Malerei, Einübung, die das Auge für diese absichtslose Ästhetik sensibilisiert. Von Anfang an sollte der Analytische Kubismus erklärt werden. Besucher im gemeinsamen Atelierhaus von Braque und Picasso bestürmten diese immer wieder, sich zu äußern. Aber Picasso soll nur lakonisch geantwortet haben, »Während des Fluges ist es verboten, mit dem Piloten zu sprechen«, und verstummte dann wieder.

Die abstrakte Malerei kubistischer Prägung machte in ihrer Geschichte noch einige Versuche, sich zu steigern, aber die Abstraktion des Kubismus hat sich eigentlich nicht weiterentwickelt, diese Form der abstrakten Malerei konnte nach ihrer Erfindung nicht mehr verbessert, eigentlich auch nicht verändert werden. Seltsamerweise blieb der spätere Kubismus, ob nun russischer, deutscher oder italienischer Prägung, sich immer gleich, auch wenn er im Laufe der Zeit unter verschiedenen Namen auftrat. Aber insgesamt radikaler wurde die Malerei nach der großen Abstraktion schon.

Es gehört nicht viel dazu, in den Bildern Mondrians eine Weiterführung der europäischen Malerei zu sehen. Die von silbrig bis perlmutt geschichteten Flächen zwischen den schwarzen Balken sind genauso atmosphärisch wie Vermeers Wände auf einem Interieur mit einer Dame. Auch das Rot und Gelb ist vielfach gebrochen und auf das gesamte Bild abgestimmt. Die große Vereinfachung, die er an der abendländischen Malerei vollzieht, geschieht ganz innerhalb ihres Rahmens. Mag er auch auf seinen Bildern die Elemente radikal auf ein paar Formeln zusammenstreichen: Darunter liegt immer noch das Ordnungsprinzip eines Giotto, liegen die Strukturen der Malerei.

Bei Malewitsch ist es schon nicht mehr möglich, ein Bild hedonistisch zu sehen. Die Malerei ist intellektuell geworden; der Intellektuelle tritt auf und verdrängt den Augenmenschen. Nehmen wir einmal sein »Schwarzes Quadrat auf weißem Grund«, so geht der Schock, den wir darüber empfinden, dass ein schwarzes Quadrat auf ein weißes Rechteck gemalt ist, nicht mehr vom Bild selbst, sondern von der Behauptung aus, dass dies ein Bild sei. Die Malerei betritt hier endgültig das Reich der Theorie, die Welt der Intellektuellen, zwar noch mit einem Bilde, aber das ist Nebensache – wichtig ist die Spekulation, die Behauptung, das Bild sei ein Kunstwerk, sei Malerei. Die ästhetischen Konsequenzen des Suprematismus sind von anderer Art als die des Kubismus: Das Neue dieser Malerei kommt nicht aus der Malerei selbst, sondern aus der Idee einer absoluten Ordnung.

Das schwarze Quadrat von Malewitsch ist nicht mehr Struktur, sondern nur noch Spekulation. Es lässt sich nicht mehr aus Malerei ableiten, denn es hat einen anderen Ursprung. Das Quadrat als einzige Bildaussage kann alleine gar nicht Bild sein. Es ist der Malerei entgegengestellt. Das Akzeptieren dieser Form als Malerei kommt nicht aus der Seherfahrung, sondern aus dem Intellekt. Mit dem Suprematismus begann man zum ersten Mal Kunst aus dem Intellekt zu schaffen, es begann das philosophische Spiel mit der Idee von der Malerei, es begann die Malerei, die keine Malerei mehr sein wollte.

Nichts verdeutlicht so konsequent den Bruch mit der Malerei wie das Quadrat von Malewitsch. Doch hiermit war ein ganz neuer Anfang geplant, der zu einer modernen Orthodoxie geführt werden sollte, wie sie bis weit in die Neuzeit hinein in Russland bei der Ikonenmalerei üblich war. Man stellte sich ein Leben vor, das in der Kunst und im Design von Quadraten, Kreisen, Rechtecken, Linien und Winkeln bestimmt sein sollte, und es lag auf der Hand, dass dabei für irgendwelche realistischen Darstellungen kein Platz mehr war. Der moderne Mensch sollte in einer entrümpelten Welt leben, in der die suprematistische Kunst das Ambiente seine würde. So stellte es sich Malewitsch wohl vor, wenn er schrieb: »Wenn die Denkgewohnheit verschwunden sein wird, in Bildern das Abbild von Winkelchen der Natur, von Madonnen und schamhaften Venus-Geschöpfen zu sehen, dann werden wir ein reines Produkt der Malerei erblicken. Ich habe mich in das Nichts der Formen verwandelt und habe mich aus dem stinkenden Morast der akademischen Kunst herausgefischt … In der Kunst ist Wahrheit, nicht Aufrichtigkeit vonnöten. Die Dinge sind verschwunden wie der Rauch, für eine neue Kultur der Kunst geht auch die Kunst zum eigentlichen Ziel der Kreativität, zur Herrschaft über die Formen der Natur über.«

Eine Idee, die, bei aller bestürzenden Neuheit, zurückführen sollte in die alten Geleise der Ikone. Hätte man sie gelassen, die Suprematisten, wäre in Russland die Malerei im rechten Winkel, in gerader Linie und vollendetem Kreis erstarrt. Dieses Ziel, einen Stillstand zu erreichen, schwebte den Abstrakten zwar vor, doch hofften sie, ihn ausschließlich in der Vollendung der Abstraktion zu finden. Keine andere Malerei sollte geduldet werden.

Statt nach einer neuen Ikone verlangte es den sowjetischen Staat nach dem lachend gemalten Arbeiter; nach einer Kunst also, die im krassesten Widerspruch stand zu der von Malewitsch. Damit war dieser Traum beendet. Und doch sind die Suprematisten die Einzigen in der Moderne, die mit der neuen Kunst auch gleichzeitig den paradoxen Wunsch nach Orthodoxie hegten.

Mit Malewitsch und Mondrian hatte die Moderne die Mitte ihrer Laufbahn erreicht. Anfang der zwanziger Jahre waren formal und gedanklich alle Rohstoffe der modernen Malerei bereits gefunden. Man konnte jetzt mit der Vollendung beginnen, aber ein Ziel gab es nicht. Unbewusst arbeitete man auf das hin, was sich heute, rund sechzig Jahre später, abzeichnet.

Abstrakte Malerei ist die Auflösung der Malerei durch Malerei. Das Wesen der abstrakten Malerei ist die Offenbarung der reinen Kunst. Die Erfindung der Abstraktion war der Schlüssel, mit dem eine Tür nach der anderen aufgeschlossen werden sollte in dem Gebäude, das wir Kunst nennen. Wenn man damit beim Tafelbild auch schnell am Ende angelangt schien, blieb es die große Illusion der Moderne, offenbaren zu können, was die Kunst ist.

So wie die Malerei der Renaissance die sichtbare Welt gültig zu zeigen versuchte – wie diese einen Weg suchte, die sichtbaren Dinge objektiv abzubilden in ihrer Körperlichkeit und räumlichen Distanz zueinander –, so versuchte die Kunst der Moderne einen Weg zum Urmuster der Kunst zu finden. Mag das Ziel der Renaissance uns noch klar und vernünftig scheinen, so erscheint uns das Ziel der Moderne voller Wahn und Vermessenheit.

Beide, Renaissance wie Moderne, sind auf halbem Weg gescheitert. Man hat das in der Moderne vielleicht zu spät eingesehen, so dass die Vorstellung von Kunst heute dunkler ist als je zuvor. Bei dem Versuch, die Kunst zu analysieren, löste sich die Kunst auf und zerrann wie Sand zwischen den Fingern.

Geblieben ist ein Kosmos, den wir »die Moderne« nennen, eine ganze Welt, eine Malerei, die der Mensch aus dem riesigen Fundus der vorherigen Malerei geschaffen hat. Mit ihr wurde der Beweis erbracht, dass Kunst, bildende Kunst, sich selbst erfinden kann, dass sie keine Auftraggeber braucht, keine Legenden, dass sie also nichts erzählen muss und keine Realität mehr darstellt. Um ein Bild zu machen, kann der zeitgenössische Künstler eigentlich auf alles verzichten, auf Personen, Gegenstände und Räume, sogar auf Leinwand, Pinsel und Farbe, ob er aber die Verzauberung erreicht, die das Abenteuer der Entzauberung der Gegenstände verbreitete, darf angezweifelt werden. Der Lauf der Zeit ist es, welcher langsam selbst die Wunder abschleift, auch das Wunder des Kubismus, und die Zeit verursacht, dass eine Tat, die vor achtzig Jahren noch ein Risiko war, heute alltäglich ist. Abstraktion, gleich welcher Art, erfordert keinen Mut mehr. Gesucht wird etwas anderes.

Die globalisierte Welt

MICHAEL OTTO

Unternehmerische Verantwortung im Rahmen der Globalisierung

8. Februar 2008

Der Begriff »Globalisierung« ist uns heute so vertraut, dass man fast nicht glauben mag, dass es diese Bezeichnung für das immer raschere Zusammenwachsen der Welt vor fünfzehn Jahren noch überhaupt nicht gegeben hat. Dabei ist der hiermit beschriebene Prozess keinesfalls neu. Er reicht zurück bis in das Zeitalter der Entdeckungen im 15. und 16. Jahrhundert. Seit dieser Zeit wurde unsere Welt immer »kleiner«: Die Erfindung immer schnellerer und leistungsfähigerer Fortbewegungsmittel ließ Entfernungen schrumpfen. Durch die Entwicklung der modernen Kommunikationsmittel im 20. und 21. Jahrhundert ließen sich räumliche Entfernungen schließlich ganz auflösen. Dies wird besonders anschaulich im Begriff von dem »global village«, dem »globalen Dorf«.

Die Auswirkungen dieser sich immer mehr beschleunigenden, globalen Entwicklung sind in vielen Lebensbereichen, nicht nur in der Wirtschaft, spürbar. In Europa wird die Globalisierung von der Bevölkerung zunehmend als Bedrohung verstanden, denn die meisten Menschen verbinden damit vorwiegend verschärften Wettbewerb und Arbeitsplatzverlust.

In diesem unerfreulichen Szenario spielen insbesondere die weltweit agierenden Unternehmen eine entscheidende Rolle. Internationale Konzerne, die sogenannten Global Player, verlagern, so wird vermutet, ihre Produktionsstandorte beziehungsweise Beschaffungsmärkte beliebig in Länder, in denen Arbeitskräfte besonders billig, Sozialstandards und Umweltauflagen möglichst niedrig sind. Leidtragende dieses internationalen Standortwettbewerbs seien deshalb vor allem diejenigen Länder, die auf die Menschen und die Natur besondere Rücksicht nehmen. Die daraus resultierenden Sorgen in den reichen Industrieländern sind verständlich und teilweise auch berechtigt. Dennoch: Sie stehen den Hoffnungen und dem berechtigten Wunsch der Menschen in den Schwellen- und Entwicklungsländern nach besseren Lebensbedingungen gegenüber.

Viele der in den armen Regionen der Erde lebenden Menschen sind so sehr mit dem Überleben beschäftigt, dass sie sich nicht auch noch Gedanken über Umweltschutz oder Sozialstandards machen können. Dies ist ein Problem, vor dem die Industrienationen die Augen nicht verschließen dürfen, denn je weiter die Globalisierung voranschreitet und je kleiner die Welt wird, desto mehr wachsen sich lokale Probleme zu globalen aus. Um eine weitere Vertiefung der ökonomischen, ökologischen und sozialen Kluft zwischen den reichen und den armen Ländern zu verhindern, müssen deshalb gemeinsame Anstrengungen unternommen werden. Und die Chancen dazu stehen nicht schlecht.

Die Weltgemeinschaft besinnt sich heute deutlich erkennbar wieder mehr auf einige moralische Werte. Am prägnantesten zeigen sich diese neuen Moralvorstellungen in den Grundsätzen des verantwortungsbewussten nachhaltigen Wirtschaftens. Bereits auf der Konferenz von Rio 1992, also zeitgleich mit dem Aufbruch in das neue Zeitalter der Globalisierung, hat die Weltgemeinschaft die Einhaltung der Prinzipien des nachhaltigen Wirtschaftens beschlossen. Danach muss sich wirtschaftliches Wachstum an den verfügbaren Ressourcen orientieren, muss immer auch den Menschen dienen und darf der Umwelt nicht schaden. Das bedeutet: Wirtschaftliches Handeln darf nicht nur am ökonomischen Nutzen ausgerichtet werden, sondern muss auch ökologische Schäden abwehren und sozialen Fortschritt anstreben. Verantwortung tragen hier insbesondere die international operierenden Konzerne und ihre Führungskräfte, denn sie sind es, die die Kostenvorteile einer arbeitsteiligen globalen Produktion nutzen.

In der Tat lässt die Entwicklung der vergangenen Jahre heute den Rückschluss zu, dass nur diejenigen Unternehmen, die sich ihrer

Verantwortung gegenüber ihren Mitarbeitern, Kunden, Geschäftspartnern, Aktionären sowie gegenüber der Gesellschaft und der Umwelt bewusst sind und diese Verantwortung auch glaubhaft in ihren Handlungen dokumentieren, langfristig erfolgreich sein werden. Dabei darf die Wertorientierung nicht nur integraler Bestandteil der unternehmerischen Entscheidungsprozesse der Geschäftsführung sein. Sie muss sich auch im Verhalten des Managements und der Mitarbeiter widerspiegeln. Nur so kann soziale unternehmerische Verantwortung (Corporate Social Responsibility) auch nachhaltig erfolgreich umgesetzt werden.

Bei den meisten großen deutschen, international tätigen Konzernen ist Corporate Social Responsibility (CSR) heute integraler Bestandteil der Unternehmensstrategie. Fast jedes im Deutschen Aktienindex (DAX) gelistete Industrie- oder Handelsunternehmen berichtet ausführlich in einem Nachhaltigkeitsbericht – wenn auch mit unterschiedlicher Qualität – über die Berücksichtigung sozialer und ökologischer Aspekte als Kriterium für den wirtschaftlichen Erfolg. Die Unternehmen geben damit Auskunft auf die Frage, wie das Geld verdient wird. Auch die Otto Group veröffentlicht seit dem Jahr 2000 in regelmäßigen Abständen einen Nachhaltigkeitsbericht. Dies bestätigt, dass ethische Kriterien in allen großen Unternehmen in Deutschland – aber auch im übrigen Europa – an ökonomischer Relevanz gewonnen haben. Gleichzeitig ist die Zustimmung der Gesellschaft und der Kunden zu der Geschäftspolitik des Unternehmens eine wichtige Voraussetzung für die Verteidigung oder Eroberung von Märkten geworden.

Unterstützung finden Nachhaltigkeitsstrategien der Unternehmen inzwischen auch auf den Kapitalmärkten. Die auf globale Trends sehr sensibel reagierenden internationalen Investoren haben erkannt, dass eine überzeugende CSR-Strategie und Unternehmenspolitik nicht nur dem Unternehmensimage, sondern auch dem Aktienkurs förderlich sind. Am Nachhaltigkeitsprinzip orientierte Investments gewinnen daher seit einigen Jahren, insbesondere in den angelsächsischen Ländern, zunehmend an Attraktivität. Vor allen

Dingen kapitalstarke Pensionsfonds in den USA und Großbritannien richten ihre Anlagepolitik immer stärker an ethischen Kriterien aus. Aber auch in Deutschland gewinnen sogenannte Nachhaltigkeitsfonds immer mehr an Bedeutung. Bezogen auf den gesamten deutschen Kapitalmarkt handelt es sich hierbei – trotz hoher Wachstumsraten – indessen immer noch um einen Nischenmarkt.

Unbestritten ist heute, dass eine CSR-Strategie den Unternehmenswert erheblich steigern kann. Und so sind in den vergangenen Jahren etliche Aktienindizes kreiert worden, die Unternehmen nach ökologischen, sozialen oder ethischen Kriterien beurteilen. Der bekannteste dieser sogenannten Nachhaltigkeitsindizes ist der 1999 an der New Yorker Börse eingeführte Dow Jones Sustainability Index (DJSI). Der DJSI enthält die besten zehn Prozent der Unternehmen einer Branche, gemessen an ihrer ökonomischen, ökologischen und sozialen Leistung. Und seit 2001 gibt es auch in Europa einen entsprechenden Index, den Dow Jones Stoxx Sustainability Index. Allerdings herrscht bisher noch keine Einigkeit darüber, mit welcher Methode die Qualität einer CSR-Strategie objektiv beurteilt werden kann. Es existiert eine Vielzahl von CSR-Rankings, die alle unterschiedliche Ergebnisse liefern, so dass eine Überprüfung und Vergleichbarkeit so gut wie unmöglich ist. Die internationale Normierungsorganisation ISO versucht seit Jahren ein einheitliches Bewertungssystem zu erarbeiten, konnte sich bisher aber nicht mit einer Formel durchsetzen.

Wesentlichen Anteil an dieser im Grundsatz positiven Entwicklung tragen die Aktivitäten der Verbände, die sich in den sogenannten Nicht-Regierungsorganisationen bündeln. Diese auch kurz NGOs (Non-Governmental Organizations) genannten Organisationen haben eine entscheidende Kontroll- und Korrektivfunktion in den Bereichen übernommen, in denen gesetzliche Regelungen nicht sinnvoll, nicht praktikabel oder politisch nicht durchsetzbar sind. So zeigen etwa Akteure wie WWF (World Wide Fund For Nature), NABU (Naturschutzbund Deutschland e.V.) oder B.U.N.D. (Bund für Umwelt und Naturschutz Deutschland) im Umweltbereich sowie die »Welthungerhilfe« im sozialen Sektor einer zunehmend kritischen Öffentlichkeit immer wieder Fehlverhalten der Politik oder der Wirtschaft auf und mahnen Korrektur an. Bestes Beispiel für das Versagen der Regierungen ist die drohende Klimakatastrophe. Aber auch Unternehmen haben bei unverantwortlichem Handeln den öffentlichen Einfluss dieser Verbände fürchten gelernt. Die Anprangerung von Umweltsünden, Raubbau, Nichtbeachtung des Naturschutzes oder Kinderarbeit kann bei den betroffenen Unternehmen zu Imageverlusten, mangelndem Kundenvertrauen und so letztlich sogar zu gravierenden Umsatzeinbußen führen. Deshalb fließen Kriterien des nachhaltigen Wirtschaftens heute auch bei der Bewertung durch Ratingagenturen mit ein.

Die Aktivitäten der NGOs – die in der Öffentlichkeit oft eine hohe Glaubwürdigkeit genießen – haben die Verbraucher in den Industrieländern in den vergangenen Jahren stark sensibilisiert und so zu einer Ausweitung des Engagements dieser Organisationen beigetragen. Die Folge: Immer mehr Konsumenten achten bei ihrer Kaufentscheidung nicht mehr nur auf den Preis eines Produktes, sondern auch auf dessen ökologische und soziale Qualität.

Darüber hinaus zögern nationale Regierungen oder die Europäische Union nicht, neue, zusätzliche Aufgaben an die Unternehmen zu delegieren.

Wie lässt sich erklären, dass immer mehr Umwelt- und Sozialverantwortung an die Unternehmen delegiert wird? Welchen Erwartungen können und wollen Unternehmen in diesem Prozess gerecht werden? Wie gehen wir als Otto Group – und hier möchte ich das Thema beispielhaft an uns als Handelsunternehmen aufzeigen – mit der Herausforderung »Corporate Social Responsibility« um?

Dass immer mehr Institutionen und Menschen ihre Hoffnungen und Erwartungen an Unternehmen richten, hat sicherlich etwas damit zu tun, dass vielen Bürgerinnen und Bürgern bewusst geworden ist, dass die Handlungsspielräume nationaler Regierungen und Institutionen stark abgenommen haben. Einzelne Regierungen können im globalen Kontext wenig ausrichten, sei es bei den Auswirkungen schwankender Rohstoffpreise auf ihre Volkswirtschaften, sei es beim Schutz des Klimas oder bei der Bewahrung der Biodiversität. Außerdem fehlt es selbst in den westlichen Industrieländern an finanziellen Mitteln für viele Anliegen im Sozial-, Bildungs- oder Umweltbereich. Deshalb bitten immer mehr Initiativen und Institutionen die Unternehmen um Unterstützung. Die Frage für uns ist nun: Wie gehen wir mit diesen teilweise berechtigten, teilweise aber auch überzogenen oder unrealistischen Erwartungen an uns und unsere Unternehmen um?

Zunächst einmal sollten wir die uns angetragene Verantwortung grundsätzlich annehmen, statt in eine destruktive Abwehrhaltung zu verfallen. So können wir das Vertrauen unserer Kunden in unsere Produkte und in unsere Leistungsfähigkeit stärken, und so lassen sich auch potentielle Wettbewerbsvorteile erschließen. Zudem wissen wir aus eigener Erfahrung, dass es besser ist, eigene Lösungswege zu entwickeln, als von staatlichen Institutionen zu unzweckmäßigen Maßnahmen gezwungen zu werden.

Was sind dann die wichtigsten Handlungsfelder, in denen wir als Unternehmer wichtige Beiträge im Sinne von Corporate Social Responsibility leisten können? Oder anders gefragt: Auf welche Themen und Aufgaben sollten wir uns sinnvollerweise konzentrieren?

Für den Handel sehe ich neben der Unternehmensverantwortung für die Mitarbeiter in den nächsten fünf bis zehn Jahren drei prioritäre Handlungsfelder, die auch für die Konsumenten von großer Bedeutung sind:

1. Handlungsfeld: unser Beitrag für Umwelt- und Klimaschutz;
2. Handlungsfeld: unser Beitrag für die Sicherung und Weiterentwicklung der zivilen Weltgesellschaft;
3. Handlungsfeld: unser Beitrag für die Schaffung von Zukunftsperspektiven auch für die »Verlierer der Globalisierung«.

Alle drei Handlungsfelder sind für die Zukunft der Menschheit und unseres Planeten von größter Bedeutung. Insofern geht es bei allen drei Themen immer auch um die wirtschaftliche Zukunft des Handels und um die zukünftigen Existenzbedingungen des eigenen Unternehmens. Das heißt, es ist in unserem ureigensten Interesse, aktiv zu werden, Impulse zu geben, Lösungen zu entwickeln und umzusetzen.

Das erste Handlungsfeld – nämlich unser Beitrag für Umwelt- und Klimaschutz – ist spätestens seit dem *Stern*-Report und den Berichten des Weltklimarates im letzten Jahr im allgemeinen Bewusstsein angekommen. Wir empfangen beinahe täglich klare Signale vom Ökosystem, dass wir nicht so weitermachen dürfen wie bisher. Klimawandel, der Verlust an Biodiversität und Wasserknappheit – das sind die zentralen Herausforderungen, denen wir uns im 21. Jahrhundert stellen müssen. Wir müssen handeln, und zwar jetzt. Hier gibt es zum Glück bereits vielfältige Bestrebungen von Unternehmen, die die Konsequenzen gezogen haben und ihre Geschäftstätigkeit systematisch ökologisch optimieren.

Mit Blick auf den Klimaschutz nutzen beispielsweise immer mehr Unternehmen regenerative Energiequellen, optimieren ihre eigene CO_2-Bilanz oder bieten ihren Kunden energieeffiziente Haushaltsgeräte an. Im vergangenen Jahr hat es zudem eine große Menge an werbeträchtigen Aktionen auf diesem Gebiet gegeben. Dies ist einerseits sehr erfreulich. Viele Unternehmen binden die Kunden in ihre Aktivitäten ein, geben ihnen Anregungen zum Energiesparen und schaffen Anreize zur Änderung der Konsumgewohnheiten. Es wäre jedoch gefährlich, wenn die Unternehmen dieses Engagement lediglich als eine kurzfristige Mode unter vielen ansehen würden. Hier sind langfristiges Engagement, ernsthafte Zielsetzungen und systematische Umsetzung, aber auch Erfindergeist gefragt.

Ein paar Beispiele aus meinem eigenen Unternehmen. Bereits zwischen 1993 und 2003 konnten wir bei OTTO die transportbedingten Kohlendioxid-Emissionen um fünfzig Prozent senken. Dieser Erfolg ließ sich erfreulicherweise trotz sehr viel kurzfristigerer Lieferzyklen und der damit verbundenen logistischen Herausforderungen sichern. Ein anderer Ansatzpunkt für den Klimaschutz ist die Sortimentsgestaltung. Wir streben zum Beispiel seit langem an, unseren Kunden kontinuierlich eine immer größere Bandbreite an energiesparenden Geräten anzubieten. So liegt der Anteil der ökologisch optimierten Geräte an den Kühl- und Gefrierschränken, Geschirrspülmaschinen, Waschmaschinen und Elektroherden im OTTO-Sortiment mittlerweile bei 98 Prozent.

Ende 2007 hat die Otto Group ihre neue Klimaschutzstrategie verabschiedet. Wir haben uns ein ehrgeiziges Ziel auf die Fahnen geschrieben, das weit über den von den Regierungen angestrebten Rahmen hinausgeht: Bis zum Jahr 2020 wollen wir im Vergleich zum Basisjahr 2006 unsere standort-, mobilitäts- und transportbedingten Kohlendioxidemissionen um weitere fünfzig Prozent reduzieren.

Doch bei so dringenden Problemen muss man sich Verbündete suchen. Ein Unternehmen oder eine Unternehmensgruppe alleine kann nicht die Welt retten. Deshalb ist es wichtig, mit Gleichgesinnten an einem Strang zu ziehen und mehr und mehr Entscheidungsträger davon zu überzeugen, dass Handeln das Gebot der Stunde ist und dass sie ihren Einfluss nutzen müssen. Wir brauchen auch optimale Rahmenbedingungen, um die Interessen der handlungsfähigen und -willigen Unternehmen voll ausschöpfen zu können. Deshalb habe ich mit meiner Stiftung für Umweltschutz im März letzten Jahres die Initiative »2° – Deutsche Unternehmer für Klimaschutz« ins Leben gerufen. Branchenübergreifend haben sich darin Vorstandsvorsitzende großer in Deutschland ansässiger Unternehmen zusammengefunden. Zu dem Kreis der zwölf in der Initiative engagierten Unternehmern gehören heute zum Beispiel die Vorstände oder Geschäftsführer der Allianz und der Deutschen Bahn, von EnBW, der Deutschen Telekom, Schüco und Burda, der Deutschen BP sowie Vattenfall Europe. Die Initiative hat sich zum Ziel gesetzt, der Bundesregierung bei der Durchsetzung ihrer klimapolitischen Ziele im nationalen und internationalen Kontext den Rücken zu stärken. Denn für die Weiterentwicklung des Kyoto-Protokolls nach 2012 bedarf es zwingend klarer und verbindlicher internationaler Vereinbarungen mit wirksamen Reduktionszielen und einem effektiven System, wie die vereinbarten Ziele erreicht werden können. Insbesondere die klimapolitischen Aktivitäten der USA sollten die Anstrengungen der internationalen Staatengemeinschaft unter dem Dach der Vereinten Nationen unterstützen und ergänzen, nicht aber in Konkurrenz zu ihnen treten.

Damit die drohende Erderwärmung nicht über 2° Celsius ansteigt, müssen die Emissionen um deutlich mehr als die Hälfte gesenkt werden. Damit das erreicht werden kann, müssen sich alle Industriestaaten zu einer verbindlichen Absenkung ihrer Emissionen verpflichten, und auch die großen Schwellenländer China, Indien und Brasilien sollen zu angemessenen Beiträgen zur Emissionsbegrenzung angehalten werden. Als wirksamstes und kostengünstigstes Instrument für den Klimaschutz betrachten wir den Handel mit Emissionsrechten für Treibhausgase, für den ein weltweiter Markt notwendig ist. Die Emission von Treibhausgasen muss weltweit einen Preis bekommen, um in unternehmerische Entscheidungen einfließen zu können, davon sind wir überzeugt. Gleichzeitig stellt sich damit die Frage nach dem vernünftigsten Energiemix – ein Energiemix, der neben der Vermeidung von Emissionen auch Versorgungssicherheit gewährleistet.

Was unsere Initiative auszeichnet, ist nicht zuletzt die Einstellung ihrer Mitglieder zur Herausforderung »Klimawandel«. Die »2°-Initiative« betrachtet die zahlreichen Maßnahmen, die zum Schutz unseres Klimas jetzt ergriffen werden müssen, nicht bloß als Kostenfaktor und Wettbewerbshindernis für die deutschen Unternehmen. Im Gegenteil: Wenn die Wirtschaft aktiv ihre Chancen in dieser Situation nutzt und innovative Lösungen im Bereich Klimaschutz entwickelt, kann sie dank ihrer technologischen Fertigkeiten eine Führungsrolle im internationalen Wettbewerb einnehmen.

Keine geringere Verantwortung als für den Klimaschutz tragen die Unternehmen für die Biodiversität. Dazu möchte ich jedoch nur ein kleines Beispiel nennen, bevor ich auf unser zweites großes Handlungsfeld und die soziale Verantwortung der Unternehmen zu sprechen komme. – Zum Schutz der Artenvielfalt können wir beispielsweise beitragen, indem wir keine Holz- beziehungsweise Papierprodukte einkaufen, für die tropische Regenwälder oder boreale Nadelwälder rücksichtslos abgeholzt wurden. Es liegt in unserem eigenen ökonomischen Interesse, dass Papier und Holz nachhaltig erzeugt werden – und wir auch morgen noch unseren Kunden guten Gewissens vernünftige, nachhaltig erzeugte Möbel anbieten können, und zwar in einem Katalog, dessen Papier ebenfalls nicht auf Kosten der Biodiversität hergestellt wurde. Seit vielen Jahren unterstützen wir daher auch die Initiative des Forest Stewardship Council (FSC), der sich für eine nachhaltige, ökologisch, sozial und ökonomisch verantwortliche Waldbewirtschaftung weltweit einsetzt. Wir Händler als die Mittler zwischen Produzenten und Konsumenten haben einen großen Einfluss darauf, was produziert und wie es produziert wird und was den Konsumenten angeboten wird.

Mit diesem Stichwort möchte ich zum zweiten Handlungsfeld kommen: zu den zivilgesellschaftlichen Grundlagen unseres Zusammenlebens, zur sozialverträglichen Gestaltung der Globalisierung. Für die Handelsunternehmen bedeutet dies: Nicht nur im eigenen Haus soziale Verantwortung zu übernehmen, sondern sich beispielsweise auch verantwortlich zu fühlen für die Einhaltung von Sozialstandards bei Zulieferbetrieben. Heute wird die im OTTO-Katalog angebotene Ware weltweit produziert. Ein großer Teil der Produktion findet derzeit in asiatischen Ländern statt, in denen nicht die gleichen Umwelt- und Sozialstandards existieren wie in Europa.

Falsch wäre es, mit diesen Ländern keinen Handel zu treiben. Geholfen wäre damit weder den Entwicklungsländern, in denen sich Wirtschaft und Wohlstand nicht entwickeln könnten, noch den Industriestaaten, die ihrerseits längerfristig keine neuen Absatzmärkte für ihre Produkte und Dienstleistungen erschließen könnten.

Falsch wäre es aber auch, einfach so weiterzumachen und zu warten, bis in diesen Ländern von staatlicher Seite entsprechende Gesetze erlassen beziehungsweise vorhandene Gesetze durchgesetzt werden. Das Paradoxe ist, dass es in den sogenannten Schwellen-

und Entwicklungsländern nicht selten eine ausgefeilte Umwelt- und Sozialgesetzgebung mit anspruchsvollem Standard gibt. Allzu oft hält sich nur niemand daran. In Indien beispielsweise ist die Beschäftigung von Kindern im Produktionsprozess nicht erlaubt. Dennoch wird gerade dort häufig gegen dieses Verbot verstoßen.

So tragen letztlich die Unternehmen Verantwortung dafür, dass die Produktionsprozesse bei ihren Lieferbetrieben sozialverträglich gestaltet werden. Ich meine, es ist auch unsere Verpflichtung, dafür zu sorgen, dass in den Fabriken, in denen Textilien, Schuhe oder Spielzeug hergestellt werden, bestimmte Sozialstandards eingehalten werden.

Bei OTTO haben wir bereits 1996 einen eigenen Verhaltenskodex, den »Code of Conduct«, entwickelt, der 1997 Teil der Lieferantenrahmenverträge wurde. Er setzt fest, welche Arbeitsbedingungen in den Betrieben eingehalten werden müssen, in denen OTTO seine Ware herstellen lässt. Dazu zählen beispielsweise das Verbot von Kinder- und Sklavenarbeit und die Begrenzung der Wochenarbeitszeit auf sechs Tage. Dazu zählt aber auch, dass Mindestlöhne gezahlt und wichtige Arbeitsschutz- und Gesundheitsvorschriften eingehalten werden. Unabhängige Auditoren überprüfen die Einhaltung der Standards. Gleichzeitig trägt unser Unternehmen Sorge dafür, dass die Lieferanten, die mit ihnen bislang unbekannten Forderungen und Standards konfrontiert werden, Schulungen und andere Qualifikationsmaßnahmen erhalten.

Aber auch dieser Kampf für menschenwürdige Arbeitsbedingungen ist nicht im Alleingang zu gewinnen, zumal in einer Welt, in der sich der Wettbewerb so rapide verschärft hat wie in unserer. Auch hier kommt es auf Zusammenschlüsse von Unternehmen an, damit die Probleme bewältigt werden können. Mit der BSCI, der »Business Social Compliance Initiative«, existiert mittlerweile ein europaweiter Zusammenschluss von rund hundert Handelsunternehmen und Herstellern, die sich für die Einhaltung grundlegender, einheitlicher Sozialstandards einsetzen. Wir sorgen gemeinsam dafür, dass in der Türkei, China oder Bangladesh der Wettbewerb um den besten Preis nicht um *jeden* Preis – nämlich nicht auf Kosten der Menschenwürde der Arbeiter – stattfindet. Bei OTTO, also bei uns, sind wir ein bisschen stolz auf die Branchenlösung von BSCI. Denn wir waren es, die Ende der neunziger Jahre mit der Entwicklung eines Sektorenmodells im Rahmen der Außenvereinigung des Deutschen Einzelhandels (AVE) diesen Prozess angeschoben haben, der nun auf europäischer Ebene weitergeführt wird.

Natürlich gibt es immer noch etwas zu verbessern an diesem System, und vor dem Versagen Einzelner ist man nie gefeit. Insofern ist es wichtig, weiter »am Ball zu bleiben«. Es ist wichtig, die Prozesse im eigenen Haus und bei den Zulieferern kontinuierlich zu optimieren und dabei im Rahmen von Kooperationen mit Multistakeholder-Initiativen wie der Social Accountability International (SAI) die Gesamtentwicklungen im Blick zu behalten.

Bei SAI haben wir mitgeholfen, den internationalen Standard SA 8000 zu entwickeln, mit dem die Arbeitsbedingungen von Arbeitnehmern verbessert werden sollen. Unbestritten ist, dass von diesem Engagement viele Menschen einen Nutzen haben. Etwa 100 000 Beschäftigte sind derzeit über die Produktionsstätten, in denen sie arbeiten und bei denen die Otto Group einkauft, in die Audit- und Qualifikationsprozesse unseres Sozialmanagementsystems einbezogen, in der gesamten BSCI-Gruppe ein Vielfaches davon. Unsere wichtigste Stakeholder-Gruppe, unsere Kunden, profitieren ebenfalls davon. Zwar ist Geiz leider immer noch »geil«, doch den Menschen ist inzwischen zunehmend wichtig, dass ihr T-Shirt oder ihre Jeans nicht dazu beitragen, Mensch und Umwelt auszubeuten. Insofern genießen unsere Kunden es, sorgenfrei konsumieren zu können, weil sie wissen, dass das betreffende Unternehmen dafür sorgt, wesentlichen Sozialstandards weltweit Geltung zu verschaffen. Und das ist eigentlich nichts anderes als ein Beitrag dazu, weltweit Grundlagen für zivile Gesellschaften zu fördern!

Zivilgesellschaft ist ja nichts, was »vom Himmel fällt«. Das müssen wir immer wieder lernen. Die Zivilgesellschaft – ob hierzulande oder weltweit – wird von ihren Bürgern jeden Tag aufs Neue geschaffen und lebendig gehalten. Gerade hier bieten sich den Unternehmen als Global Playern in Bezug auf ihre Mitarbeiter Chancen und Möglichkeiten. Wir können in unseren international agierenden Unternehmen das gegenseitige Verständnis von Menschen aus verschiedenen Kulturen, Ländern und Kontinenten fördern.

Auch der Global Compact ist ein Beitrag der Unternehmen zur Förderung intakter Zivilgesellschaften in unserem »global village«. Der Global Compact ist eine im Jahr 2000 vom damaligen UN-Generalsekretär Kofi Annan gestartete Initiative für Wirtschaftsunternehmen, die sich den Themen Nachhaltigkeit, ethisches Handeln und unternehmerische Verantwortung stark verpflichtet sehen. In den zehn Prinzipien des Global Compact geht es um die Einhaltung von Sozialstandards ebenso wie um die Bekämpfung von Korruption oder den Schutz der Umwelt. Die Unternehmen, die beim Global Compact mitmachen, verpflichten sich zudem, sich dafür einzusetzen, dass Gewerkschaften und Betriebsräte die Anliegen von Mitarbeitern aufgreifen und vertreten können. In den Mitgliedsunternehmen des Global Compact darf niemand wegen seiner Rasse, Hautfarbe oder Religionszugehörigkeit diskriminiert werden. Die Otto Group arbeitet seit Anfang 2002 aktiv in diesem Bündnis von Politik und Wirtschaft zur positiven Gestaltung der Globalisierung mit.

Der Beitrag, den eine solche Initiative von Politik und Wirtschaft für eine globale Zivilgesellschaft leistet, darf nicht unterschätzt werden. Er kann nur zum Besten der Wirtschaft sein, denn von der weltweiten Einhaltung und Förderung zivilgesellschaftlicher Regeln im Umgang miteinander profitieren Handel und Verbraucher. Die Unternehmen sind zum Beispiel darauf angewiesen, dass der Schutz von Eigentum – auch des geistigen – gewährleistet ist. Eine zivile Gesellschaft verfügt über Regeln gegen Produktpiraterie und rechtliche Instrumente gegen Betrug. Sie bildet Institutionen aus, die die Einhaltung von Gesetzen und Verordnungen überwachen und staatliche Willkür eindämmen. Verbraucher profitieren davon, dass unabhängige Verbraucherschutzorganisationen ihre

Rechte vertreten und sie gegen Übervorteilung, Täuschung und schädliche Produkte schützen.

Zum Schluss möchte ich noch das dritte Handlungsfeld ansprechen. Es liegt mir persönlich sehr am Herzen, und ich bin überzeugt, dass Handelsunternehmen hier viel Gutes bewirken können. Ich rede von der Schaffung von Zukunftsperspektiven für diejenigen, die bei uns oder auch in den Ländern der sogenannten Dritten Welt Unterstützung und Hilfe zur Selbsthilfe benötigen.

Wir sehen hier bei uns in Deutschland, dass die Globalisierung nicht nur Gewinner, sondern auch Verlierer hervorbringt. Der Staat kann nicht mehr alle Anpassungsprozesse an den Weltmarkt aufhalten und kompensieren, und dies ist ja auch gar nicht erstrebenswert. Am Beispiel der Agrar- oder auch Steinkohlesubventionen etwa zeigt sich klar, dass Subventionen Anpassungsprozesse eher behindern als fördern. Auf uns Unternehmern ruht daher die Hoffnung, dass wir in Deutschland Arbeitsplätze schaffen und halten. Wenn ich mir die Geschäfts- und Nachhaltigkeitsberichte der Handelshäuser ansehe, fällt mir angenehm auf, was viele Unternehmen im Bereich der Ausbildung tun. OTTO engagiert sich darüber hinaus seit vielen Jahren zum Beispiel im »Hamburger Hauptschulmodell«. Es unterstützt die Hamburger Absolventen mit Hauptschulabschluss dabei, direkt an die Schulzeit einen ungeförderten Ausbildungsplatz zu finden, und erleichtert ihnen damit den Start ins Arbeitsleben. Dieses von uns initiierte Projekt ist inzwischen von zahlreichen anderen Städten in Deutschland übernommen worden.

Zukunftschancen schaffen ist aber nicht nur ein wichtiges Thema in Deutschland. Es ist auch ein wichtiges Thema in anderen Ländern, anderen Kontinenten. Meine Unternehmensgruppe engagiert sich seit einiger Zeit über meine Stiftung »Aid by Trade Foundation« in Afrika. Gemeinsam mit Tom Tailor, dem BMZ, dem WWF und der Deutschen Welthungerhilfe haben wir 2005 das Public Private Partnership Project »Cotton made in Africa« gestartet. Dabei handelt es sich nicht einfach um ein philanthropisches Spendenprojekt, sondern um ein neues Geschäftsmodell, das im

Sinne einer modernen Entwicklungszusammenarbeit allen Seiten nutzen soll.

Der innovative, marktorientierte Ansatz des Projekts, das sich langfristig selbst tragen soll, beruht auf dem Grundgedanken einer »Armutsbekämpfung durch Handel«. Baumwolle aus Afrika hat prinzipiell eine hohe Qualität und vernünftige Preise, doch die meist kleinbäuerlichen Baumwollerzeuger leiden unter den Wettbewerbsverzerrungen durch die Baumwollsubventionen in den USA und Europa, die den Weltmarktpreis drücken. Unser Ziel ist der Aufbau einer Nachfrageallianz aus westlichen Textilhändlern. Wenn viele große Handelsunternehmen die afrikanische Baumwolle abnehmen und ihren Kunden Textilien mit dem Label »Cotton made in Africa« anbieten, entsteht ein Nachfragesog, der sich durch alle Teile der Wertschöpfungskette bis hin zu den kleinbäuerlichen Farmern durchzieht. Auf diese Weise kann für deren Familien eine verlässlichere Existenzgrundlage geschaffen werden.

Ein mit dem Projekt verbundener anspruchsvoller Standard garantiert darüber hinaus die Nutzung von ökologischen und sozialen Vorteilen bei der Produktion der Baumwolle. In den drei Ländern der Subsahara-Region Benin, Burkina Faso und Sambia, in denen wir begonnen haben, werden seit 2005 über 150 000 Kleinbauern – mit Auswirkungen auf ihre Familien und damit auf insgesamt wohl eine Million Menschen – darin geschult, durch verbesserte Anbautechniken mehr und qualitativ bessere Baumwolle zu erzeugen, ohne ihre Gesundheit und die Umwelt durch große Mengen an chemischen Pflanzenschutzmitteln zu ruinieren. Gerade der Kauf von Pflanzenschutzmitteln, von denen sich die Farmer viel versprechen, treibt sie oft in die Schuldenfalle. Sie lernen im Rahmen des Projekts, mit einem Minimum an chemischen Mitteln auszukommen, haben dadurch einen weiteren finanziellen Nutzen und die natürliche Lebensgrundlage, nämlich das Ackerland, wird geschützt und bleibt langfristig erhalten. In Sambia beispielsweise konnten die Bauern durch das erlernte effizientere Farmmanagement die Erträge bei gleichem Arbeitsaufwand innerhalb eines Jahres um rund 80 Prozent steigern. Es gibt noch weitere erfreuliche Effekte: Die Kinder der Farmer erhalten einen besseren Zugang zu Bildung, denn sie müssen nicht mehr auf den Feldern arbeiten, und in vielen Orten können die Bewohner es sich erstmals leisten, Schulen zu bauen und die Kinder zur Schule zu schicken. Auf diese Weise können die Menschen in der Subsahara-Region dauerhaft und aus eigener Kraft den Teufelskreis der Armut durchbrechen.

Von dem Konzept des Projekts »Cotton made in Africa« konnte die Aid by Trade Foundation mittlerweile eine ganze Reihe von Unternehmen und Institutionen überzeugen und als Mitstreiter gewinnen. Der Nachfrageallianz haben sich neben der Otto Group und Tom Tailor beispielsweise auch Peek & Cloppenburg, Tchibo und QVC angeschlossen. Als Partner unterstützen uns neben dem WWF, der Deutschen Welthungerhilfe, der GTZ (Gesellschaft für Technische Zusammenarbei) und der DEG (Deutsche Entwicklungsgesellschaft) jetzt auch so unterschiedliche Akteure wie die Naturschutzorganisation NABU, die Unternehmensberatung Accenture und der weltgrößte Baumwollhändler Dunavant. Das bestätigt uns und ermutigt uns darin, das Projekt in Kürze auf weitere afrikanische Länder wie etwa Mosambik auszuweiten.

Unternehmerische Verantwortung hat, wie man sieht, viele Facetten. Sie ist für die Unternehmen zugleich Herausforderung und Chance. Es kommt darauf an, das Thema Corporate Social Responsibility aufzugreifen und aktiv zu gestalten. Als wichtiger Teil der Gesellschaft können gerade Unternehmen einen erheblichen Beitrag zum Schutz von Umwelt, Klima und Natur, zur Förderung von Sozialstandards und intakter Zivilgesellschaften und zur Zukunftsfähigkeit bei uns und in den Ländern der Dritten Welt beitragen.

Die Menschen definieren sich in der modernen Gesellschaft immer weniger über Zugehörigkeit zu ethnischen oder religiösen Gruppen, zu Berufen oder Staaten, sondern immer mehr über ihre Zugehörigkeit zu Organisationen, besonders zu Unternehmen. Unternehmen sind damit – ob sie es wollen oder nicht – zunehmend die Institution für die Integration der Einzelnen in der Gesellschaft, zumal Schulen, Kirchen, Gewerkschaften und Parteien diese Aufgabe häufig immer weniger erfüllen. Soziologen sprechen daher von der Gesellschaft des 21. Jahrhunderts als von der Gesellschaft der Organisationen. Unternehmen sind gut beraten, sich dieser Aufgabe zu stellen – zu ihrem eigenen nachhaltigen Vorteil. Die Integration in die Gesellschaft betrifft nicht nur den Arbeitsprozess, sondern auch Selbstverständnis und Selbstverwirklichung, die soziale Kompetenz im Umgang mit Behinderten, Ausländern und den Mitmenschen überhaupt, aber auch den Umgang mit Sucht, Gesundheit, Kriminalität und vielen anderen Lebensbereichen. Nur wenn Unternehmen diese Themen strukturiert angehen, können sie wirklich Orientierungshilfe geben.

Wenn Unternehmen dem Einzelnen Sinn und Moral der modernen Wirtschaft und Gesellschaft vermitteln können, können sie auch beachtliche Motivationskräfte bei ihren Mitarbeitern freisetzen. Führungskräfte der Wirtschaft müssen heute in der Lage sein, die moralischen Fragen unserer Gesellschaft überzeugend zu vermitteln und vorzuleben. Das ist auch die Voraussetzung zur nachhaltigen Gewinnerzielung, denn die ist auf die grundsätzliche Akzeptanz durch die Gesellschaft angewiesen.

Wenn die Unternehmen die gesellschaftspolitischen Aufgaben nicht selbst entschlossen anfassen, müssen sie mit massiven, ihre Gewinne schmälernden Reaktionen rechnen. Moralisch empörte Gesellschaften, die militant zu werden drohen, und von Aktionismus getriebene staatliche Überregulierungen bilden nicht das Umfeld, in dem sich nachhaltige Gewinne erzielen lassen.

Gerade Handelsunternehmen haben es in der Hand, über die Herstellungsweise ihrer Produkte den Kunden die Sicherheit zu geben, mit der Kaufentscheidung eine Wirtschaftsweise zu unterstützen, die langfristig auf die notwendige und mögliche Angleichung der Lebensverhältnisse weltweit zielt und nicht auf die Vertiefung sozialer Gräben.

Unternehmen haben die Möglichkeit, an Lösungen zu arbeiten, die ökonomisches, ökologisches und soziales Wirtschaften in einer globalisierten Welt in Einklang bringen, Lösungen, die auf dem Fundament unserer klassischen Moralvorstellung basieren. Nämlich: die Schöpfung zu bewahren und dem Menschen zu dienen. Sie müssen es nur tun – in ihrem ureigensten Interesse.

PETER SCHULZ

Rechtsentwicklung in China

14. Oktober 2005

In seinen »Ratschlägen für einen schlechten Redner« berichtet Tucholsky von einem Redner, der an der Sorbonne über ein spezielles China-Thema sprach und wie folgt begann: »Lassen Sie mich Ihnen zunächst in aller Kürze die Entwicklungsgeschichte meiner chinesischen Heimat seit dem Jahre 2000 vor Christi Geburt …« In der Lage jenes Redners, dessen Einleitungssatz seine Zuhörer belustigte, befinde ich mich heute Abend. Helmut Schmidt hat, als ich mein Thema zur Debatte stellte, darauf bestanden, dass ich mich nicht auf die letzte, außerordentlich spannende Entwicklung des Rechts in China beschränke, sondern die tief reichenden Wurzeln angemessen berücksichtige – etwa Konfuzius, der vor zweieinhalbtausend Jahren lebte.

Nach dem endgültigen Zerfall des nur locker zusammenhängenden alten Lehensstaates der Zaou-Dynastie gründete Kaiser Ch'in um 220 vor Christi das einheitliche Chinesische Reich als straff organisierten, zentralistischen Beamtenstaat. Er brauchte vor allem eines: klare Regeln insbesondere des Verwaltungsrechts und des Strafrechts.

Es entstand ein Rechtssystem. An seinem Anfang standen nicht die Ideen des Konfuzius, sondern die seiner Gegenspieler aus der Schule Fa Jia, die bei uns üblicherweise mit »Schule der Legisten« übersetzt wird.

Für Konfuzius und seine Schule stehen als Leitbegriffe auch dessen, was wir Rechtsordnung nennen würden, diese vier: Sitte, Tradition, Rangordnung und ständige Erziehung des Menschen.

Für Konfuzianer sind die »li«, die Normen der Tradition und der

Moral, Grundlage für alles. Nicht die Herrschaft durch Gesetze war für sie das Ideal, sondern die Herrschaft durch solche Inhaber der Macht, die sich an überkommenen, letztlich vom Himmel gegebenen moralischen Standards orientieren und die durch ihr Beispiel wirken.

Konfuzius sagte: »Wenn das Volk durch Gesetze geführt wird und wenn versucht wird, Gleichmaß durch Strafe herbeizuführen, dann versucht das Volk, die Strafe zu umgehen, hat aber kein Schamgefühl; wenn es durch Tugend geführt und Gleichmaß durch die ›li‹ herbeigeführt wird, dann wird es bei unrechtem Tun Scham empfinden und darüber hinaus keiner Strafe bedürfen.«

Die Legisten vertraten die Auffassung, nicht die tradierten li-Normen sollten entscheidend sein, sondern Gesetze, die der Gesetzgeber nach Zweckmäßigkeit erlässt, wie sie für das Wohl des Staates in der konkreten Zeit als zweckmäßig erscheinen.

Einer ihrer Vordenker erklärte: »Für einen klugen Herrscher gibt es nur einen rechten Weg des Regierens: Er vereinheitlicht die Gesetze und verliert sich nicht in der Suche nach Weisheit ... In einem gut geführten Staat verwirft man deshalb das Gerede und baut auf das Gesetz.«

Im Unterschied zu einer der Grundvorstellungen der Konfuzianer verlangten die Legisten, dass die Gesetze auf alle unterschiedslos anzuwenden seien.

Für den Reichsgründer Ch'in war die Lehre der Legisten einfach zweckmäßiger, weil die Regierung eines einheitlichen Riesenreiches durch Beamte nur mit Hilfe klarer Gesetze möglich war.

Die Ideen des Konfuzius und seiner Schule, die seine Gedanken später stark formalisierte, drangen bald in das legistische Gebäude ein, so wie umgekehrt die Konfuzianer allmählich akzeptierten, dass es ohne Gesetze nicht geht, wenn auch nur als ungeliebte *ultima ratio*. Das klassische chinesische Rechtssystem verschmolz schließlich die beiden großen Lehrmeinungen. In einer wichtigen Hinsicht gab es ohnehin keinen Unterschied zwischen ihnen: In der Auffassung von Recht als einem »von oben« zu handhabenden Instrument zur Aufrechterhaltung der Ordnung des Staates und nicht etwa auch als ein Instrument zur Regelung divergierender Ansprüche Einzelner. Die Vorstellung von subjektiven Rechten war beiden Schulen fremd.

Das aus der Durchdringung legistischer Elemente durch konfuzianische Ideen entstandene Rechtssystem hielt ohne tief greifende Änderungen fast bis zum Ende des 19. Jahrhunderts. Einige der für die Außenansicht durch Europäer wesentlichen Merkmale waren:

– Das Gesetzesrecht war ganz überwiegend Strafrecht; Zivilrecht in unserem Sinne gab es kaum.
– Es gab gravierende Unterschiede im Recht und im Verfahren je nach dem Rang des Betroffenen.
– Es gab auch nicht ansatzweise eine Trennung zwischen Verwaltung und Rechtsfindung; es gab keine Gerichte.
– Es gab nur in ganz bescheidenen Ansätzen Rechtswissenschaft, es gab so gut wie keine von anderen Berufen unterschiedene Juristen – und es gab schon gar keine Anwälte. Zeitweilig wurden Personen, die andere in Rechtsdingen berieten oder für sie Schriftstücke anfertigten, dafür bestraft.

China lebte in dem sicheren Gefühl seiner eindeutigen moralischen, kulturellen und politischen Überlegenheit über den Rest der Welt. Dieses Überlegenheitsgefühl wurde zum ersten Mal nach dem verlorenen Opiumkrieg 1840/42 erschüttert; aber erst fünfzig Jahre später führte die Niederlage Chinas im Krieg gegen Japan von 1894/95 zu nicht nur oberflächlichen und nicht nur technischen Reformen. Die Japaner hatten auf militärischem, technischem und wirtschaftlichem Gebiet Anleihen in Europa und den USA aufgenommen, und sie hatten ihr altes Institutionen- und Rechtssystem revolutioniert – das Letztere vor allem durch die Rezeption europäischen Rechts, besonders auch des deutschen.

Die Niederlage gegen Japan hatte die Entstehung von Endzeitstimmung in China nur beschleunigt, denn sie war auch unabhängig davon gewachsen und führte zum Versuch der letzten Dynastie, sich durch Reformen noch zu retten. Es gab erste Ansätze zur Reform der Verwaltung und des Strafrechts; so wurde zum Beispiel die Strafe der Zerstückelung abgeschafft. Ein Justizministerium wurde geschaffen, das Studienkommissionen nach Europa, Japan und Amerika entsandte, um von dort Anregungen zur Reform des Zivil- und Handelsrechts zu gewinnen. Aber die Zeit, die der letzten Dynastie verblieb, war zu kurz und die Entschlossenheit zur Reform zu gering, um noch Wesentliches bewirken zu können.

In die Endphase des Kaiserreichs fiel ein wichtiger Anstoß zur Reform des Zivil- und Handelsrechts, der sich dann in der Republik auswirken sollte: Die durch die mit Recht so genannten »ungleichen Verträge« von 1842 begünstigten und zum Teil mit territorialen Sonderrechten ausgestatteten Mächte, allen voran Großbritannien, hatten dem kaiserlichen China in dessen Endphase signalisiert, auf ihre Vorrechte, zum Beispiel die Konsular-Gerichtsbarkeit, verzichten zu wollen, wenn China sein für europäische und amerikanische Handelspartner inakzeptables Rechtssystem ändern würde.

Die nach der Revolution von 1911 und der Gründung der Republik durch Sun Yat-sen im Jahre 1912 eingeleitete Einführung eines von Regierung und Verwaltung getrennten Gerichtssystems und die von Sun Yat-sen initiierte Schaffung moderner Gesetze, vor allem im Bereich des Zivilrechts, des Handelsrechts und des Strafrechts, waren aber ohne tiefgreifenden Erfolg. Die neu geschaffenen Gerichte waren den alten Eliten ein Dorn im Auge und wurden bald nach ihrer Einrichtung Schritt um Schritt in ihrer Zahl, in ihrer Besetzung mit Juristen und in ihrer Unabhängigkeit zurückgedrängt: Die neuen Gesetze konnten sich praktisch nur in den wenigen großen Städten und in der Küstenregion Geltung verschaffen. Der Grund dafür lag nicht nur in den bürgerkriegsähnlichen Zuständen der ersten fünfzehn Jahre der Republik, sondern auch in der Tatsache, dass die neuen Gesetze, die ganz wesentlich auf europäischen, insbesondere deutschen Vorbildern fußten, auf die Probleme der großen Mehrheit der Bevölkerung, der Bauern, keine Antwort gaben.

Die in der Regierungspartei Guomindang Ende der zwanziger Jahre und in den dreißiger Jahren immer deutlicher werdende Tendenz des Abrückens von quasi-demokratischen Vorstellungen bis hin zum Ideal des Einparteien-Staates taten ein Übriges, um westlich/individualrechtlich konzipierte Gesetze zu diskreditieren.

Dass die Schwächung eines ohnehin nicht sonderlich starken Rechtssystems durch ständige Machtkämpfe, durch immer offenere Rückgewinnung von Macht und Einfluss der alten Eliten der Korruption Tür und Tor öffneten, liegt auf der Hand. Dieses Krebsgeschwür bildete bald im ganzen Körper des Rechtswesens Metastasen und brachte dessen Wirksamkeit auch von innen zu Fall. Richter und Anwälte gehörten schließlich zu den am meisten verachteten Berufsgruppen in der Republik.

Die wichtigste Schöpfung der Gesetzgebung der Republik, das Zivilgesetzbuch, folgte im Aufbau und zum Teil inhaltlich dem deutschen Bürgerlichen Gesetzbuch (BGB). Es hat sich bis heute mit nur wenigen Änderungen als das Zivilrecht von Taiwan erhalten.

Die Entwicklung des Rechts der Volksrepublik begann schon vor ihrer Entstehung im Jahre 1949. Vorausgegangen war die politische, soziale und rechtliche Neugestaltung in den zwei praktisch autonomen Gebieten, in denen die Kommunisten einen Staat im Staate bildeten. Das waren die Provinz Kiangsi in den Jahren 1931 bis 1934 und – nach dem Langen Marsch – die Provinz Yehan in Nordwestchina. Die Entwicklungen dort waren durch vier Faktoren bestimmt gewesen:

1. durch den fast ausschließlich dörflichen Charakter der Regionen,
2. durch die angesichts der Isolierung notwendigen Autarkie-Bestrebungen,
3. durch das Fehlen von »passenden« Vorbildern für den Aufbau von Verwaltung und Justiz und
4. durch die Abneigung der Führung gegen feste Strukturen, die ja

auch eine Selbstbindung bedeutet hätten. Neben Boden- und Arbeitsgesetzen, Bestimmungen über die Bestrafung von »Konterrevolutionären« und neben Organisationsregelungen für lokale Sowjets entstand eine Art einfachen Basisrechts.

Mit der Ausrufung der Volksrepublik wurden die bis dahin geltenden Gesetze der Republik aufgehoben. Die Regelungen aus Kiangsi und Yenan wurden fortentwickelt; im Übrigen behalf man sich mit provisorischen Regeln und politischen Weisungen; notfalls wurden die formell aufgehobenen Gesetze weiter praktiziert, soweit das aus der Sicht der Partei im konkreten Fall tunlich war.

Erst 1953 begann eine kurze Periode intensiver Gesetzgebung. Zunächst waren es noch überwiegend Wirtschaftsstrukturregelungen, aber dann begannen auch erste Vorarbeiten an »klassischen« großen Gesetzen: am Strafgesetzbuch, am Zivilgesetzbuch und an Prozessordnungen. Fast ausnahmslos stand dabei das sowjetische Recht Pate.

Mit der »Kampagne gegen die Rechtsabweichler« von 1958 wurde diese Entwicklung hin zu einem Stück Gesetzlichkeit gebremst. Der absolute Tiefpunkt wurde mit der Kulturrevolution in der zweiten Hälfte der sechziger Jahre erreicht. Sie ließ auch im Bereich des Rechts nichts bestehen. Die gewollte Rechtlosigkeit, der Verzicht auf jegliche Gesetzgebung, das Absterben jeglicher Rechtswissenschaft und das praktische Verbot von juristischer Ausbildung wirkten noch lange nach.

Der Sturz und die Aburteilung der Vierer-Bande ermöglichten dann erste Schritte zu einer Wirtschaftsreform mit Einbrüchen in das starre Planungs- und Regelungssystem.

Die Reformen waren in ihrem Inhalt und hinsichtlich ihres räumlichen Geltungsbereichs anfangs oft nur Teilregelungen, und viele von ihnen waren bewusst als Versuch konzipiert. Ihre marktwirtschaftlichen Elemente erforderten ein Stück Rechtssicherheit. Das Gleiche verlangten die durch die Reformen erforderlich und möglich gewordenen stärkeren Wirtschaftskontakte mit dem kapitalistischen Ausland. Und schließlich: ausländische Investitionen konnten nur dann ins Land geholt werden, wenn den Investoren wenigstens einige rechtliche Garantien geboten wurden.

Die Wirtschaftsreformen mussten deshalb von Reformen des Rechts begleitet werden.

Die zunächst nur sehr langsam wachsende Rechtsstruktur folgte den damals wichtigsten beiden Grundsätzen der Wirtschaftsreform: Reformen in Teilschritten und »try and error«. Schon das machte jeden Gedanken an die Rezeption nur *eines* der Rechtssysteme dieser Welt, etwa des kontinentaleuropäischen, des anglo-amerikanischen oder des japanischen, illusorisch. Es blieb nur der Weg, sich aus den unterschiedlichen Rechtssystemen die im Einzelfall passenden Regelungen herauszuholen. Dabei ist es geblieben.

Mit der Beschleunigung der Wirtschaftsreformen nahm auch das Gesetzgebungstempo sehr rasch zu. Darüber hinaus trieben die Verhandlungen über den Beitritt Chinas zu internationalen Abkommen, zum Beispiel zur Welthandelsorganisation, den Gesetzgeber zur Eile. Die nach der Kulturrevolution allmählich wieder entstandenen juristischen Hochschulen und viele hochrangig angesiedelte Gesetzgebungskommissionen haben aber dafür gesorgt, dass trotz des manchmal beängstigenden Tempos der Gesetzesproduktion und trotz ihrer erheblichen Quantität das bisherige Gesetzgebungswerk auch qualitativ Respekt verdient.

In den letzten Jahren hat die bisweilen spürbare Hektik der Gesetzgebung nachgelassen; zumindest bei größeren Gesetzgebungsvorhaben ist Gründlichkeit an die Stelle von Schnelligkeit getreten. Für das größte Gesetzgebungsvorhaben, die Schaffung des unserem BGB entsprechenden Zivilgesetzbuches (ZGB), ist nach etwa zehnjähriger Kommissionsarbeit dem Ständigen Ausschuss des Nationalen Volkskongresses schließlich vor dreieinhalb Jahren ein Entwurf vorgelegt worden. Allein das Buch Sachenrecht dieses Entwurfs ist dort schon dreimal ohne abschließende Beschlussfassung erörtert worden. Wahrscheinlich wird der Ständige Ausschuss sich für das ZGB noch einmal einige Jahre Zeit nehmen.

Die Gesetzesflut schafft der politischen Führung auch Probleme: Das Anwachsen der Zahl vor allem zivil- und handelsrechtlicher Normen führt dazu, dass immer mehr Individualrechte gesetzlich festgeschrieben werden. Der Bazillus Individualrecht ist aber ansteckend, und es ist fraglich, ob der von der Partei um die Unantastbarkeit des Vorrangs von Staats- und Parteiinteressen gelegte *cordon sanitaire* auf Dauer gegen die Gefahr der Entwicklung eines Bewusstseins für die Existenz von Menschenrechten schützt.

Schon jetzt nehmen neue strafrechtliche und verwaltungsrechtliche Vorschriften den Beschuldigten und den Adressaten von Verwaltungsentscheidungen auch als Träger von Rechten wahr. So können bestimmte, im neuen Verwaltungsprozessgesetz enumerativ aufgezählte Verwaltungsentscheidungen gerichtlich angefochten werden. Das bleibt zwar noch weit hinter dem bei uns geltenden Grundsatz der Anfechtbarkeit eines jeden Verwaltungsaktes zurück, doch man sollte bei der Bewertung der chinesischen Entwicklung nicht vergessen, dass unser stolzer Grundsatz erst durch die Militärregierungsverordnung 165 vom 15. September 1948 eingeführt wurde.

Die ständig ansteigende Gesetzesflut verlangte nach Gerichten. Da es zu Beginn der Reformen fast gar keine qualifizierten Juristen gab, entschied sich die politische Führung, die Gerichte ohne Rücksicht auf das Vorhandensein von Richtern zu installieren und sie zunächst mit Personen zu besetzen, die keinerlei juristische Ausbildung erfahren hatten. Wichtigstes Kriterium bei der Auswahl war die Fähigkeit der Kandidaten, Entscheidungen zu treffen. Da lag es nahe, in erster Linie Offiziere zu Richtern zu machen. Die zweitwichtigste Quelle bei der Besetzung von Richterstellen war die Parteibürokratie.

Diese Politik ist im Westen viel kritisiert worden; nach meiner Auffassung zu Unrecht. Die Alternative wäre gewesen, zunächst mit der Juristenausbildung wieder neu zu beginnen und Gerichte erst einzurichten, wenn Tausende eine juristische Ausbildung absolviert hatten. Da der Aufnahme der juristischen Lehrtätigkeit aber die vollständige Neuschaffung juristischer Fakultäten und der Aufbau eines Lehrkörpers vorausgehen musste, hätte sich die Installierung von Gerichten um mindestens zwanzig Jahre verzögert.

Es gibt heute ein dichtes Netz von Gerichten: Kreis-, Bezirks- und Provinzgerichte und über allem das Oberste Volksgericht in Peking. Nach den offiziellen Zahlen gibt es in China heute etwa 190 000 Richter. Dabei wird aber offenbar in großem Umfang auch nichtrichterliches Personal mitgerechnet. Die richtige, mit europäischen Verhältnissen vergleichbare Zahl wird etwa 60 000 sein. Zum Vergleich: In Deutschland gibt es etwa 21 000 Richter.

Ein neues Richtergesetz verlangt für neu eintretende Richter seit einigen Jahren ein Studium an einer juristischen Fakultät und eine anschließende zweijährige Praxis. Die jetzt amtierenden Richter ohne eine solche Qualifikation müssen sich seit 2002 einer Prüfung unterziehen. Die Durchfallquote beträgt neunzig Prozent. Richter, die nicht bestanden haben, müssen an sich entlassen werden. Das geschieht aber keineswegs regelmäßig oder auch nur in der Mehrheit der Fälle, und viele der tatsächlich entlassenen Richter arbeiten als so genannte Vertretungsrichter oder als so genannte Hilfsrichter weiter. In den unteren Instanzen machen die früheren Offiziere und Parteisekretäre als Richter immer noch etwa siebzig Prozent aus.

Man kann natürlich auch diese Praxis kritisieren. Ich finde auch sie in Ordnung. Die hohe Durchfallquote zeigt zunächst, dass die politische Führung es mit der Qualifizierung der Richter und sonstigen Juristen ernst meint; und die De-facto-Weiterbeschäftigung durchgefallener Richter ist ein notwendiger Schönheitsfehler, der im Laufe der Jahre allmählich unbedeutend werden wird.

Die Gerichte leiden nach wie vor am chinesischen Erbübel – der Korruption. Die zunehmende Besetzung der Richterstellen durch qualifizierte Juristen gibt jetzt die Chance einer nennenswerten Zurückdrängung der Korruption.

Ein komplexes Rechtssystem, wie es jetzt in China entsteht, braucht nicht nur Gerichte, sondern auch Anwälte. Es gab in China immer nur sehr wenige Anwälte, und sie waren niemals ein angesehener Berufsstand. Zwischen 1957 und 1979 war der Anwaltsberuf wieder völlig verschwunden. 1980 begann die Entwicklung einer eigenständigen Anwaltschaft mit gerade einmal 200 Anwälten. Heute sind es etwa 120 000. Allerdings sind auch die Anwälte keineswegs alle juristisch vorgebildet. Seit einigen Jahren ist die erfolgreiche Teilnahme an der für Richter vorgesehenen Prüfung Voraussetzung für die Neuzulassung. Man kann die Zahl der juristisch qualifizierten Anwälte mit etwa 50 000 annehmen. Zum Vergleich: In der Bundesrepublik gibt es zur Zeit etwa 135 000 Anwälte.

Aus der ursprünglich völligen politischen Einbindung der Anwaltschaft gibt es respektable Schritte auf dem Weg zu einer »Freiheit der Advokatur«. Dass sie heute, nach etwa 25 Jahren, noch nicht vollständig erreicht ist, kann nicht überraschen; überraschend sind die immerhin erzielten Fortschritte.

Gute Gesetze und die Schaffung eines ausreichend dichten Netzes von Gerichten nutzen wenig, wenn es kein Vertrauen in die Unparteilichkeit der Entscheidungen gibt. Aber jeder Schritt auf dem Weg zur richterlichen Unabhängigkeit gefährdet den absoluten Machtanspruch der Partei und damit die Grundlagen des Staates.

Wie ist der jetzige Stand in dem Bemühen, diese Quadratur des Kreises zu realisieren?

Artikel 126 der Verfassung der Volksrepublik lautet: »Die Volksgerichte üben ihre Gerichtsbarkeit gemäß den gesetzlichen Bestimmungen unabhängig aus; sie erleiden keine Einmischung durch Verwaltungsorgane, gesellschaftliche Organisationen oder Einzelpersonen.« Die Öffnungspolitik hat zwar nicht zu wirklicher Meinungsfreiheit, aber doch im Vergleich zu früher zu ganz erstaunlichen Möglichkeiten der Kritik geführt. So wird denn – zunächst beschränkt auf Fachzeitschriften – schon einmal Kritik an dieser Verfassungsbestimmung geübt mit der Tendenz, nicht nur das Verbot der Einmischung durch Verwaltungsorgane in der Verfassung festzuschreiben, sondern auch das der Einflussnahme durch die Regierung und die Partei.

Der Grundsatz der Unabhängigkeit wird schon im Text der Verfassung massiv eingeschränkt. Artikel 128 lautet: »Das Oberste Volksgericht ist dem Nationalen Volkskongress und dessen Ständigem Ausschuss verantwortlich. Die lokalen Volksgerichte aller Ebenen sind den Organen der Staatsmacht, die sie einrichten, verantwortlich.« Außerdem werden die Richter nur auf Zeit von den jeweiligen »Volkskongressen« gewählt; und sie können jederzeit auch vor Ablauf der Wahlperiode abberufen werden.

Man hat versucht, die zum Teil sehr massiven und willkürlichen Eingriffe der Partei und einzelner ihrer Funktionäre in die Arbeit der Gerichte zu kanalisieren. Bei allen Gerichten ist jetzt ein so genannter Rechtsprechungsausschuss installiert worden, der auf Vorschlag des Gerichtspräsidenten vom so genannten Ständigen Ausschuss des betreffenden Volkskongresses, also politisch, besetzt wird. Dieses Gremium soll »problematische« und »besonders bedeutsame« Fälle vor der Entscheidung des zuständigen Richters beraten und ein Votum abgeben. Der nachfolgend in der Sache zuständige Richter darf vom Votum des Rechtsprechungsausschusses nicht abweichen.

Das Korsett ist also nach wie vor eng. Es wird aber berichtet, dass doch zunehmend Richter aufbegehren und in dem einen oder dem anderen Detail von politischen Vorgaben abweichen. Aber auch die kritischen und mutigen aufmüpfigen Richter wissen, dass auf absehbare Zeit keine Chance besteht, wirkliche Unabhängigkeit zu erreichen – und sie sind bereit, sich zu arrangieren.

Die chinesische Verfassung kennt Grundrechte. So bestimmt etwa Artikel 35: »Die Bürger der Volksrepublik China genießen die Freiheit der Rede, der Publikation, der Versammlung, der Vereinigung, der Durchführung von Straßenumzügen und Demonstrationen.« Artikel 36 konstituiert Glaubensfreiheit, Artikel 37 die Freiheit der Person, Artikel 39 die Unverletzlichkeit der Wohnung, und Artikel 40 schützt das Briefgeheimnis.

Artikel 51 schränkt generell ein: Die Bürger der Volksrepublik China »dürfen bei der Ausübung ihrer Freiheiten und Rechte die Interessen des Staates … nicht verletzen«. Vorsichtshalber gibt es aber auch noch spezielle Einschränkungen. So heißt es in Artikel 36

Abs. 3: »Niemand darf eine Religion dazu benutzen, Aktivitäten durchzuführen, die die öffentliche Ordnung stören.«

Brandneu und in ihren Auswirkungen noch nicht übersehbar ist die vor einem Jahr beschlossene Ergänzung des Artikels 33 um den Satz: »Der Staat respektiert und gewährleistet die Menschenrechte.«

Da es kein Verfassungsgericht gibt und auch die Einklagbarkeit von Grundrechten nicht vorgesehen ist, taucht die Frage auf, welche Bedeutung die Grundrechte für die Rechtsprechung überhaupt haben. Hier gibt es eine interessante Entwicklung: In steigender Zahl nehmen die Gerichte Grundrechtsbestimmungen der Verfassung in Anspruch, um offensichtlichen Ungerechtigkeiten entgegentreten zu können. So hat zum Beispiel das Oberste Volksgericht die Klausel eines Arbeitsvertrages, die die Haftung des staatlichen Arbeitgebers für Verletzungen oder Tod durch Arbeitsunfall ausschloss, für nichtig erklärt und sich dabei auf Artikel 42 Abs. 2 der Verfassung berufen, wo es heißt: »Durch verschiedene Methoden schafft der Staat die Bedingungen für Beschäftigung, verstärkt den Arbeitsschutz und verbessert die Arbeitsbedingungen …«

Es handelt sich bei diesen Entscheidungen des Obersten Volksgerichts nicht um ein Aufmucken gegen Partei und Regierung, sondern um politisch gewollte Auflockerungen. Die ersten Entscheidungen dieser Art waren in dem vorhin beschriebenen Rechtsprechungsausschuss, also in einem de facto politischen Organ, festgelegt worden. Die zuständige Kammer des Gerichts hatte diese politische Vorgabe nur bestätigt.

Alle mir bekannt gewordenen Entscheidungen zur Umsetzung von Grundrechten betreffen solche Rechte, die den Führungsanspruch der Partei nicht in seinem Kern berühren: das Recht auf Arbeitsschutz, das Recht auf Bildung, das Recht auf Lebensunterhalt im Ruhestand und den Grundsatz der Gleichberechtigung der Frau. Zu den Grundrechten, bei denen es für die Partei »ans Eingemachte« geht, also etwa zur Meinungs- und Versammlungsfreiheit, zur Freiheit der Person, zum Briefgeheimnis usw., gibt es bisher keine Entscheidungen.

In den letzten dreißig Jahren hat es in China neben und im Schatten der für uns alle unübersehbaren Wirtschaftsreformen eine zweite Revolution gegeben – die des Rechts. Zieht man die Ausgangslage »Null« in Betracht, so war und ist sie »als Operation am offenen Herzen« eine bewunderungswürdige Leistung, die noch vor zehn Jahren niemand in Europa oder Amerika für möglich gehalten hätte.

Die Dynamik der wirtschaftlichen Entwicklung scheint unaufhaltsam, jedenfalls politisch nicht mehr umkehrbar zu sein. Wird das auch für die Revolution des Rechts gelten? Wird sich China zum Rechtsstaat entwickeln?

Wenn wir unsere Vorstellungen vom Rechtsstaat zugrunde legen, muss die Antwort wohl »nein« lauten.

Uralte Traditionen – und der nationale Stolz auf diese Traditionen – stehen dem entgegen. Konfuzianische Vorstellungen einer »von oben« vorgegebenen Ordnung sind heute noch wirksam, und die konfuzianische Annahme des Wertes einer Rangordnung unter den Menschen erleichtert die Akzeptanz des Vorrangs einer politischen »Nomenklatura«. Die vieltausendjährige Tradition, dass es besser ist, miteinander zu reden und zu verhandeln – und dabei »Beziehungen« einzusetzen –, als im Streit zu obsiegen, führt bei der Mehrheit der Chinesen immer noch zu einer anderen Einstellung gegenüber gerichtlichen Entscheidungen, als sie bei uns selbstverständlich ist.

Es gibt erste Anzeichen nationaler Überheblichkeit, die gleichermaßen gespeist ist aus dem Stolz auf eine große Vergangenheit wie aus den aktuellen wirtschaftlichen Erfolgen. Diese Überheblichkeit wird wahrscheinlich »westlichen« Lösungen ihren Nimbus nehmen und sie nicht mehr so selbstverständlich als vorbildlich erscheinen lassen. Das wird auch Auswirkungen auf die Wertschätzung der westlichen Vorstellung vom Rechtsstaat haben.

Ich vermute, dass in der Rechtsentwicklung weitere Schritte getan werden, die auch in China dem Einzelnen mehr Rechte und mehr Freiheit bringen, aber es wird am Ende (wenn es denn ein Ende gibt!) eine von unseren Lösungen abweichende chinesische Lösung dabei herauskommen.

KLAUS ASCHE

Wohin geht Russland?

13. Februar 2009

Spätestens seit Leopold von Ranke wird der Frage nach dem Wohin eines Volkes oder eines Gemeinwesens die nach dem Woher vorangestellt. Das soll – in aller Kürze – auch bei der Behandlung unseres Themas geschehen. Dem Blick zurück folgt eine Darstellung bestimmter Tatbestände, die für eine Prognose von Bedeutung sind. Ein Ausblick auf den Rest des 21. Jahrhunderts schließt sich an.

Zur Geschichte des deutsch-russischen Verhältnisses

Deutschland und Russland waren nur zeitweilig unmittelbare Nachbarn; und doch hat es an engen Beziehungen zwischen den beiden bedeutenden europäischen Mächten nie gefehlt – gelegentlich zu Lasten Dritter wie etwa Polens. Gerd Ruge schreibt in der von Helmut Schmidt und Richard von Weizäcker herausgegebenen Reihe »Die Deutschen und ihre Nachbarn« über das größte Land der Erde:

> »Russland hat in seiner Geschichte vier Imperien durchlebt, ehe es nach dem Zusammenbruch der Sowjetunion in eine neue Entwicklungsphase eingetreten ist. Seitdem haben sich in seiner Politik moderne demokratische und industrielle Elemente mit Traditionen der Diktatur und Autokratie gemischt, die Russland jahrhundertelang geprägt haben.«

Nach der Katastrophe des gnadenlosen Zweiten Weltkrieges hat es fast ein halbes Jahrhundert gedauert, bis Deutsche und Russen sich wieder unbefangen gegenübertreten konnten. 1991 wurde dem letzten Generalsekretär der KPdSU, Michail Gorbatschow, in Deutschland auf offener Straße applaudiert. Sympathie und Dankbarkeit gegenüber dem Mitarchitekten der Wiedervereinigung sind bis heute ein wichtiger Bestandteil des deutsch-russischen Verhältnisses geblieben. Dass die zupackende und unkonventionelle Hilfe der westdeutschen Länder in den schwierigen Notzeiten des wirtschaftlichen Zerfalls im Osten eine große Rolle gespielt hat, ist unbestritten. Auch Hamburg war daran beteiligt. Auf dem Weg zu neuen Ufern hat die Russische Föderation bisher noch keine zwanzig Jahre zurückgelegt. Die von einigen weltfremden Politikern und Journalisten erwartete schnelle Entwicklung eines demokratischen Rechtsstaates und einer sozialen Marktwirtschaft vollzieht sich in Russland allerdings nur in kleinen Schritten. Dass der russische Ministerpräsident Wladimir Putin Anfang dieses Jahres in Davos gegen jede entbehrliche Staatsintervention eingetreten ist, war nach meinem Empfinden bemerkenswert, wenn man das Dreivierteljahrhundert Dirigismus von 1917 bis 1991 unter Hammer und Sichel betrachtet. Aber geschichtliche Abläufe lassen sich nicht durch staatsphilosophische Vorlesungen erzwingen. Russland hat im letzten Jahrtausend vier Zusammenbrüche ertragen müssen, zumeist mit der Folge blutiger Auseinandersetzungen und schrecklicher Zerfallserscheinungen:

- Der erste russische Staat, die Kiewer Rus, brach Anfang des 13. Jahrhunderts im Ansturm der Tataren und Mongolen zusammen.
- Um 1600 ging das Moskauer Reich in der »Zeit der Unordnung« unter.
- 1613 gelangte die Romanow-Dynastie an die Macht, die 1917 mit der Ermordung des letzten Zaren Nikolaus II. durch die Bolschewiki endete.

– Als bisher mächtigster Staat folgte die Sowjetunion, die sich 1991 unter ihrem letzten Präsidenten Michail Gorbatschow auflöste.

Jedes Mal ist – gleichsam aus dem Schoß von Anarchie und Krieg – ein noch stärkeres Staatswesen entstanden. Allerdings war keines von ihnen durch demokratische Ideale – wie wir sie sehen – geprägt. Gewaltenteilung, Meinungs- und Wirtschaftsfreiheit blieben im Osten unbekannt, in manchen Bereichen bis heute.

Die historische Betrachtung Russlands ist für uns Deutsche sicherlich bedeutsamer als für alle anderen Partner unserer großen östlichen Nachbarschaft. Schließlich haben Deutschland und Preußen ihre staatliche Existenz nicht weniger als sechs Mal den Russen zu verdanken:

– 1762 starb die Zarin Elisabeth mit der Folge, dass ihr Nachfolger, Zar Peter III., ein glühender Bewunderer Friedrichs des Großen, die Fronten im Siebenjährigen Krieg wechselte und dem Philosophen von Potsdam zum Sieg verhalf.
– 1812/13 leitete die Konvention von Tauroggen zwischen dem preußischen General von Yorck und dem kaiserlich-russischen General deutscher Abstammung von Diebitsch den Untergang der napoleonischen Herrschaft über weite Teile Europas ein. Noch heute kann man in der Eremitage in Sankt Petersburg eine Wand mit Porträts russischer Generäle sehen, die das preußische Eiserne Kreuz von 1813 tragen. Eine preußische Prinzessin heiratete den späteren Zaren Nikolaus I., und viele preußische Offiziere dienten in der russischen Armee, unter ihnen auch Clausewitz. In diesen Jahren einer engen Waffenbrüderschaft zwischen Russland und Preußen übernahm die preußische Armee auch Teile des großen Zapfenstreiches, der bis heute zum militärischen Zeremoniell der Bundeswehr gehört.
– In der Auseinandersetzung mit Frankreich 1870/71 sicherte

die Neutralität des Zarenreiches Bismarcks Plan, den Norddeutschen Bund zum Deutschen Reich zu erweitern.

- Als 1919 nach der deutschen Niederlage Stimmen laut wurden, die eine Zerschlagung des kaum fünfzig Jahre alten Deutschen Reiches forderten, setzten sich die durch die Revolution der Bolschewiki in Russland geschockten Kräfte durch, und das Reich blieb trotz umfangreicher Abtretungen erhalten.
- 1945 war die Sowjetunion entscheidend an der Niederwerfung der nationalsozialistischen Herrschaft auch in Deutschland beteiligt; Hitlers germanisches Großreich blieb uns erspart.
- 1990 ermöglichte Michail Gorbatschow gemeinsam mit anderen die Wiedervereinigung unseres 45 Jahre geteilten Landes.

Durch eine glückliche Fügung ergab sich nach 1991, dass ein Politiker die Führungsrolle in Moskau übernahm, der sich Deutschland in besonderer Weise verbunden fühlt: Wladimir Putin. Er war zunächst sechs Jahre Präsident der Russischen Föderation und ist seitdem russischer Ministerpräsident. Lassen Sie mich eine kurze Anmerkung zu Wladimir Putin einfügen: Während meiner ehrenamtlichen Tätigkeit für die Handelskammer Hamburg und im Präsidium des Deutschen Industrie- und Handelstages war Henning Voscherau Präsident des Senates und Erster Bürgermeister Hamburgs. In diese Zeit fielen die deutsche Wiedervereinigung und der Zusammenbruch des Sowjetsystems. Henning Voscherau hatte die darin liegende Chance für Hamburg sogleich erkannt. Er engagierte sich – von der Hamburger Wirtschaft nachhaltig unterstützt – vor allem für das benachbarte und nun endlich wieder zugängliche Hamburger Hinterland, und er erfüllte die schon seit Bürgermeister Sievekings Zeiten bestehende Städtepartnerschaft mit Leningrad, das bald wieder Sankt Petersburg heißen sollte, mit neuem Leben. Auf unsere Frage, warum man nicht den im Ersten Weltkrieg russifizierten Namen Petrograd reaktiviert habe, erklärten uns unsere russischen Gesprächspartner, man habe sich bewusst zu der besonders glücklichen Zeit *vor* 1914 bekennen wollen, in der die enge deutsch-russische Zusammenarbeit an der Newa ein großer Segen gewesen sei. Der erste nichtkommunistische Bürgermeister Sankt Petersburgs, Professor Sobtschak, warb intensiv für die Ansiedlung von Russlanddeutschen in seinem Bezirk. Er versprach sich davon eine schnelle Überwindung der aktuellen Lebensmittelknappheit: Die von der Wolga unter Stalin nach Sibirien vertriebenen deutschen Bauern seien für die Belebung des Agrarbereiches unverzichtbar. Tatsächlich sind diese Siedlungen auch gegründet worden, übrigens auch im nördlichen Ostpreußen, in der Nähe von Trakehnen.

Das ihm Anfang der neunziger Jahre zugefallene Amt des Bundesratspräsidenten nutzte Henning Voscherau ebenso umsichtig wie erfolgreich nicht zuletzt zum Aufbau und zur Pflege von Kontakten zu den früheren Ostblockstaaten. Ich war von der außenpolitischen Begabung des Hamburger Bürgermeisters beeindruckt, zumal ich ihm in seiner sachlichen Position durchweg zustimmen konnte. Seiner Aufforderung, ihn als Vertreter der Hamburger Wirtschaft auf seinen wichtigsten Auslandsreisen zu begleiten, folgte ich gern. Wir besuchten alle Erdteile außer Australien. Russland spielte dabei eine besondere Rolle. Als wir im Herbst 1991 auf Einladung Gorbatschows, der damals noch sowjetischer Staatspräsident war, mit einer Maschine der deutschen Luftwaffe nach Moskau flogen, kam es zu einem der vielen Rendezvous mit der Geschichte: Genau fünfzig Jahre zuvor hatte der Russlandfeldzug begonnen. Kurz vor der russischen Hauptstadt war der Vormarsch der deutschen Truppen in einer Apokalypse steckengeblieben. Der Vergleich mit der Niederlage Napoleons 1812 drängte sich auf. Wir aber flogen unbehelligt in nur gut zwei Stunden von Stadt zu Stadt und empfanden dabei große Dankbarkeit.

In Moskau empfing uns der sowjetische Staatschef, der soeben nur mit knapper Not einem Putsch auf der Krim entkommen war. An seinem Schreibtisch im Kreml entwarfen wir ein Modell für die

Fortbildung junger Russinnen und Russen in ausgesuchten Hamburger Wirtschafts- und Verwaltungsbereichen. Dieses Programm läuft noch immer, und wir nähern uns der Zahl von tausend Absolventen.

Auch der soeben ins Amt des Präsidenten der Russischen Föderation gekommene Boris Jelzin empfing uns in seinem bereits weißblau-rot dekorierten Kremlbüro. Zu unserer Überraschung sprach er kaum über die katastrophale Versorgungslage der russischen Bevölkerung, sondern über die Nationalhymne und die Erneuerung traditionsreicher Orden der Zarenzeit. Die Hamburger Delegation erfreute Jelzin mit einem Kupferstich, der die 1813 auf dem Jungfernstieg biwakierenden Kosaken zeigt. Unter dem Kommando des späteren ersten Hamburger Ehrenbürgers, von Tettenborn, hatten sie Hamburg von französischen Truppen befreit. Die Stadt war 1807 von Napoleon annektiert worden und gehörte daher zum französischen Kaiserreich.

Bei diesem Besuch entstand auch die enge Verbindung, die fast zwanzig Jahre hindurch weithin unbekannt geblieben ist, die aber beim Aufbau der deutsch-russischen Beziehungen eine Rolle spielen sollte. Der Petersburger Bürgermeister stellte kurz nach seiner Amtsübernahme seinen engsten Führungsstab vor, so auch seinen Stellvertreter Wladimir Putin. Der Vize-Bürgermeister beeindruckte uns schon allein durch seine exzellenten deutschen Sprachkenntnisse und seine besondere Verbundenheit mit Deutschland. Im Laufe der Zeit bildete sich ein kleiner Gesprächskreis, dem außer uns beiden Hamburgern sechs Persönlichkeiten der Wirtschaft und der Politik angehören. Die vertraulichen Gespräche in dieser Gruppe – ohne Dolmetscher – fanden in Moskau, Sankt Petersburg und Sotschi statt. Absolute Offenheit und Vertraulichkeit galten und gelten als selbstverständlich. Wir lernten in diesen Jahren die sonst nicht zugänglichen Räume des großartig restaurierten Moskauer Kreml kennen, darunter die des Zaren Iwan des Schrecklichen und die berühmten Ordenssäle mit vielen deutschen Namen. Für ein Treffen hatte man uns darüber hinaus die persönliche Datscha Stalins zur Verfügung gestellt, in der der Diktator 1953 unter Qualen gestorben war, weil niemand aus seiner Umgebung gewagt hatte, sein Zimmer zu betreten. Von russischer Seite unterrichteten uns nicht nur Präsident Putin, sondern auch sein Verteidigungsminister Iwanow, sein Finanzminister Kudrin, sein aus einer deutsch-russischen Familie stammender Wirtschaftsminister Herman Gref und sein späterer Nachfolger Medwedew.

Ist Russland eine Demokratie?

Der frühere Bundeskanzler Schröder, ein Freund verbaler Effekte, hat Wladimir Putin einen »lupenreinen Demokraten« genannt. Er hat mit dieser eingängigen Einordnung weder Putin noch sich selbst einen Gefallen getan, am wenigsten der weltweiten Behandlung des Themas »Demokratie in unserer Zeit – Chancen und Gefahren«. Das Interesse des einstigen deutschen Regierungschefs an unserem großen östlichen Nachbarn entstand übrigens erstaunlich spät. Als Putin Präsident wurde, äußerten wir in unserem Gesprächskreis unsere Enttäuschung über die vielen Antrittsreisen, die nahezu alle wichtigen Länder betrafen außer Deutschland. Es war dem neuen Mann im Kreml anzusehen, dass er eine Zurückweisung erlebt hatte, denn im Gegensatz zu nahezu allen wichtigen außenpolitischen Partnern auf der Welt hatte die damalige Bundesregierung ihn noch nicht eingeladen. Wir sollten es begrüßen, dass die damalige Verstimmung offenbar von einer persönlichen »Männerfreundschaft« abgelöst worden ist.

Ich denke, man tat Putin keinen Gefallen, als man ihn mit dem Heiligenschein des »lupenreinen Demokraten« versah. Demokratie fällt weder vom Himmel, noch lässt sie sich durch einen Tagesbefehl einführen. Ein demokratisches System in einem Gemeinwesen aufzubauen, erfordert vor allem Zeit, Zeit, in der die demokratische Idee vom Bürger verinnerlicht und in staatliches Handeln umgesetzt werden kann.

Gerade wir Deutschen haben allen Grund zur Bescheidenheit, wenn es um das Thema Demokratie geht. Seit der Entwicklung der deutschen Demokratie in der ersten Hälfte des 19. Jahrhunderts bis zu ihrem ruhmlosen Untergang nach der Machtübernahme Hitlers 1933 ist immerhin ein Jahrhundert vergangen: Zwischen der Begeisterung unter den deutschen schwarz-rot-goldenen und den weiß-roten polnischen Fahnen beim Hambacher Fest 1832 und dem Fackelzug am 30. Januar 1933 in Berlin lebten schließlich drei Generationen. Gleichwohl war das Ergebnis niederschmetternd: Nationalsozialisten und Kommunisten konnten eine klare Mehrheit bei der letzten freien Reichstagswahl am 5. März 1933 erreichen – ein deprimierendes Ergebnis! Dabei war der Weg vom Vormärz über die Frankfurter Nationalversammlung bis zur Weimarer Verfassung durchaus ermutigend verlaufen.

Was den Wiederaufbau nach 1945 angeht, so konnten wir im Gegensatz zu Russland im westlichen Teil unseres Landes über Helfer verfügen, die die Jahre der Dunkelheit unbeschadet überstanden hatten, sei es im Konzentrationslager oder in der Emigration. Konrad Adenauer, Kurt Schumacher, Herbert Weichmann und Ernst Reuter gehören zu den Unvergessenen. Es bedurfte darum eigentlich keiner angeordneten Umerziehung zur Demokratie durch die Besatzungsmächte. Mein Vater – Volksparteiler und Stresemann-Anhänger – bemerkte 1945 bitter, in der Paulskirchen-Zeit seien die Väter der deutschen Demokratie bereits für Grundrechte eingetreten, als in den Südstaaten der USA noch für die Sklaverei gekämpft wurde.

Russland hatte demgegenüber in seiner Geschichte keine demokratische Erbschaft aufzuweisen. Das Dreivierteljahrhundert zwischen der bolschewistischen Revolution und Gorbatschows Perestroika war eine radikale kommunistische Diktatur gewesen, in der alle Macht vom Politbüro der KP ausging. Viele Millionen Sowjetbürger und Angehörige anderer Völker haben diese totale Herrschaft mit ihrem Leben bezahlt. Stalin, Mao und Pol Pot sind nur drei von vielen, die für Millionen von Opfern verantwortlich sind.

Russland passt in kein Klischee

Nach dem Blick auf die Historie und die politische Entwicklung des Landes lassen Sie uns zu den Gegebenheiten des russischen Alltags zurückkehren. Wer die zweite Hälfte des 20. Jahrhunderts bewusst erlebt hat, erinnert sich im Zusammenhang mit Russland vor allem an einen Giganten: Die Sowjetunion zwischen Königsberg und Wladiwostok war nicht nur nach ihrer geographischen Ausdehnung das größte Land der Erde, sie war auch neben den USA militärisch die Weltmacht schlechthin, Sieger im Zweiten Weltkrieg, nuklear hoch gerüstet und an zahllosen Konflikten weltweit beteiligt.

Der Zusammenbruch des sowjetischen Reiches Anfang der neunziger Jahre hat zu einer völligen Neuordnung des kommunistischen Blocks geführt. Die Russische Föderation ist daraus als stärkster Partner hervorgegangen. Allerdings gehören ihr die drei baltischen Staaten, die Ukraine, Weißrussland und eine Reihe von Staaten der Kaukasusregion und Zentralasiens nicht mehr an. Gleichwohl ist die Föderation die flächenmäßig größte Einheit geblieben. Sie erstreckt sich über gut 17 Millionen Quadratkilometer und wird von etwa 142 Millionen Menschen bewohnt (2008). Sie hat eine Bevölkerungsdichte von etwa 8,3 Einwohnern pro Quadratkilometer. Zum Vergleich: Deutschland hat mit weniger als 360 000 Quadratkilometern und rund 82 Millionen Menschen eine Einwohnerdichte von etwa 230 je Quadratkilometer – fast dreißig Mal mehr als Russland. Gegenwärtig ist das russische Staatsgebiet etwa fünfzig Mal so groß wie das deutsche.

2007 hatte Russland ein Bruttoinlandsprodukt (BIP) je Einwohner von etwa 9000 US-Dollar, zum Vergleich:

USA und Großbritannien	45 000 Dollar
Frankreich	41 000 Dollar
Deutschland	40 000 Dollar
Japan	34 000 Dollar
China	2 500 Dollar
Indien	1 000 Dollar.

Deutschland hat 2007 für rund 28 Milliarden Euro Güter aus der Russischen Föderation importiert, vor allem Erdgas, Erdöl und Metalle, und für rund 28 Milliarden Euro dorthin exportiert, vor allem Maschinen, Kraftfahrzeuge, chemische und elektronische Produkte und Elektrotechnik. Russland ist mittlerweile zum zweitgrößten ausländischen Investor unter den Schwellenländern aufgestiegen. Unter den BRIC-Staaten (Brasilien, Russland, Indien und China) nimmt es Platz eins ein. Die Auswirkungen der gegenwärtigen Wirtschaftskrise bleiben allerdings abzuwarten. Trotz einer erfreulichen Reservebildung von ursprünglich etwa 500 Milliarden Dollar hat Russland einen enormen Nachholbedarf auf nahezu allen Investitionsgebieten, was zu einer extremen Kapitalknappheit und zu starken inflationären Entwicklungen führt. Naturgemäß strebt Russland nach dem Zusammenbruch der Öl- und Gaspreise bessere Margen gerade auf diesem Sektor an, um selbst die so dringend benötigte Technologie und westliches Marketingmanagement einkaufen zu können. Die Erschließung der eigenen Rohstoffbasen ist davon weithin abhängig.

Die russische Bevölkerung von rund 142 Millionen Menschen nimmt seit Jahren ab (0,48 Prozent p.a.). 2007 standen etwa elf Geburten sechzehn Todesfälle gegenüber. Auf jede Frau entfielen statistisch nur 1,39 Kinder. Die Lebenserwartung der russischen Männer betrug nur etwa 60 Jahre, der Frauen rund 73 Jahre (Platz 136 auf der Länderskala). Nach den offiziellen Angaben der Russischen Föderation könnte sich die russische Bevölkerung bis zur Mitte dieses Jahrhunderts auf etwa 100 Millionen Menschen verringern – eine beängstigende Vorstellung für ein Land von 17 Millionen Quadratkilometern! Das ist nicht allein auf die gesundheitliche Problematik zurückzuführen, zu der auch ein exzessiver Alkoholmissbrauch gehört, sondern auch auf die allgemeinen Lebensbedingungen. Versuche der Moskauer Regierung, den rückläufigen Geburtenzahlen gegenzusteuern, brachten bisher keinen Erfolg. Auch die höheren Zahlen in den muslimisch besiedelten Gebieten Russlands konnten den Verlust nicht ausgleichen. Der Alkoholkonsum ist übrigens unverändert hoch. Zwischen 1995 und 2006 starben etwa 900 000 Menschen infolge von Alkoholmissbrauch. Mit dem Alkohol hängt möglicherweise auch die ungewöhnlich hohe Selbstmordrate zusammen, die seit 1990 um fast fünfzig Prozent gestiegen ist. Zwischen 1995 und 2003 brachten sich in Russland etwa 500 000 Menschen um.

Im Gegensatz zu China, Indien und den USA gehört Russland also zu denjenigen Ländern, die einen anhaltenden Bevölkerungsschwund erleben. Leider ist auch Deutschland in dieser Gruppe zu finden. Bis 2025 rechnet man in Russland mit einem Arbeitskräfterückgang von 13 bis 19 Millionen. Das Anwerben von Ausländern wie zur Zeit Peters des Großen und der Zarin Katharina hat bisher keinen nennenswerten Erfolg gebracht. Auch die Umsiedlung der etwa 25 Millionen Auslandsrussen in die Russische Föderation ist eher unwahrscheinlich, weil Moskau eine solche Migration sicherlich behindern wird, um die Rückgewinnung früherer russischer Gebiete zu fördern (Ukraine, Weißrussland, Baltikum). Auch die Auswanderer haben zu dieser Entwicklung beigetragen: Seit 1950 haben etwa 2,35 Millionen Russlanddeutsche die Sowjetunion und später die Föderation verlassen. Sie sind überwiegend nach Deutschland gezogen, woher die meisten ihrer Familien im 18. und 19. Jahrhundert gekommen waren. Viele von ihnen waren am Anfang des Zweiten Weltkrieges von Stalin nach Sibirien verbannt worden. Aufgrund dieser Heimsuchungen und der schweren Deportationszeit blieben nur etwa 600 000 Russlanddeutsche zurück. Der Verlust dieser Gruppe von erfolgreichen Landwirten und Handwerkern war für Russland ebenso nachteilig wie die Emigration von mehr als einer Million russischer Juden. Eine Rückkehr der deutschen und jüdischen Auswanderer nach Russland dürfte unwahrscheinlich sein. Selbst das nördliche Ostpreußen wäre wohl nur für wenige Deutsche als Dauerwohnsitz interessant, und das auch nur, wenn die wirtschaftliche Lage im Königsberger Gebiet sich der in Westeuropa angliche. Etwas anderes wäre es, wenn aus dem nördlichen Ostpreußen eine europäische Touristikregion »Mallorca an der Ostsee« würde.

Die Ausdehnung Russlands zwischen der Kurischen Nehrung und dem Pazifik führt zu Problemen, die in dieser Dimension kein Land der Erde zu verkraften hat. Die äußerst geringe Bevölkerung wurde bereits erwähnt: Rechnerisch kommen zwar gut acht Einwohner auf einen Quadratkilometer, aber wegen der regionalen Unterschiede der Bevölkerungsdichte wird in weiten Gebieten des russischen Fernen Ostens oder Sibiriens selbst dieser Wert noch erheblich unterschritten. Dazu ein Beispiel: Die Republik Sucha (Jakutien) hat eine Fläche von rund 3,1 Millionen Quadratkilometer aber nur etwa 950 000 Einwohner, das heißt in einem Gebiet, das über acht Mal so groß ist wie Deutschland, leben weniger Menschen als in der Stadt München! Es ist daher im Grunde so gut wie unbewohnt, und der unlängst von Herrn Grill auf Afrika angewandte Begriff »Falle des Raumes« bietet sich auch hier an.

Es ist für Russland sicherlich ein beruhigender Gedanke, dass eine Landmasse dieser Größenordnung nicht zu kontrollieren, geschweige denn zu besetzen ist, weil keine Armee der Welt entsprechende Kontingente aufbieten könnte, selbst China nicht, und die Lasten der Infrastruktur sind, auch bei einer langfristigen Modernisierung, bei einer so geringen Präsenz der Bevölkerung, nicht zu bewältigen. Die Moskauer Regierung ist sich offenbar darüber im Klaren. Wie weit der Klimawechsel die Erschließung des Ostens fördert oder erschwert, lässt sich bisher kaum absehen. Das gilt auch für die Probleme des Umweltschutzes.

Verteidigung

Die schwierige finanzielle Situation Russlands wird im Bereich der Verteidigung besonders deutlich, auch wenn alle anderen Ressorts in ähnlicher Weise betroffen sind. Durch den massiven Rückgang des Erdölpreises auf etwa vierzig Dollar je Barrel und damit auch dem Rückgang des Erdgaspreises ist der finanzielle Spielraum der Föderation stark eingeschränkt. Das Finanzloch kann in absehbarer Zeit wohl nur durch ausländische Investoren geschlossen werden, was in einigen Fällen bereits geschehen ist.

Die Russische Föderation hat in den letzten Jahren ihre militärische Option deutlicher herausgestellt als in dem vorangegangenen Jahrzehnt. Das ist vermutlich auf sehr unterschiedliche Gründe zurückzuführen: Einmal wollte Moskau die eigene Interessenlage gegenüber bestimmten Staaten unterstreichen, und zum anderen versprach sich die Regierung von den teilweise spektakulären »Rückkehrbekundungen« eine ermutigende Resonanz in der russischen Bevölkerung. Die objektiven Gegebenheiten im militärischen Bereich der Föderation geben allerdings keinen Anlass zu Weltmacht-Demonstrationen und Drohgebärden. Die militärischen Ausgaben betrugen 2007 gut 35 Milliarden US-Dollar, die der USA rund 547 Milliarden und die der Bundesrepublik 37 Milliarden US-Dollar. Die Russen haben wegen ihrer aktuellen Finanznot die Senkung des Verteidigungsbudgets im Februar 2009 um fünfzehn Prozent angekündigt. Sie planen unter anderem die Beschaffung neuer Waffensysteme wie Raketen und den Bau von acht Raketen-Atom-U-Booten.

Der Waffenbedarf der russischen Streitkräfte ist nach der jahrzehntelangen chronischen Unterfinanzierung extrem hoch. Von den Auswirkungen der jetzigen Krise ist vor allem die russische Luftwaffe stark betroffen. Der Flugzeugbestand wird zwischen 2002 und 2010 von 5100 auf unter 2000 sinken. Alle MiG 29 mussten bereits aus dem Verkehr gezogen werden. Siebzig Prozent aller Flugplätze brauchen dringend eine Generalüberholung. Ein Regimentskommandeur verdient weniger als 600 Euro. Das größte Problem bei der Versorgung der Offiziere ist aber die Wohnungsnot. Für 122 000 Offiziere fehlen noch immer Wohnungen, obwohl sich unsere Bundesregierung beim Abzug der Sowjetarmee aus der früheren DDR mit einem Milliarden-Hilfsprogramm engagiert hat. Korruption – ein landesweites Problem – ist auch in der Armee zu beklagen. 2008 wurden deswegen allein 290 Offiziere und acht Generäle rechtskräftig verurteilt. Auch die Ausstattung mit geeigneter

Kleidung genügt nicht mehr, und vierzig Prozent aller Gebäude der Armee sind dringend renovierungsbedürftig.

Angesichts solcher Finanzprobleme ist an eine umfassende und dringend erforderliche Militärreform nicht zu denken. Die gelegentlich aus Moskau angekündigte Steigerung der Kampfkraft darf man darum nicht wörtlich verstehen. Organisatorisch ist der verstärkte Einsatz von Zeitsoldaten geplant; damit soll auch dem Schikanieren junger Wehrpflichtiger entgegengetreten werden; die Selbstmordrate ist gerade in der russischen Armee beängstigend hoch. Die Föderation plant eine Senkung des Wehrdienstes von zwei Jahren auf ein Jahr. 150 000 Offiziere sind im zivilen Bereich unterzubringen. Die verfügbare Rekrutenzahl genügt schon jetzt nicht mehr, um Sollstellen zu erhöhen.

Sensibilität ist vonnöten

Russland befindet sich in einer schwierigen Situation, da ist es wichtig, dass die Außenstehenden (vor allem in den USA und in Westeuropa) alles unterlassen, was die Russen herabsetzen oder demütigen könnte. Die Ankündigung eines Raketenabwehrsystems in der Tschechischen Republik und in Polen wäre besser durch einen hochrangigen Vertreter Washingtons in Moskau erfolgt und nicht in einer öffentlichen Debatte. Wir Deutschen erinnern uns an unsere eigenen Erfahrungen: 1866 erreichte der weitsichtige Bismarck, dass nach der Schlacht von Königgrätz die geplante Siegesparade in Wien unterblieb. Das Verhältnis zwischen Österreich und Preußen konnte dadurch in kurzer Zeit geordnet werden. Die Kaiserproklamation 1871 in Versailles, einem Heiligtum im französischen Selbstwertgefühl, war dagegen kein psychologisches Meisterstück. Die Rechnung wurde den deutschen Delegierten 1919 bei den Friedensverhandlungen präsentiert; sie wurden wie Aussätzige behandelt; Max Warburg, der große Hamburger Bankier, gehörte zu den Gedemütigten. Leider sind psychologische Fehler gerade im Ost-West-Verhältnis immer wieder zu beklagen. Erst kürzlich monierte Gorbatschow bei einem Vortrag Richard von Weizäckers im Deutschen Historischen Institut in Moskau die Erweiterung der NATO in Osteuropa, die von Russland als Verletzung seiner besonderen Interessen angesehen werde. Ich denke, dass man auf diese Empfindlichkeiten durchaus Rücksicht nehmen kann, solange die NATO und die Russische Föderation selbst noch keine engere Beziehung aufgebaut haben. Länder mit starken russischen Minderheiten in die Nordatlantische Allianz aufzunehmen, ist zum gegenwärtigen Zeitpunkt dagegen nicht zu empfehlen. Das gilt vor allem für Georgien und die Ukraine. Wenn wir über Sensibilitäten im Umgang miteinander sprechen, sollte man sich daran erinnern, dass man es mit Menschen zu tun hat und nicht mit Computerprogrammen. Jeder Nachbar, jeder Partner in der Wirtschaft und im politischen Geschäft hat Anspruch auf Respekt. Menschenwürde kennt keine Klassifizierung, und der Rat, andere so zu behandeln, wie man selbst behandelt werden möchte, ist so ernst zu nehmen wie eh und je.

Für Menschen gibt es Gott sei Dank kein Klischee. Den Russen pauschal Stärken oder Schwächen zuzuordnen, wäre genauso irreführend wie bei anderen Völkern. Dennoch gibt es einige Wesenszüge, die auffallend sind. So führt eine gewisse Scheu vor Fremden häufig zu einer spürbaren Distanz, die aber abnimmt, wenn die Beziehungen vertieft werden. Ich denke dabei an die ausgeprägte Gastfreundschaft der Russen. Trotz der Verwerfungen in dem Dreivierteljahrhundert seit der Urkatastrophe von 1914 hat sich die Sympathie der Russen gegenüber den Deutschen erhalten, ja verstärkt. In einer Befragung unter der russischen Bevölkerung im Jahre 2008 wurden die Deutschen von etwa sechzehn Prozent Freunde und nur von etwa zwei Prozent Feinde genannt. In einer neueren BBC-Umfrage rangierte Deutschland bei 61 Prozent der Befragten als angesehenstes Land der Welt auf Rang eins. Russland erreichte dagegen nur ein Drittel positive Stimmen.

Eine ausgeprägt deutschfreundliche Einstellung hat es in Russland über Jahrhunderte hinweg gegeben. Sie wurde nicht nur durch eine Reihe von Zaren und Zarinnen repräsentiert, von denen hier Peter der Große, Katharina die Große, Alexander I. und Nikolaus I. genannt seien. Auch der 1917 von den Bolschewiki ermordete Zar Nikolaus II. war Deutschland sehr gewogen. Seine Frau war eine Prinzessin von Hessen. Die Tochter des letzten deutschen Kaisers Wilhelm II., Herzogin Viktoria Luise von Braunschweig und Lüneburg, erzählte mir Anfang der siebziger Jahre, ihr Onkel Nicki, der Zar, sei im Haus Hohenzollern besonders beliebt gewesen. Seine Warmherzigkeit und seine verwandtschaftliche Verbundenheit habe man hoch geschätzt. Der ihm äußerlich so ähnliche englische König Georg V. habe dagegen distanziert und kühl gewirkt.

Außer den loyalen deutschen Zuwanderern hat insbesondere der deutsche Adel in den baltischen Provinzen eine sehr positive Rolle im Zarenreich gespielt. Der frühere Bundesminister Graf Lambsdorff berichtete, dass ihm noch in sowjetischen Zeiten von der damaligen Führung ein Bild dediziert wurde, das einen russischen Minister seines Namens zeigte. Ein anderes Beispiel: Der wirkliche Geheime Kaiserlich-Russische Rat und geborene Deutsche Erich Schmidt hatte sich vor dem Ersten Weltkrieg große Verdienste um den Aufbau eines allgemeinen Schulsystems in Russland erworben. Seine Verdienste wurden durch hohe Orden und Auszeichnungen anerkannt, aber einen russischen Pass hat er nie besessen, obwohl er sich als loyaler Untertan des Zaren betrachtete.

Nach der Katastrophe des 1941 von Hitler begonnenen Vernichtungskrieges schienen die beiden Jahrhunderte der deutsch-russischen Sympathien durch Hass, Rachsucht und brutalste Unterwerfung überlagert, ja die Beziehungen ins Gegenteil verkehrt zu sein. Weit über 20 Millionen Tote auf sowjetischer Seite, darunter mehrere Millionen verhungerte Kriegsgefangene sowie die Zerstörung ganzer Landstriche im Osten hatten die Russen zu beklagen. Die Folge waren 1944/45 Verheerungen und Verluste im östlichen Deutschland, wie sie seit dem Dreißigjährigen Krieg nicht mehr stattgefunden hatten. Die Untaten der SS-Einsatzgruppen sowie die Massenmorde vor Augen und die Aufrufe Ilja Ehrenburgs zur Rache im Ohr, wütete das sowjetische Militär – anders als 1914/15 in Ostpreußen – in unbeschreiblicher Weise. Doch es gab auch in jenen Jahren Ausnahmen von der Barbarei. Sie haben in den schwierigen folgenden Jahrzehnten die Überlebenden zur Mitmenschlichkeit ermutigt.

Dazu eine eigene Erfahrung, »eine Geschichte«, um mit Siegfried Lenz zu reden: Anfang Juli 1945 rückte die Sowjetarmee entsprechend den Regelungen im Potsdamer Abkommen nach Westen vor, um das Kommando in der Sowjetischen Besatzungszone zu übernehmen. Bis zuletzt war unklar, ob man die frühere preußische Landesgrenze als Demarkationslinie respektieren würde oder den 10. Längengrad. Im ersten Fall wäre meine Heimatstadt Helmstedt Teil der Britischen Zone geworden im zweiten der Sowjetischen. Unsere Erleichterung war groß, als die Engländer kamen, um die amerikanischen Kampftruppen abzulösen. Unsere mit Tragegurten ausgestatteten Getreidesäcke als Fluchtgepäck für den Notfall blieben unbenutzt. Ich habe sie aber aufgehoben. Zu den mit Recht Besorgten gehörten auch die sowjetischen Kriegsgefangenen, die verängstigt vor den mit Stalin-Bildern geschmückten Eisenbahnwaggons hockten, die sie in vielen Fällen direkt in den Gulag abtransportierten. Als die große Armee der Kriegsgefangenen von heute auf morgen in der Landwirtschaft ausfiel, wurden alle größeren Schüler und Schülerinnen dienstverpflichtet. Anstelle der Gefangenen arbeiteten wir im Kartoffel- und Rübenanbau, in der Regel mit Maultieren, weil die Pferde zur Wehrmacht eingezogen waren. Traktoren waren damals kaum vorhanden. Anfang Juli 1945 arbeiteten wir auf einem Feld in der Nähe der gerade installierten Zonengrenze, als eine Gruppe erdbrauner Gestalten – wie Walter Kempowski sie zutreffend beschrieben hat – auf uns zulief. Die Soldaten trieben laut schreiende Flüchtlinge vor sich her, die über die Grenze wollten. Das Schicksal der Fliehenden, zu denen Frauen und Kinder gehörten, schien besiegelt. Aber es geschah etwas völlig Unerwartetes: Als die Verfolgten uns erreichten, senkte der Anführer der Soldaten seine Kalaschnikow-Maschinenpistole, drehte sich um und zog mit seinen Leuten ab. Es war ein blutjunger Soldat, eher ein großer

Junge, allerdings kein Kindersoldat mehr, wie meine fünfzehnjährigen Mitschüler, die noch kurz zuvor als Luftwaffenhelfer gefallen waren und die wir Pimpfe mit militärischen Ehren zu Grabe tragen mussten.

An die Begegnung mit dem jungen Rotarmisten, der die Flüchtlinge verschont hatte, erinnerte ich mich, als ich 1995 in Königsberg den Oberkommandierenden der baltischen Flotte Russlands, Admiral Wladimir Jegorow, kennen- und schätzen lernte. Er musste im ersten Tschetschenienkrieg Bodentruppen stellen, die schwere Verluste erlitten. Als sich herausstellte, dass für eine Reihe von Schwerverwundeten keine geeigneten Prothesen zur Verfügung standen, holten wir die Verletzten nach Hamburg, um sie im Bundeswehrkrankenhaus zu versorgen. Zur Finanzierung hatten wir Spenden gesammelt. Einen Geldgeber habe ich nicht vergessen: Der erfolgreiche, aus Schlesien stammende Unternehmer Hermann Schnabel, der selbst lange Zeit in sowjetischer Kriegsgefangenschaft verbracht hatte, schickte einen Blankoscheck mit der Aufforderung, den erforderlichen Betrag selbst einzusetzen. Als ich die schwer verwundeten Soldaten begrüßte, musste ich nach Fassung ringen. Da saß eine Gruppe von schwer Getroffenen, so alt wie meine eigenen Söhne, und jeder dieser großen Jungen erinnerte mich an den sowjetischen Soldaten, der 1945 Hilflose verschont hatte. Nachdem die Heilung gelungen war und die jungen Soldaten in ihre Heimat zurückgekehrt waren, bedankte sich der Admiral mit einer Urkunde, in der unter dem Band des russischen Georgskreuzes von Humanität und menschlicher Güte die Rede war. Der Dolmetscher der Flotte übersetzte den Begriff Humanität mit »Barmherzigkeit« – ein christlicher Begriff, wie ich von Bischof Jaschke gelernt habe. Der mittelalterliche Orden der barmherzigen Brüder erbarmte sich übrigens nicht nur der christlichen Kranken, sondern der aller Religionen.

Die Leidensfähigkeit der Russen ist sprichwörtlich. Wir finden sie in der Zivilbevölkerung ebenso wie im militärischen Bereich. Die unbeschreiblichen Heimsuchungen der im Zweiten Weltkrieg in

Leningrad eingeschlossenen Zivilisten und die verheerenden Zustände in den Kriegsgefangenenlagern sind nur zwei Beispiele von vielen. Die Fähigkeit, schwerste körperliche und seelische Lasten zu tragen, geht offenbar weit zurück. Wer Tolstois »Krieg und Frieden« gelesen hat weiß, dass auch der erste Vaterländische Krieg gegen Napoleon von großen Opfern geprägt war. Nach dem Sturm auf das Weiße Haus Anfang der neunziger Jahre sprach ich mit dem russischen General Wassiljew über die damaligen Abläufe. Er war mir durch eine schwere Verwundung am Hals aufgefallen und berichtete, er sei der Aufforderung der putschenden Einheiten, sich dem Aufstand gegen die amtierende Regierung anzuschließen, nicht gefolgt. Daraufhin sei eine Reihe seiner Mitarbeiter vor seinen Augen erschossen, er selbst von einer Maschinenpistolengarbe am Hals verletzt worden. Meine Frage nach der Zahl der Opfer konnte er nicht exakt beantworten. Ich hatte den Eindruck, dass das Interesse der militärischen Führung an realistischen Verlustzahlen ebenso wenig ausgeprägt war wie nach dem ruhmlosen Abzug der sowjetischen Truppen aus Afghanistan.

Wohin geht Russland?

Sicherlich ist es eine Binsenwahrheit, dass Prognosen immer schwierig sind, vor allem wenn sie sich auf eine sehr ferne Zukunft beziehen. Darum muss bei einem Riesenland wie Russland dem Versuch, eine Antwort auf die Frage nach dem zukünftigen Weg zu finden, immer der Zusatz angefügt werden: Es kann auch ganz anders kommen. Für diese Unsicherheit gibt es eine Reihe von Ursachen:

- Russland ist mit seinen 17 Millionen Quadratkilometern das größte Flächenland der Erde. Bei dem erwarteten Rückgang der russischen Bevölkerung von 142 Millionen auf 100 bis 120 Millionen Einwohner Mitte des 21. Jahrhunderts wird die schon genannte »Falle des Raumes« deutlich erkennbar. Die gegenwärtige

Bevölkerungsdichte von gut acht Menschen auf den Quadratkilometer würde auf sechs bis sieben Einwohner pro Quadratkilometer sinken. Die Erhaltung der jetzigen Infrastruktur und ihre darüber hinausgehende Entwicklung in den russischen Gebieten östlich des Ural wäre nur mit einem finanziellen Aufwand denkbar, der von der Föderation aus eigener Kraft nicht aufgebracht werden könnte. Ausländische Investoren wären darum unerlässlich. Kooperationsmodelle sind vorhanden.

Die Erhöhung der gegenwärtig völlig unzureichenden russischen Geburtenrate muss durch staatliche Anreize und die Verbesserung der Lebensbedingungen in der Föderation gefördert werden. Den mit extremen sozialen Gegensätzen immer verbundenen Gefahren muss Moskau entschlossen entgegentreten. Gerade in den ländlichen Gebieten Russlands herrschen immer noch Armut und Elend. Dass Russland nach den USA weltweit die meisten Milliardäre hat (87) – Deutschland folgt erst mit 59 –, ist ein weiterer Grund, soziale Spannungen unbedingt zu vermeiden.

– Eine gezielte Zuwanderung, vor allem in den Gebieten des Fernen Ostens, ist unerlässlich. Da die Suche nach Siedlern im westlichen Russland und in anderen europäischen Staaten erfolglos sein dürfte, stellt sich die Frage, ob China mit etwa 1,5 Milliarden Menschen als Migrationsquelle in Betracht kommt. In den russischen Grenzgebieten zu China leben insgesamt 4 Millionen Russen, auf der anderen Seite der Grenze jedoch 100 Millionen Chinesen. Die Zahlen über die chinesische Zuwanderung weichen stark voneinander ab. Offizielle Stellen nennen die Zahl 300 000, in der russischen Presse wird jedoch von 3 bis 5 Millionen gesprochen. Die russische Zeitung *Iswestija* schrieb im Januar 2006 über die Beunruhigung der Menschen dort und über ihre Ängste: »In zehn Jahren wird der Ferne Osten von Chinesen besiedelt sein, und dann wird er insgesamt an China übergehen.«
– Im Interesse der internationalen Terroristenbekämpfung wird die Rolle des Islam in Moskau nicht erst seit dem Beginn des Tschetschenien-Konfliktes sorgenvoll beobachtet. Eine Reihe von Ter-

roranschlägen in der russischen Hauptstadt wie auch in entfernteren Gegenden hat die Bedeutung dieses Risikos deutlich werden lassen. Die Gefahren sind noch längst nicht behoben.

– Die erschreckend weit verbreitete Korruption und die politische Kriminalität sowie die Verfolgung von unliebsamen Journalisten müssen durch unabhängige Institutionen der Rechtspflege massiv bekämpft werden. Der Journalist Dirk Sager hat leider Recht, wenn er anmerkt: »Demokratie und Rechtsstaat scheinen so fern wie eh und je. Es kann nicht angehen, dass Straßburg der einzig funktionierende Gerichtshof Russlands ist.«
– Ein nachhaltiges Wirtschaftswachstum und ein geordnetes Finanzwesen (zu dem eine intensive Bekämpfung der Inflation gehört) sind vorrangig. Die Abwertung des Rubels gegenüber dem Euro hat allein in den vergangenen sechs Monaten fast dreißig Prozent betragen! Die Bildung von demokratischen Parteien muss vorangebracht werden. Unterstützungsklubs für einzelne Politiker reichen nicht aus. Statt den Schachweltmeister Kasparow zu verfolgen, sollte man ihn ermutigen, eine funktionierende Partei zu gründen.
– Russlands Schicksal wird entscheidend von seiner wirtschaftlichen Entwicklung beeinflusst. Die Russische Föderation ist schon jetzt die elftgrößte Wirtschaftsmacht der Erde. Ein Drittel der Erdgasreserven und nahezu zehn Prozent der Erdölreserven der Erde liegen im russischen Boden, ebenso die zweitgrößten Kohlereserven der Welt. Von den Erträgen der Öl- und Gasexporte hängt die Finanzkraft Russlands entscheidend ab. Der gegenwärtige Absturz der Preise in diesem Geschäft wirkt sich bereits verheerend auf die wirtschaftliche Lage Russlands aus. Man fürchtet in Moskau einen dramatischen Rückgang der Einnahmen und damit der verfügbaren Haushaltsmittel. Es wird bereits über eine Kürzung des Verteidigungshaushaltes um fünfzehn Prozent gesprochen, der damit auf eine Größenordnung von 30 Milliarden US-Dollar abgespeckt würde. Budgetsenkungen werden wegen des enormen Nachholbedarfs auf allen Gebieten überall problematisch sein.

Ein ertragreiches Außenhandelssystem ist von einem funktions- und wettbewerbsfähigen Logistiknetz abhängig. Die geplante Verbesserung des russischen Erdgasnetzes erfordert allerdings etwa eine Billion Euro bis 2020 – ein gigantischer Betrag! Die mit deutscher Beteiligung geplante North Stream Pipeline, die durch die Ostsee direkt von Russland nach Mecklenburg geführt wird, gehört zu den Neuplanungen. Ihre Installation soll die vorhandenen Trassen durch Polen und die Ukraine nicht ersetzen, sie schützt aber die liefernden wie die abnehmenden Partner vor unkontrollierten Interventionen. Die Föderation hat sich seit 35 Jahren als verlässlicher Partner Deutschlands erwiesen. Gazprom ist mit einem Umsatz von rund 66 Milliarden Dollar eine der größten Gesellschaften der Welt. Die Eon-Ruhrgas arbeitet mit Gazprom bei der Erschließung neuer Erdgasfelder eng zusammen. Über 35 Prozent des deutschen Ergasbedarfs stammen aus Russland. Dass Moskau das Erdgasgeschäft auch als Waffe einsetzt, zum Beipiel um die aus russischer Sicht unbotmäßige Ukraine zu disziplinieren, steht außer Frage. Der Bau der neuen Pipeline liegt im besonderen deutschen Interesse.

– Auch auf dem Gebiet des Umweltschutzes hat Russland einen erdrückenden Nachholbedarf. Die von uns 1989 in der damaligen DDR erkannten Belastungen sind inzwischen auch weitflächig in Russland registriert. Eine Bekämpfung hat bislang nur in sehr bescheidenem Umfang stattgefunden. Dazu nur ein Beispiel: Zwanzig Prozent der Abwässer Sankt Petersburgs werden noch immer direkt in die Newa geleitet. Der Klimawandel kann gerade im großen Russland zu verheerenden Folgen führen. Wenn die sibirische Tundra auftaut, droht eine extreme Steigerung des CO_2-Gehaltes in der Atmosphäre. Hier würde ein ähnlicher Effekt eintreten wie bei Großbränden von Tropenwäldern. Beim Auftauen der arktischen Tundren werden die seit 25 000 bis 50 000 Jahren eingefrorenen Pflanzen mit ihrem Kohlenstoffgehalt wieder aktiv. Auf diese Weise könnte zehn Mal soviel CO_2 frei werden wie während des gesamten Industriezeitalters. Russland gehört sicherlich nicht zu den Ländern, die dem Umweltschutz besonders aufgeschlossen gegenüberstehen. Solange ein beachtlicher Teil der russischen Bevölkerung mit schwierigen Lebensbedingungen zu kämpfen hat, ist auch mit einer allgemeinen Hinwendung zum Protokoll von Kyoto nicht zu rechnen. Aber angesichts der CO_2-Gefahren – nicht zuletzt im Zusammenhang mit dem Betrieb von Kohlekraftwerken in den benachbarten indischen und chinesischen Regionen – sind die weltweiten Anstrengungen im Interesse des Umweltschutzes lebenswichtig, nicht zuletzt auch für Russland.

– Die Hoffnung, dass die allgemeine Erschöpfung der am Zweiten Weltkrieg beteiligten Nationen zu einem friedlichen Jahrhundert führen würde, hat leider getrogen, denn an internationalen Konflikten unter russischer Beteiligung hat es selbst nach dem Zusammenbruch der Sowjetunion wahrlich nicht gefehlt. Ohne Anspruch auf Vollständigkeit sollen folgende Beispiele erwähnt werden:
  - Die von Russland hart bekämpfte Abspaltung der Kosovo-Provinz vom befreundeten Serbien hat sich faktisch nicht verhindern lassen. Moskau geriet durch seine Kosovo-Politik allerdings in Verlegenheit, als sich die überwiegend russisch besiedelten georgischen Gebiete in Abchasien und Ossetien für unabhängig erklärten. Bemerkenswert war, dass diese Sezessionserklärungen selbst von befreundeten Regierungen, beispielsweise Peking, nicht anerkannt worden sind.
  - Im Georgienkonflikt ließ sich schon nach kurzer Zeit erkennen, dass die militärischen Aktivitäten des dortigen Regierungschefs als Provokation gemeint waren, möglicherweise auch vor dem Hintergrund einer massiven Unterstützung durch die USA, die man sich in Georgien erhofft hatte. Die russischen Reaktionen waren sicherlich eine Überreaktion, aber der russischen Führung ging es nicht nur um den Schutz der russischen Bevölkerung in den umstrittenen Gebieten, sondern auch um die Demonstration der eigenen militärischen Einsatzfähigkeit. Ob sich in absehbarer Zeit eine völkerrechtlich sank-

tionierte Neuordnung ergibt, erscheint zumindest zweifelhaft zu sein.

– Ukraine

Das seit 1991 unabhängige Land bleibt fragil. Etwa die Hälfte seiner Bewohner, vor allem auf der Krim, sind Russen oder prorussisch eingestellt; die andere Hälfte gilt als antirussisch. Etwa 11 Millionen Russen leben in der Ukraine. Der Kriegshafen Sewastopol ist nur noch ein Jahrzehnt an die russische Flotte verpachtet. Die ukrainische Führung betreibt die Aufnahmeverhandlungen in die NATO, obwohl diese Allianz von der Mehrheit der Bevölkerung abgelehnt wird. Moskau ist in dieser Frage ebenso empfindlich wie bei den Plänen der USA, einen Raketenschutzschild zu errichten. Die Behandlung beider Probleme durch Washington wird von den Russen als Provokation und als amerikanische Großmannssucht verstanden. Dieser Eindruck konnte bei der ungeschickten psychologischen Behandlung der Sache in der Tat entstehen.

– Tschetschenien

Im nördlichen Kaukasus bleibt die Region ein Unruheherd. Seit der Neuordnung der ehemaligen Sowjetunion nach 1991 ist es hier immer wieder zu blutigen Auseinandersetzungen gekommen, die Stil und Umfang von Bürgerkriegen annahmen. Die russische Bevölkerung betrachtet die islamischen Mitbürger nicht ohne Misstrauen. Nach einer Reihe von Terroranschlägen mit islamischem Hintergrund ist das Misstrauen der Russen gegen »den Schwarzen« noch gewachsen. Die Lage in Tschetschenien bleibt trotz der gegenwärtigen Beruhigung und der unveränderten militärischen Präsenz der Russen gefährlich – auch was ihre Rückwirkung auf andere russische Republiken angeht. Man muss weiter auf Überraschungen gefasst sein.

– Iran

Die russisch-iranischen Beziehungen sind traditionell gut. Russland liefert Teheran Waffen und unterstützt den Iran bei seinen hoffentlich auf die friedliche Nutzung der Kernenergie ausgerichteten Aktivitäten. Von einer Gefährdung durch nukleare Waffen wäre Russland geographisch am stärksten betroffen. Darum spricht viel dafür, dass auch Moskau die Frage einer nuklearen Bewaffnung des Iran sehr ernst nimmt.

Russland ist unterwegs, um seine Position im 21. Jahrhundert zu finden

Die neue Generation an der Spitze der Russischen Föderation betrachtet die Lage offenbar realistisch. Sie ist sich darüber im Klaren, dass die politische Neuformierung des größten Flächenlandes der Erde nicht in zwei Jahrzehnten zu bewerkstelligen ist und dass klassische Eroberungskriege, wie sie bis weit in das 20. Jahrhundert hinein üblich waren, als Mittel zum Zweck ausscheiden. Der Marsch Russlands in die Zukunft wird nach meiner Überzeugung einen Zeitraum von wenigstens zwei Generationen beanspruchen, vielleicht auch drei. Putin hat in relativ kurzer Zeit beachtliche und ermutigende Fortschritte auf vielen Gebieten erreicht. Er hat vor allem Vertrauen in den Ländern geschaffen, die nach einer Einschätzung von Goldman Sachs Mitte dieses Jahrhunderts die Volkswirtschaften der Welt anführen werden: USA, China, Japan und Indien. Daran ändern auch gelegentliche kritische Äußerungen nichts.

Die Russische Föderation wird auch in Zukunft ein besonderes Interesse an den Gebieten haben, die ihr nach dem Zusammenbruch der Sowjetunion nicht mehr angehören. Zu ihnen zählen die drei baltischen Staaten, die Ukraine, Weißrussland und Georgien. Hier leben über 25 Millionen Russen; viele von ihnen haben einen russischen Pass. Dieses Interesse hat die weltweite Staatengemeinschaft zu respektieren. Nichts wäre unverzeihlicher und kurzsichtiger, als einen befreundeten Nachbarn zu demütigen. Wenn wir über Sensibilitäten sprechen, so sollte man akzeptieren, dass Russland Gedenkstätten für gefallene sowjetische Soldaten im Baltikum erhalten möchte und wenig Verständnis dafür hat, dass Gedenkfeiern ehemaliger baltischer Waffen-SS-Divisionen stattfinden. Ratsam wäre es auch, nicht jedes Wort in der außenpolitischen Debatte auf die Goldwaage zu legen. Dagegen sind alle Maßnahmen zu begrüßen, die Vertrauen bilden. Das gilt vor allem für die Zusammenarbeit mit der jungen Generation. Das schon erwähnte Hamburger Ausbildungsprogramm gehört dazu, ebenso die Kooperation der russischen Armee mit der Führungsakademie in Hamburg. Wenn Wladimir Putin erklärt, für ihn sei der Untergang der Sowjetunion die schlimmste historische Erfahrung gewesen, dann ist das keine Reverenz gegenüber Stalin. Das eigene Gemeinwesen zusammenbrechen zu sehen, ist für jeden Patrioten eine schwere Last. Vielen von uns ist es 1945 ähnlich gegangen, nicht zuletzt den Heimatvertriebenen, ohne dass sich damit jemand ernsthaft den Mann aus Braunau zurückgewünscht hätte. Die etwa neunzig deutsch-russischen Städtepartnerschaften haben bisher gute Arbeit geleitet, ebenso der Jugendaustausch.

Unser Land kann den russischen Nachbarn auf vielen Gebieten Hilfestellung anbieten, dazu gehören:

Rechtswesen
Gesundheits- und Sozialwesen
Wohnungspolitik
Minderheitenschutz
Natur- und Umweltschutz
Finanzwesen
Wirtschaftsordnung
Bekämpfung der Arbeitslosigkeit
Bekämpfung der Korruption
Militärreform
Bekämpfung von Terrorismus und Piraterie.

Für 75 Prozent der russischen Bevölkerung, so hat eine Befragung ergeben, ist Ordnung wichtiger als Demokratie. Zwei Drittel der Russen geben einem starken Staat, der Schutz gewährt, den Vorzug vor einem liberalen, der Freiheiten garantiert. Darum sollte überall in Russland im Interesse des demokratischen Aufbaus für ein politisches Engagement der jungen Generation geworben werden. Wir müssen unsere russischen Nachbarn beruhigen, wann und wie immer es möglich ist. Horst Teltschik, der ehemalige außenpolitische Berater Helmut Kohls, hat dazu gesagt: »Wir brauchen Russland, und Russland braucht uns. Ein dauerhafter Friede und Sicherheit auf dem europäischen Kontinent kommen der ganzen Welt zugute. Russland gehört zu Europa. Doch das muss auch in Verträgen sichtbar werden.«

Putin hat sich bei der Wehrkundetagung in München ähnlich geäußert: »Wir können nur auf einer kollektiven, vertrauensvollen Grundlage eine Lösung für alle gegenwärtigen Probleme finden, sei es bei der Frage der Raketenabwehr, der Stabilisierung Afghanistans oder im Kampf gegen neue Herausforderungen und Bedrohungen wie dem internationalen Terrorismus, bei der Nichtverbreitung von Massenvernichtungswaffen, dem illegalen Drogenhandel, der illegalen Immigration und der globalen Armut. Russland ist dazu bereit. Ich bin davon überzeugt, dass die Logik der Entwicklung der Beziehungen zwischen Russland und der Europäischen Union die Ausarbeitung eines neuen Partnerschafts- und Kooperationsabkommens notwendig macht.« Wenn man diese Position mit den ersten Aktivitäten Adenauers 1955/56 vergleicht, so haben wir viel Grund zur Dankbarkeit. Ich erinnere mich noch gut an den ersten Besuch eines hochrangigen sowjetischen Führers in Bonn, wo ich damals lebte. Es war Mikojan, ein kleiner bärtiger Armenier, der noch zum Politbüro Stalins gehört hatte.

Russlands Weg in die Zukunft wird kein Spaziergang

Es wäre mir wohler, wenn ich Ihnen eine wenigstens im Ansatz schlüssige Antwort auf die Frage geben könnte, wohin Russland geht. Sie allein aus der Geschichte Russlands abzuleiten, würde in die Irre führen. Der Journalist Manfred Quiring hat vermutlich Recht, wenn er den russischen Volksmund und dessen nüchterne

Analyse bemüht: »Ihm zufolge ist Russland das einzige Land, wo nicht nur die Zukunft, sondern auch die Vergangenheit im Dunkeln liegt.« Ähnlich sibyllinisch klingen die Winston Churchill zugeschriebenen tautologischen Einordnungen Russlands als »geheimnisvolles Mysterium« oder als »wundersames Miraculum«. Auch wenn Russland noch Generationen braucht, um den riesigen, kaum einzuschätzenden Nachholbedarf auszugleichen, wird man in Moskau beharrlich das Ziel verfolgen, in die kleine Gruppe der Weltmächte zurückzukehren. Der heute noch gewaltige Abstand zu den USA müsste auf dem Weg dahin deutlich reduziert werden. Erschütterungen wie Bürgerkriege kaukasischer Art oder vor terroristischen Hintergründen würden das Land erneut zurückwerfen. Russland wäre gut beraten, wenn es seine territorialen Forderungen und Hoffnungen in ähnlicher Weise dauerhaft neutralisieren würde ,wie Deutschland es nach dem Ende des Zweiten Weltkriegs getan hat. Bei uns gibt es Gott sei Dank schon seit Jahrzehnten keine ernstzunehmende Forderung mehr nach einem Anschluss Österreichs oder einem Rückerwerb anderer Gebiete. Verständnisvolle Autonomieregelungen – etwa indem Sprache und Kultur der Minderheiten erhalten werden – sind nach unseren Erfahrungen bei behutsamer Handhabung durchaus möglich. Auch immer noch ungelöste Probleme wie in Nordirland und Nordspanien verlangen Verständnis und vor allem Geduld, wenn man sie wirklich lösen will.

Die Zeit ist reif für eine Welt-Nord-Allianz. Wenn es gelingt, Moskau den Gedanken einer Nord-Allianz unter Einschluss Russlands, Japans, Nordamerikas, der EU und Australien/Neuseelands nahezubringen, wäre eine Reihe globaler Probleme durchaus lösbar. Die Entwicklungsländer in Afrika, Südostasien und Südamerika einschließlich China, Indien und Brasilien hätten einen geschlossenen Staatenbund als Partner, der nicht nur den bedeutendsten Anteil an der Weltwirtschaft hält, sondern auch überwiegend demokratisch-rechtsstaatlichen Prinzipien folgt. Die bereits vorhandenen Institutionen vom Sicherheitsrat der UNO bis zur EU könnten so aktiviert und ausgebaut werden.

Eine Nord-Allianz könnte einen militärischen Beistandspakt formieren, ohne eine automatische Interventionspflicht wie in der NATO einzuführen. Die Russische Föderation bleibt gemeinsam mit den USA die stärkste nuklear bewaffnete Macht der Welt. An dieser Position wird sich auch dann nichts ändern, wenn Russland entsprechend seiner Wirtschaftskraft nur noch zu den Mittelmächten gehört wie Deutschland, Frankreich und England.

Eine Nord-Allianz könnte – ähnlich wie im Königswinter-Abkommen zwischen Großbritannien und Deutschland – eine enge politische Kooperation auf der nördlichen Erdkugel betreiben. Sie könnte darüber hinaus alle geeigneten Wirtschaftsstrukturen innerhalb und außerhalb ihrer Mitgliedsstaaten fördern.

Eine Nord-Allianz könnte als Gemeinschaftsaufgabe die sibirischen und ostasiatischen Gebiete Russlands erschließen, und zwar sowohl im Hinblick auf die Suche und Ausbeutung von Bodenschätzen als auch auf die Besiedlung und den Aufbau einer modernen Infrastruktur. Auch die Möglichkeiten einer internationalen Finanzierung solcher Vorhaben sollten in der Nord-Allianz geprüft werden.

Die Nord-Allianz sollte sich einer weltweiten Umweltpolitik widmen und so früh wie möglich die Klimaveränderung in ihre globale Planung einbeziehen.

Eine Nord-Allianz müsste sich weltweit der Förderung von Bildung sowie von Forschung und Entwicklung widmen, ferner der Geburtenförderung und einem umfassenden Gesundheitssystem. Anatoli Tschubais, ein führender Kopf aus dem Petersburger Kreis um Putin, sagte unlängst: »Die Wissenschaftler und Forscher, die aus Russland ausgewandert sind, stellen einen enormen Wert dar. Alleine im Silicon Valley arbeiten 35 000 russische Spezialisten, in Israel wie auch in Deutschland geht ihre Zahl in die Zehntausende. Es wäre falsch zu versuchen, all diese Menschen einfach wieder zurück nach Russland zu holen. Wir müssen ihnen aber Arbeitsmöglichkeiten anbieten, die für sie akzeptabel sind.«

Eine Nord-Allianz sollte sich um die Verbesserung der zwischenmenschlichen Beziehungen, vor allem zwischen dem wohlhabenden und chancenreichen Norden und dem teilweise im Elend versinkenden Süden, bemühen. Dazu gehört auch die massive Förderung des Tourismus und des Jugendaustauschs.

Die Idee, die maßgeblichen Kräfte der nördlichen Erdkugel enger zusammenzuführen, wird zunächst Skepsis auslösen. Das war beim Abschluss des Westfälischen Friedens 1648 und der Verträge des Wiener Kongresses 1815 nicht anders, und doch haben sie jeweils über ein Jahrhundert verheerende Heimsuchungen wie im Dreißigjährigen Krieg und die Kriege in der Zeit Napoleons verhindert.

Die enge Verbindung zwischen Russland und der restlichen Welt ist nicht nur eine zwingende Folge der geographischen Gegebenheiten, sondern auch eine Frage der politischen Vernunft. Die erwähnte »Falle des Raumes« ist ein Faktum, das ebenso wenig zu ändern ist wie der enorme, vom Umfang her kaum einzuschätzende Nachholbedarf auf nahezu allen Gebieten der Wirtschaft. Dazu gehört auch die für Russland lebenswichtige Ausbeutung der Bodenschätze, die noch lange Jahre den finanziellen Spielraum der Föderation bestimmen wird. Wenn Russland – langfristig betrachtet – nicht zu dem legendären »Obervolta mit Atomraketen« werden will, sondern ein gleichberechtigter Partner der USA, Indiens, Japans und Chinas, muss es sich international aufstellen und dabei bedenken, dass das Riesenland nicht nur globale Interessen verfolgt, sondern einen europäischen Hintergrund hat, der als innerer Kern einer Nord-Allianz auch für Deutschland wichtig und vorteilhaft bleiben wird. Russland braucht auf seinem Weg in die Zukunft Hilfe und Solidarität. Deutschland sollte an der Spitze der Länder stehen, die bereit sind, diese Hilfe zu leisten – auch und nicht zuletzt im eigenen Interesse.

BARTHOLOMÄUS GRILL

Afrika und die Globalisierung

12. Dezember 2008

Im Frühjahr 2008 war ein spannender Artikel in der *Frankfurter Allgemeinen Sonntagszeitung* zu lesen. Darin berichtete der Kollege Thomas Scheen vom Ruf nach der Rückkehr des weißen Mannes, der in vielen Ländern Afrikas lauter werde: *Bring the colonial master back!* Weil die eigenen Regierungen und Wirtschaftseliten seit dem Ende der Kolonialzeit jämmerlich versagt haben und es den meisten Menschen heute schlechter geht als damals, wünschen sich viele die Kolonialherren zurück. Die ehemaligen Eroberer und Ausbeuter sollen einen Erdteil, der oft als verlorener oder hoffnungsloser Kontinent bezeichnet wird, quasi unter Kuratel stellen und eine Art Entwicklungsdiktatur errichten, damit es endlich wieder aufwärtsgeht.

Abgesehen davon, dass keine frühere Kolonialmacht ein ernsthaftes Interesse daran hat, die politische Verantwortung in den ehemaligen Kolonien zu übernehmen, handelt es sich um eine fixe Idee, die gelegentlich auch von europäischen Fernanalytikern und Zeitungskommentatoren aufgegriffen wird. Sie ist nichts anderes als ein Ausdruck der Ratlosigkeit und der Hilflosigkeit, nachdem alle Entwicklungsrezepte und Modernisierungsprogramme gescheitert sind. Wie könnten auch die reichen Nationen die rückständigen Länder aus jener Armut befreien, die sie selbst mitverursacht haben und weiterhin verursachen?

Aber das ist heute nicht mein Thema. Ich will vielmehr der Frage nachgehen, welche Chancen und Risiken die Globalisierung für Afrika mit sich bringt. Man kann diese Frage nur beantworten, wenn man zunächst einen Blick auf die Ausgangslage des Erdteils wirft.

Afrika ist das Schlusslicht der Weltwirtschaft, der Kontinent stellt mit seinen 800 Millionen Einwohnern zwar elf Prozent der Erdbevölkerung, hat aber an der globalen Produktion nur den verschwindend geringen Anteil von einem Prozent. Auch sein Anteil am internationalen Handel ist nicht viel höher, er beträgt gerade einmal 1,5 Prozent. Die 48 Subsahara-Staaten bringen es auf ein Bruttosozialprodukt, das ungefähr dem des Schwellenlandes Argentinien entspricht, wobei allein vierzig Prozent davon auf Südafrika entfallen. Von A wie Analphabetenrate bis Z wie Zahnarztdichte – auf allen Feldern weist Afrika die schlechtesten Werte auf. Es hat nur 0,3 Prozent der weltweiten Internet-Anschlüsse, und allein in einer Stadt wie Tokio sind mehr Telefone angeschlossen als zwischen Dakar und Daressalam. Kurzum: Die Mehrheit der afrikanischen Staaten ist zurückgefallen hinter den Stand von 1960. Das ist jenes Stichjahr, in dem die meisten von ihnen in die Unabhängigkeit entlassen wurden.

Der Kontinent hat in der postkolonialen Ära die Hälfte seiner Weltmarktanteile eingebüßt. Drei von vier Afrikanern leben in Armut, jedes dritte Kind ist unterernährt. Die Nahrungsmittelproduktion hält nicht mit dem Bevölkerungswachstum Schritt. Nahezu 30 Millionen Menschen sind HIV-infiziert oder an AIDS erkrankt. Die durchschnittliche Lebenserwartung ist auf 48 Jahre gesunken. Afro-Pessimisten prophezeien, die nächste Generation werde noch ärmer, noch kränker und noch schlechter ausgebildet sein – und noch weniger Chancen im globalen Wettbewerb haben. »Entwicklung im Sinne nachhaltiger Armutsreduzierung wird für die meisten Länder Afrikas auch in den nächsten dreißig bis fünfzig Jahren nicht möglich sein«, befindet eine Studie der Berliner Stiftung Wissenschaft und Politik. Eine düstere Prognose.

Aber warum ist das so? Wieso immer Afrika? Andere Armenhäuser haben sich doch auch hochgearbeitet, die Tigerstaaten Asiens zum Beispiel. Erzielten nicht Ghana und Südkorea im Jahre 1960 das gleiche Pro-Kopf-Einkommen? Und heute? Als Afrika-Korrespondent bekomme ich diese Fragen häufig zu hören, und die Antworten werden zumeist gleich mitgeliefert. Sie können in der Regel zwei Denkschulen zugeordnet werden. Die einen glauben, dass die Afrikaner ihr Elend selber verschuldet haben; sie seien eben rückständig, korrupt, faul, ja unfähig, sich zu entwickeln. Eine Einschätzung mit rassistischen Untertönen, die nicht nur an den Stammtischen, sondern auch in Universitätsseminaren zu hören ist. Die Vertreter der zweiten »Schule« kommen aus dem Lager der Globalisierungsgegner und naiven Dritte-Welt-Bewegten. Sie sind fest davon überzeugt, dass die Not Afrikas allein durch Außenmächte verursacht werde; manche glauben gar an eine »globale Konspiration«, in der sich der reiche Teil der Welt gegen den armen Teil verschworen hat. Beide Erklärungsversuche enthalten einen Wahrheitskern – und sie führen zugleich in die Irre. Denn die afrikanischen Realitäten sind komplizierter, vielschichtiger: Nicht überall herrschen Krieg, Hunger und Massenelend, und dort, wo von einer dauerhaften Krise gesprochen werden kann, hat sie überwiegend endogene, aber immer auch exogene Ursachen, die sich wechselseitig verstärken.

Wer die Probleme Afrikas verstehen will, muß sich zunächst seine Grundbedingungen vor Augen halten. Der Kontinent zählt nicht zu den Weltregionen, die von der Natur beschenkt wurden. Seine Bewohner sind extremen Klimaverhältnissen ausgesetzt, Regenzeiten mit sintflutartigen Niederschlägen oder langen Trockenperioden, die sich gelegentlich zu Dürren auswachsen. Fruchtbares Land ist rar, die Muttererde dünn und nährstoffarm; die Wüsten wachsen, die landwirtschaftlichen Nutzflächen schrumpfen. Vielerorts herrscht chronischer Wassermangel, kein anderer Erdteil wird häufiger von Naturkatastrophen heimgesucht. Im Tropengürtel erschweren tückische tückische Krankheiten wie Malaria, Bilharziose, Gelbfieber, Flussblindheit oder Cholera das Leben, entsprechend schlecht ist der allgemeine Gesundheitszustand.

Der Kontinent, auf dem die Wiege der Menschheit stand, hat in unseren Tagen die härtesten Existenzbedingungen. Zur Tyrannei der Natur kommt der Fluch der Geographie. Die Mehrheit der Staaten

Afrikas liegt im Binnenland, sie sind abgeschnitten von den Küsten und treiben wie große unzugängliche Inseln durch das Innere des Kontinents. Der Ökonom Ricardo Hausmann nennt das die »Falle des Raumes«; er hat ihre Folgen am Beispiel der Transportkosten illustriert: Die Verfrachtung eines Containers von der amerikanischen Stadt Baltimore an die Elfenbeinküste kostet 3000 Dollar; wird der Container indes in die markt- und meeresferne Zentralafrikanische Republik geschickt, steigt der Frachtpreis auf 13 000 Dollar.

Der Transport wird so teuer, weil die Infrastruktur miserabel ist – die Straßen, die Beförderungsmittel, die Treibstoffversorgung – und weil selbst die Hauptverkehrsachsen unsicher sind. Allerwegen lauern Räuber, selbsternannte Gebührenerheber oder korrupte Polizisten. Diese Wegelagerei, die an das europäische Mittelalter erinnert, ist allgemein üblich in Regionen, die vom Staat vernachlässigt werden und keinerlei Steuereinnahmen mehr haben: Die Verkehrswege sind die letzten Einkommensquellen.

Zum privaten Raubritterwesen kommt das staatliche, denn Personen und Güter müssen zahlreiche Grenzen überwinden, künstliche, oft widersinnige Demarkationslinien, die europäische Kolonialmächte einst in den Kontinent geschnitten haben. Afrika wurde regelrecht »balkanisiert«, seine Völker jahrhundertelang ausgeplündert, ja ausgeblutet. Europäer (und Araber!) lieferten sich einen Wettlauf um Gold und Diamanten, Kautschuk und Sisal, Elfenbein, Tropenhölzer und Gewürze. Und um Menschen.

Die Globalisierung Afrikas, seine gewaltsame Integration in das moderne Weltsystem, begann mit dem Sklavenhandel. 50 Millionen Afrikaner wurden verschleppt oder bei der gnadenlosen Menschenjagd umgebracht, ein historisches Trauma, das im kollektiven Gedächtnis der Afrikaner als Bedrohungs- und Minderwertigkeitsgefühl fortwirkt. Der Kolonialismus hat ihre traditionellen Produktionsweisen, Sozialstrukturen und Werteordnungen zerstört und sie durch ein Zwangssystem ersetzt, das fast ausschließlich europäischen Wirtschaftsinteressen diente. Allerdings haben afrikanische Häuptlinge und Stämme wie die Ashanti tatkräftig bei diesem Menschenhandel mitgewirkt und sich durch die Jagd und Zulieferung von Sklaven bereichert. Von afrikanischen Historikern wird das gerne unterschlagen, man stellt sich lieber als ewiges Opfer dar und spielt virtuos auf der Klaviatur europäischer Schuldgefühle: Ihr seid schuld an unserem Elend, also schafft es gefälligst auch wieder ab! Das hat zur bekannten Opfer- und Bettlermentalität der Afrikaner geführt, auf die humanitäre Helfer leicht hereinfallen.

Nach hundert Jahren zogen die letzten Kolonialherren ab. Sie hinterließen zentralistische, kaum funktionsfähige Staatshülsen und zerrissene Völker, die für den globalen Wettbewerb nicht gerüstet waren. »Die Kolonialerziehung hat uns nicht auf die Moderne vorbereitet, das war ein schweres Handicap«, erklärte mir ein Unternehmer aus Nigeria. Über Nacht rückten junge, unerfahrene, kenntnisarme Männer in die Ämter der Kolonialherren. Sie wurden mit 25 Jahren Bergbauminister, Notenbankchef, Polizeidirektor oder Gouverneur, in einem Alter, in dem sich Europäer noch in der verlängerten Adoleszenz befinden.

Die Grundzüge der kolonialen Raubwirtschaft aber blieben erhalten; sie war »monokulturell« auf den Export von Bodenschätzen und Agrarprodukten ausgerichtet. Die jungen Nationen blieben auf Gedeih und Verderb von ein oder zwei Primärgütern abhängig. Die Elfenbeinküste exportiert zum Beispiel überwiegend Kakao, Niger hauptsächlich Uran, Botsuana fast nur Diamanten. Sambia führt in erster Linie Kupfer aus, Guinea Bauxit. Eine verhängnisvolle Einseitigkeit. Denn im Laufe der Jahre sollten sich die *terms of trade* verschlechtern, also das Austauschverhältnis von Importen und Exporten: Die Afrikaner verdienten aufgrund tendenziell fallender Weltmarktpreise für Rohstoffe und landwirtschaftliche Produkte immer weniger und mußten für ihre Einfuhren – Industriegüter, Fertigwaren, Energie – immer mehr ausgeben.

Nun lässt sich zu Recht einwenden, dass die Afrikaner in fünfzig Jahren Unabhängigkeit genug Zeit gehabt hätten, ihre Volkswirtschaften zu diversifizieren, um die ungleichen Tauschverhältnisse abzumildern. Genau an diesem Punkt, jenseits der naturbedingten und geographischen Nachteile, der historischen Erblasten und strukturellen Defizite, beginnt die Diskussion über die hausgemachten Ursachen der Misere. Und an dieser Stelle muss der Merksatz des vorhin erwähnten Unternehmers aus Nigeria vollständig zitiert werden. »Die Kolonialerziehung hat uns nicht auf die Moderne vorbereitet, das war ein schweres Handicap. Aber wir können die Kolonialisten nicht ewig beschuldigen.«

Die einheimischen Eliten machten nach der Unabhängigkeit genau dort weiter, wo die Kolonialherren aufgehört hatten: Sie übernahmen ihre Positionen und Privilegien, die Schreibtische und Swimmingpools, die Seidenbetten und die Dienerschaft. Frantz Fanon, der in Martinique geborene Vordenker der antikolonialen Revolution, hat diesen Rollentausch mit der Wendung *Masques blancs, peau noire* beschrieben: Weiße Masken auf schwarzer Haut. Er warnte vor der fatalen Umwandlung der Fremdausbeutung in Selbstbedienung – und er sollte leider Recht behalten.

An der Spitze der Machtcliquen thronen die *Big Men*, die großen, starken Männer. Ihr oberstes Ziel, der Machterhalt, wird durch ein ausgeklügeltes Patronagewesen gesichert, durch ein System zur Verteilung der ökonomischen Besitzstände, das die Loyalität der parasitären Partei- und Staatsklassen erkauft und in der Regel tribalistischen Prioritäten folgt: der erweiterte Familienclan des *Big Man*, die Heimatregion, die Notabeln der eigenen Ethnie werden zuerst mit Posten und Pfründen versorgt. Das führt zu einer absurd aufgeblähten Exekutive, zu vielköpfigen Parlamenten und zu einem Verwaltungsapparat, für den die Bezeichnung Wasserkopf ein Euphemismus ist. Es gibt Kabinette, denen siebzig oder noch mehr Minister und Vizeminister angehören, Ämter und Behörden, die nur auf dem Papier existieren, Gehälter, die jahrelang an Phantombeamte oder die Angehörigen verstorbener Günstlinge weitergezahlt werden.

Einer der schlimmsten Kleptokraten war Mobutu Sese Seko, der Präsident von Zaire. Weil er im Kalten Krieg zum Lager des Westens gehörte – wofür er kräftig alimentiert wurde –, rollte man ihm hier rote Teppiche aus. In Mobutus Staatsapparat hätten 50 000 Beamte gereicht, befand eine Studie der Weltbank; beschäftigt waren 600 000. Dennoch – oder vielleicht gerade deshalb – brachen die Administration, das Finanz- und Steuersystem, die Rechtsordnung und das Polizeiwesen flächendeckend zusammen, gar nicht zu reden von den Ruinen, die man Hospitäler, Schulen oder Universitäten nennt.

Die Wildnis eroberte die Plantagen der weißen Kolonialherren zurück, und außer ein paar Fabriken, die Bier oder Seife herstellten, gab es keine nennenswerte Industrieproduktion mehr. Die primären Geld- und Warenkreisläufe kollabierten, die Notenpresse lief heiß, die Inflationsrate kletterte in astronomische Höhen. Unterschlagung und Veruntreuung, versteckte Vorteilsnahme oder offene Korruption wurden zu gesellschaftlich tolerierten Bereicherungsformen.

Die einfachen Leute nehmen die Korruption als unvermeidliches Übel hin und beteiligen sich selber daran, denn sonst könnten sie nicht überleben. Folglich schachert der Zollbeamte mit Exportlizenzen, der Hochschulprofessor bringt den Bruder in seinem Institut unter, der Gendarm verkauft Führerscheine, der Postbote handelt mit dem Inhalt von Paketen, die nie ankommen.

An dieser Stelle darf ich kurz zu einem weiteren Entwicklungshindernis kommen, das politisch korrekte Afrika-Freunde gerne verschweigen. Es geht um die Mentalität der Afrikaner, um ihre traditionellen Normen und Werte. Da ist zum einen die Verpflichtung, die einem die erweiterte Familie auferlegt. Wer es zu etwas gebracht hat, muss mit der gesamten Sippe teilen. Die Tante braucht Medikamente, das Schulgeld des Neffen muss bezahlt werden, der Clanchef will seinen Anteil haben. Deshalb können selbst erfolgreiche Afrikaner wenig sparen. Es bleibt nichts übrig, um in die Zukunft ihrer eigenen Kinder zu investieren, in Gesundheit, Bildung und berufliches Fortkommen. In Afrika fehlt, was Max Weber die »protestantische Ethik« genannt hat, also jenes mentale Rüstzeug, jener Geist des Kapitalismus, der die Entstehung der modernen bürgerlichen Gesellschaft geprägt hat.

Meine zweite Anmerkung zum Thema Mentalität: Das ländliche Afrika befindet sich in einem vormodernen Zustand; was sich die Menschen nicht erklären können, führen sie auf höhere Mächte zurück. Wenn also zum Beispiel der Nachbar mehr hat als ich selber, dann hat er einfach die besseren Hexen. Sein Erfolg wird nicht auf seine Strebsamkeit oder Leistungsbereitschaft zurückgeführt. Der Ethnologe David Signer spricht von einer »Ökonomie der Hexerei«, die Afrika lähme. Der Teilungszwang, der in einer Welt des Mangels das Überleben der Gemeinschaft sichert, artet oft in einen Gleichheitsterror aus. In vielen Dörfern Afrikas kommt es immer wieder zu Hexenjagden, jedes Jahr werden Tausende und Abertausende von unschuldigen Menschen umgebracht.

Aber das Hauptproblem Afrikas sind und bleiben seine Machteliten. Von Anfang an litten die jungen Staaten unter der Großmannssucht ihrer politischen Führer. Diese wollten ihre soeben in die Unabhängigkeit entlassenen Staaten im Schnellverfahren modernisieren und aufsteigen in die Liga der reichen Nationen. Kenia plante die Entwicklung und Fertigung eines eigenen Automobils. Die Kongolesen bastelten an einem Raketenprogramm. Der Ölriese Nigeria träumte davon, der mächtigste schwarze Industriestaat der Erde zu werden. Heutzutage kann man gar nicht mehr glauben, dass Nigeria als einziger Staat Schwarzafrikas Entwicklungshilfe an bedürftige Bruderstaaten zahlte, und man wundert sich, dass in diesem Land außer der Schwerkraft überhaupt noch etwas funktioniert. Nigeria, schreibt der Dichter Chinua Achebe, sei »einer der korruptesten, abgebrühtesten, untüchtigsten Landstriche unter der Sonne«. Die Republik hat 39 Universitäten und eine Analphabetenrate von sechzig Prozent, sie produziert pro Tag zwei Millionen Barrel Rohöl, aber an den Tankstellen gibt es kein Benzin. Auch Ihr Freund Olusegun Obasanjo, lieber Herr Schmidt, hat daran nichts ändern können.

Die Landwirtschaft wurde in fast allen Staaten des postkolonialen Afrika sträflich vernachlässigt – und damit die Ernährungssicherung. Die meisten Afrikaner sind Subsistenzbauern, sie erzeugen gerade so viel, dass sie einigermaßen über die Runden kommen.

Es fehlt ihnen an Produktionsmitteln, Kapital und Kenntnissen, am Zugang zu Märkten.

Die Nahrungsmittelproduktion ist seit 1980 um zwölf Prozent zurückgegangen, der Getreideertrag liegt bei einer Tonne pro Hektar – das ist ungefähr ein Viertel des weltweiten Durchschnitts. Und in Bereichen, in denen afrikanischen Bauern global konkurrenzfähig wären, rauben ihnen die hochsubventionierten Agrarprodukte aus Amerika und Europa alle Absatzchancen. Derzeit bezuschussen die OECD-Staaten ihre Landwirtschaft mit rund 363 Milliarden Dollar pro Jahr – das ist fast vier Mal so viel wie die Gesamtvolumen der von ihnen geleisteten Entwicklungshilfe.

Die Finanzspritzen für die reichsten Bauern der Welt machen es den ärmsten Bauern der Welt unmöglich, im Wettbewerb mitzuhalten. Ein klassisches Beispiel dafür ist die Baumwollproduktion. Obwohl die Kleinbauern in Mali per Hand eine bessere Qualität ernten, können sie gegen die Großfarmer aus den USA niemals konkurrieren, denn die erhalten Milliardengeschenke aus Washington. Gleichzeitig überschwemmen die Billiggüter aus dem Norden die afrikanischen Märkte. Unlängst wurde in Kamerun der Fall dokumentiert, wie mit billigen Geflügelimporten aus der EU beinahe die eigene Hühnerproduktion zerstört wurde. Im Senegal hat das zu Dumpingpreisen verkaufte Tomatenmark aus Italien viele einheimische Tomatenbauern in den Ruin getrieben.

Die Folgen dieser Form der einseitigen Globalisierung sind bekannt: Landflucht, explodierende Städte, wachsende Arbeitslosigkeit, Verelendung. Das Absurde ist, dass wir versuchen, die Schäden, die unsere Agrar- und Handelspolitik anrichtet, durch Entwicklungshilfe wieder auszugleichen. Aber die Hilfe ist halbherzig und ineffizient. Sie kann nicht verhindern, dass Hunderttausende von perspektivlosen Afrikanern auf der Suche nach einem besseren Leben Richtung Europa aufbrechen. Viele bezahlen den Versuch mit dem Leben und saufen in überladenen Fischerbooten jämmerlich im Mittelmeer ab.

An dieser Stelle sind wir also wieder bei den externen Faktoren der afrikanischen Dauerkrise, bei einer Weltwirtschaftsordnung – oder sollte man besser sagen: Weltwirtschaftunordnung? –, die die schwachen Volkswirtschaften der Entwicklungsländer systematisch benachteiligt. Afrikanische Ökonomen werfen den hochentwickelten Industrieländern zu Recht Heuchelei vor, denn sie verletzten durch ihre Agrarsubventionen und Handelsbarrieren selber die Regeln des freien Marktes, die sie nicht müde werden, den Entwicklungsländern zu predigen. Ein indischer Bauer sagte einmal, er wolle als Kuh in Europa wiedergeboren werden – die erhält nämlich mehr Wirtschaftshilfe.

Aber lassen Sie mich noch einmal zurückkommen auf die afrikanischen Eliten, die das Elend in ihren Staaten ignorieren und wenig Anlass haben, sich Gedanken über dessen Abschaffung zu machen, denn sie leben immer noch recht üppig von den Exportgewinnen, die ihre Teakplantagen, Ölfelder, Kupferminen oder der Kahlschlag von Regenwäldern abwerfen. Das jüngste Exempel liefert Angola, das nach einem nahezu dreißigjährigen Bürgerkrieg zum zweitgrößten Ölproduzenten Afrikas aufgestiegen ist und mit rund 25 Prozent per annum das höchste Wirtschaftswachstum der Welt verzeichnet. Experten schätzen, dass das »schwarze Gold« der Regierung allein in den Jahren von 2005 bis 2009 Einnahmen zwischen 74 und 152 Milliarden Dollar beschert – je nachdem, wie sich der Weltmarktpreis pro Barrel entwickelt.

Angola ist also nicht mehr abhängig von der Hilfe und den Krediten des Westens. Die regierende Elite schwimmt in Petrodollars und könnte die Entwicklung ihres Landes selber finanzieren. Doch ein Großteil der Ölgewinne versickert in dunklen Kanälen, rund vierzig Prozent tauchen erst gar nicht im Staatshaushalt auf. Angola liefert ein klassisches Beispiel für den Fluch des Rohstoffreichtums. Während die Hauptstadt Luanda boomt und die Machthaber ein Leben im Luxus führen, sind die Menschen auf den Lande so arm wie eh und je. Die Regierung von Präsident Eduardo dos Santos hat kein vernünftiges und nachhaltiges Entwicklungskonzept, keine langfristige Wirtschaftsstrategie. Und so verwundert es nicht, dass sich westliche Helfer und Berater enttäuscht abwenden von einem Land, das die Misere mit eigenen Mitteln überwinden könnte.

In kriegsgeplagten Ländern wie dem Kongo ist das Elend besonders groß, und niemand wird ernsthaft bestreiten, dass es durch einheimische Chaosmächte verschärft wird. Unterdessen sind die sogenannten *warlords* die Hauptakteure des ökonomischen Verteilungskampfes. Ihre Geschäfte laufen gut, weil es nicht an ausländischen Partnern fehlt, an Geldbeschaffern, Waffenhändlern, Militärberatern, Söldneragenturen und Bergbaukonzernen.

Nehmen wir das Beispiel Coltan. Dieser Rohstoff sieht nicht besonders beeindruckend aus, aber die schwarzen Steinbrocken enthalten die begehrten Metalle Columbium und Tantalum; sie werden in aufbereiteter Form bei der Produktion von Computerchips, Mobiltelefonen, Videokameras oder Playstations verwendet, zur Härtung von Raketen, Weltraumkapseln und Turbinenblättern von Düsenjets oder auch in der Atomindustrie, die besonders hitzebeständige Materialien braucht.

Coltan und andere Bodenschätze werden unter der Kontrolle von ruandischen Militärs und kongolesischen Kriegsfürsten abgebaut. Sie kaufen von den Gewinnen hauptsächlich Waffen. Den Austauch der Rohstoffe gegen Kriegsgerät organisieren kriminelle Kartelle, deren Netzwerke von Zentralafrika über die Schweiz, Belgien oder Bulgarien bis nach Russland reichen. Zum Kreis der wichtigen Coltan-Abnehmer gehört übrigens auch die deutsche Firma H.C. Starck aus Goslar. Die Männer, die das wertvolle Material in den beiden Kivu-Provinzen des Kongo aus der Erde graben, tun das unter erbärmlichen Umständen; im Lager von Kamina im Ostkongo wurden zum Beispiel 30 000 Bergarbeiter zusammengepfercht – es ist die Wiedergeburt der Sklaverei am Beginn des 21. Jahrhunderts. Auch das ist das Ergebnis einer räuberischen Globalisierung.

Direktinvestitionen tätigen nur noch ganz wenige westliche Firmen, den meisten ist das Risiko einfach zu groß geworden. Krieg und Anarchie, kleine Märkte, niedriges Wachstum, hohe Produktionskosten, Rechtsunsicherheit, das allgemeine Ausbildungsniveau so dürftig wie die Kompetenz der Entscheidungsträger – wer wollte da noch investieren? Aber auch die Afrikaner selber investieren zu wenig, sie bringen ihr Geld lieber ins Ausland. Die Kapitalflucht aus Afrika ist enorm, pro Jahr werden rund 20 bis 28 Milliarden Dollar abgezweigt.

Ein weiteres Problem ist der *Brain drain*, also die Abwanderung der qualifizierten Fachkräfte aus Afrika. Sie ziehen von der Peripherie in die Metropolen, von Lagos nach London, von Abidjan nach Paris, von Nairobi nach Chicago. Ihre Herkunftsländer aber fallen im weltweiten Wettbewerb immer weiter zurück.

Die Afrikaner sollten …, sie dürfen nicht …, sie müssten unbedingt … An schulmeisterlichen Belehrungen aus dem Norden mangelt es nicht. Sie folgen dem jeweils vorherrschenden Weltwohlstandsrezept. Bis vor kurzem hieß es noch: Öffnet eure Märkte! Dereguliert! Privatisiert! Unter diesen marktliberalen Maßgaben sind schon die Strukturanpassungsprogramme der Weltbank und des Internationalen Währungsfonds gescheitert, das räumen unterdessen sogar ihre Erfinder in Washington ein. Aber egal, welche Heilslehre angewandt wird, die herrschenden Eliten gewinnen immer. Neuerdings organisieren sie ihr Raubwesen per Laptop, Blackberry und Satellitentelefon; die Masse der Bevölkerung aber wartet vergeblich auf die versprochenen *Trickle-down*-Effekte, auf das Durchsickern von ein paar Wohlstandströpfchen.

So bleibt die Diskussion über den Nutzen und Nachteil der Globalisierung für Afrika angesichts der realen Machtverhältnisse eine rein akademische Debatte. »Liberalisierung heißt für jene, die nicht an ihr teilhaben, weitere Marginalisierung«, stellt der britische Ökonom Richard Gibb fest. Die Regeln der Globalisierung werden eben nicht von den armen Staaten im Süden gemacht, sondern von den reichen Industriestaaten im Norden. Ich will das mit einem simplen Beispiel veranschaulichen: Nehmen wir an, die Engländer erklären uns Deutschen die Cricket-Regeln, anschließend wird gespielt. Die Frage, wer gewinnen würde, ist nicht schwer zu beantworten. So ähnlich ergeht es den Afrikanern: Ihnen fehlen aus dem genannten Gründen schlichtweg die Voraussetzungen, um auf den Spielfeld der Weltwirtschaft zu reüssieren. Sie sind im globalen Maßstab keine gleichwertigen Konkurrenten.

Trotz all dieser Widrigkeiten hat Afrika in den vergangenen sieben, acht Jahren eine wirtschaftliche Dynamik erfasst, mit der niemand gerechnet hatte. Der Kontinent verzeichnet plötzlich stabile Wachstumsraten von fünf bis acht Prozent per annum. Die ausländischen Direktinvestitionen haben sich seit 1985 verfünfzehnfacht, 2006 waren es bereits 36 Milliarden Dollar. Diese erfreuliche Entwicklung hat mit neuen Wirtschaftsmächten zu tun, die seit der Jahrtausendwende Afrika entdeckt haben. Zu nennen sind Indien und Brasilien, die Golfstaaten und Südafrika, vor allem aber China.

Peking geht es um langfristige Handelsabkommen, Aufbauhilfe und gewaltige Infrastrukturprojekte. Vor allem aber geht es um den Zugriff auf die reichen Rohstoffvorkommen des Erdteils, um Öl, Erdgas, Eisenerz, Kupfer, Bauxit, Uran und andere Bodenschätze. Gleichzeitig wollen Tausende von chinesischen Privatunternehmern investieren. Nahezu eine Million Chinesen sind in Afrika bereits im Einsatz, Manager und Ärzte, Agronomen und fliegende Händler, Importeure und Kleinstunternehmer und ein Heer von Kontraktarbeitern, die auf zahllosen Großbaustellen beschäftigt sind. Sie hinterlassen allerorten die sichtbaren Zeichen der neuen chinesischen Präsenz: Militärkasernen in Accra, Textilienmärkte in Nairobi, Präsidentenpaläste in Windhuk oder Libreville, Reisfarmen in Westafrika, Fußballstadien in Daressalam und Lomé, einen Hotelkomplex in Sierra Leone, ein nagelneues Außenministerium in Ruanda.

Baufirmen aus China renovieren koloniale Eisenbahnlinien und teeren Tausende von Straßenkilometern, sie bauen Flughäfen, Krankenhäuser, Staudämme, Pipelines und Raffinerien. Die Chinesen bewirken einen Innovationsschub, wie ihn der Kontinent seit dem Ende der Kolonialzeit nicht mehr erlebt hat. Die Kritiker reden von einer neokolonialen Eroberungsstrategie der kommenden Supermacht China. Die Optimisten sagen, in dieser Süd-Süd-Kooperation zwischen Asien und Afrika entfalte die Globalisierung ihr emanzipatorisches Potential.

Noch sind Frankreich und die USA die wichtigsten Wirtschaftspartner Afrikas, doch China liegt bereits an dritter Stelle und holt mit Riesenschritten auf. Das sino-afrikanische Handelsvolumen hat sich seit dem Jahr 2000 auf 56 Milliarden Dollar verfünffacht, schon im Jahr 2010 werden die Chinesen die 100-Milliarden-Marke erreichen und die USA überholen.

Europäer und Amerikaner können es kaum fassen, wie schnell China ihre traditionellen Einflussgebiete erobert. Dieser »Einfall« sei »die dramatischste und wichtigste Veränderung in den Außenbeziehungen des Kontinents seit dem Ende des Kalten Krieges«, befindet der renommierte Afrika-Experte Christopher Clapham vom Centre for African Studies in Cambridge. Der schnellwachsende Wirtschaftsgigant China ist so hungrig nach Rohstoffen und Absätzmärkten, dass manche Beobachter schon von einer Neuauflage jenes »Wettlaufs um Afrika« raunen, den sich einst die europäischen Kolononialmächte geliefert hatten. »Der Westen verliert diesen Wettlauf gerade«, sagte mir der sudanesische Publizist Mohammed Salih bei meiner letzten Recherche in Khartum.

Viele Afrikaner verfolgen den Ansturm mit gemischten Gefühlen, man hat ja mit fremden Mächten nicht die allerbesten Erfahrungen gemacht. In Leserbriefen und Internet-Foren wird vor einer neuen Invasion gewarnt. Man spricht sogar von *yellow masters*, von gelben Kolonialherren.

Wenn Europäer über Afrika reden, reden sie meist vom K-Kontinent, vom Kontinent der Kriege, Krisen und Katastrophen, von einer Welt der Risiken und Gefahren. Eine richtige Afrika-Politik haben sie, wenn man vom postkolonialen Platzhirschentum der Briten und Franzosen einmal absieht, ohnehin nicht. In den Augen der Chinesen hingegen ist Afrika ein Kontinent der Zukunft. Das Handelsministerium in Peking zählt ihn zu den wichtigsten Wachstumsregionen. Riesige Landmasse, unermessliche Ressourcen, ein potentieller Markt mit derzeit 800 Millionen Konsumenten und einer Reservearmee von billigen Arbeitskräften – dies ist ein idealer Expansionsraum für China auf dem beschleunigten Marsch zur Weltmacht.

Den bedrängten afrikanischen Despoten, die nach dem Ende des Kalten Krieges nicht mehr von ihren Mentoren aus Paris, London, Washington oder Moskau alimentiert werden, hätte gar nichts Besseres passieren können. Den Chinesen ist es nämlich egal, wer wie regiert, sie mischen sich grundsätzlich nicht in die inneren Angelegenheiten ihrer Partner ein und knüpfen die Zusammenarbeit nicht an die strengen Konditionen westlicher Geberländer, die in Afrika oft als Erpressung empfunden werden. Die Forderungen, demokratische Regeln zu befolgen und die Menschenrechte zu achten, würden niemals aus dem Munde der chinesischen Unterhändler kommen, allein schon deshalb nicht, weil derartige Werte daheim auch nicht viel zählen.

Der Sudan liefert recht aufschlussreiches Anschauungsmaterial für die Afrika-Strategie der Chinesen. Peking blockiert seit Jahren Resolutionen des UN-Sicherheitsrates, die das Islamistenregime in Khartum wegen seines Vertreibungskrieges in der Provinz Darfur verurteilen. 200 000 Menschenleben hat dieser Krieg bislang gekostet, zwei Millionen sind auf der Flucht. Die Chinesen ignorieren diese Tragödie – und investieren. »Business is business«, erklärt Li Xiaobing, der im Pekinger Handelsministerium für Afrika zuständig ist, »wir importieren von jeder Quelle, die wir kriegen können.« Der Ölkonzern China National Petroleum Corporation steckt Milliarden in den Bau einer Pipeline ans Rote Meer, bereits die Häfte des im Sudan geförderten Öls fließt nach China.

Die afrikanischen Führungseliten begrüßen die Wiederkehr der Chinesen. Und die stoßen in ein Vakuum, gerade in diesen turbulenten Zeiten: Europäer und Amerikaner sind mit sich selbst beschäftigt und ziehen sich aus der Subsahara-Region zurück. Die Afrikaner wiederum können ihre Außenbeziehungen diversifizieren und postkoloniale Abhängigkeiten lockern.

Aber handelt es sich tatsächlich um eine *win-win*-Situation zum Nutz und Frommen beider Seiten – hier der Gigant China, dort die vielen afrikanischen Zwerge?

Wie schnell die Segnungen der Partnerschaft zum Fluch werden können, bekamen Länder wie Sambia zu spüren. Dort klagt man nach der Importschwemme spottbilliger China-Ware über ein regelrechtes Massaker an der heimischen Textilindustrie: von 34 Betrieben in dieser Branche haben nur zehn überlebt. Die massivste Welle der Globalisierung kommt also über China nach Afrika. Sie bringt gewisse Nachteile, aber auch neue, ungeahnte Chancen. Denn die Nachfrage nach Bodenschätzen ist gewaltig, die Rohstoffpreise sind in den letzten Jahren geradezu explodiert. Momentan, da die Weltwirtschaft in eine Rezession schlittert, sind sie zwar eingebrochen, aber sie werden in absehbarer Zeit wieder kräftig anziehen.

Die Frage ist, ob die Afrikaner diese Chancen nutzen. Werden die politischen und ökonomischen Eliten so stümperhaft weiterwirtschaften wie bisher und die Nationaleinkünfte verprassen? Oder werden wir in den nächsten Jahrzehnten endlich eine Wende zum Besseren erleben, zu guter Regierungsführung und zielstrebiger Entwicklung?

Ein alter Schullehrer, den ich kürzlich in Tansania traf, traut den Möglichkeiten, die die Globalisierung eröffnet, nicht so recht. Er erinnerte daran, dass sein Land jahrhundertelang von fremden Mächten geplündert wurde, erst von den Arabern und Persern, dann von den Portugiesen, dann von den Deutschen, schließlich von den Engländern. Am Ende drückte der Schullehrer sein Unbehagen über die chinesische Offensive mit einem alten afrikanischen Sprichwort aus: »Wer ertrinkt, klammert sich auch an ein Krokodil.«

Es läßt sich noch nicht absehen, wie sich die globale Finanzkrise und die weltweite Rezession auf Afrika auswirken werden. Ein Banker aus Ruanda erklärte mir unlängst, dass der Kollateralschaden für Afrika vorerst überschaubar sei. Es sei geradezu eine Ironie der Geschichte, dass der Nachteil, nicht in das globale Finanzsystem integriert zu sein, sich jetzt als Vorteil erweise. »Wir haben keine faulen Kredite, weil wir auf dem internationalen Kapitalmarkt ohnehin keine kriegen«, sagte der Banker. Aber er befürchtet, dass die Direktinvestitionen in Afrika im nächsten Jahr empfindlich zurückgehen werden und dass die Entwicklungshilfe schrumpfen wird.

Lassen Sie mich zum Schluss unseren Bundespräsidenten Horst Köhler zitieren, zu dessen afrikapolitischen Beratern ich mich seit 2006 zählen darf. Das Schicksal unserer Humanität entscheide sich an der Art und Weise, wie wir künftig mit Afrika umgehen, mahnt Köhler.

Afrika ist unser nächster Nachbarkontinent, sein Zustand kann uns nicht gleichgültig sein. Welche Folgen es zum Beispiel hat, wenn Staaten wie Somalia kollabieren, erleben wir in diesen Tagen: An der somalischen Küste treiben Piraten ihr Unwesen und bedrohen die Sicherheit des Seehandels. So genannte *failed states* wie Somalia, Kongo und Simbabwe destabilisieren ganze Subregionen des Kontinents, von manchen gehen auch terroristische Gefahren aus. Es liegt also in unserem wohlverstandenen Eigeninteresse, den Aufbau einer neuen Sicherheitsarchitektur in Afrika zu unterstützen. Denn nur wenn Frieden und Stabilität herrschen, kann sich der Kontinent entwickeln. Nur dann haben die Afrikaner eine Zukunft. Schon Mitte des 21. Jahrhunderts werden 1,5 Milliarden Menschen in Afrika leben. Wenn sich die ökonomische Gesamtlage nicht bessert, wird das zu einem gewaltigen Migrationsdruck führen, von dem wir uns heute noch keine Vorstellung machen können.

Wir sollten uns deshalb einen Lehrsatz von Anton Rupert merken. Der südafrikanische Großindustrielle sagte einmal: »Wenn dein Nachbar hungert, kannst du nicht ruhig schlafen.«

HENNING VOSCHERAU

Rückkehr des »Gerechten Krieges«?

11. April 2008

Zwei NATO-Offiziere

Auslöser unserer Verabredung vor einem Jahr, das heutige Thema zu behandeln, war die Medienberichterstattung über zwei NATO-Offiziere

- den 1st Lt. der US-Streitkräfte Ehren K. Watada, der 2006 den Einsatzbefehl in den Irak verweigerte: »To me, leading soldiers into battle in Iraq means to participate in a ›war that I believe to be illegal‹« (vgl. zum Beispiel <www.nytimes.com/2007/02/06/us06deploy.html>, besucht am 31. März 2008).
- den Major der Bundeswehr Florian Pfaff, der 2003 als Angehöriger des Streitkräfteamtes seine indirekte Mitwirkung am Irak-Krieg verweigerte. Er berichtet:»Der Befehl lautete sinngemäß, ich solle nicht weiter prüfen, ob ich mich dadurch an Krieg und Verbrechen beteilige, also blind folgen …« (Süddeutsche Zeitung, 5. März 2007).

Beide Offiziere beriefen sich also gegenüber einem Befehl auf das durch den Nürnberger Gerichtshof begründete und angewandte Völkerrecht, auf die daraus abgeleiteten sogenannten Nuremberg Principles der UN-Völkerrechtskommission und auf das Gewaltverbot der UN-Charta. Beide wurden dafür vor Gericht gestellt. Auf die Gerichtsverfahren komme ich am Ende zurück.

Der Krieg ist so alt wie die Menschheit

Friedliches Vertragen von Menschen ist nicht naturgegeben. »Der Krieg scheint so alt wie die Menschheit, aber der Frieden ist eine moderne Erfindung«, so der Jurist Sir Henry Maine Mitte des 19. Jahrhunderts (zitiert nach Michael Howard, Die Erfindung des Friedens, 2001, S. 9). Krieg hat es immer gegeben. Gerade weil Krieg, so Howard, für die herrschenden Klassen über Jahrhunderte in Europa … »eine fast automatisch betriebene Tätigkeit war, die zur natürlichen Ordnung der Dinge gehörte, blieben bewaffnete Konflikte um Territorien, Erbschaften und Loyalitätsverpflichtungen bis ins siebzehnte Jahrhundert hinein an der Tagesordnung, oftmals verschärft durch religiöse Differenzen.« Demgegenüber ist die »Erfindung des Friedens«, wie Michael Howard schreibt, eine sehr viel komplexere Angelegenheit der Neuzeit.

Der erste Friedensvertrag der Geschichte, über den uns ein Dokument bekannt ist, wurde etwa 3100 vor Christus geschlossen zwischen zwei sumerischen Städten, Lagash und Umma. Der nächste bekannte Vertrag datiert etwa 1270/1259 vor Christus, ein zwischen Pharao Ramses II. und Hattusili III., König der Hethiter, geschlossener regelrechter Friedens- und Bündnisvertrag.

Das Alte Testament berichtet in den Büchern Josua bis 2. Könige von zahlreichen gewaltsamen Auseinandersetzungen. Bei Existenzbedrohung gilt der Verteidigungskrieg als Aktion Gottes, der einen charismatischen Heerführer »erwählt«, die Zwölf Stämme Israels zusammenruft und sie in die Abwehrschlacht führt. Auch von der Ausrottung fremder Nachbarvölker Israels im Auftrag Gottes wird berichtet, wobei Frauen und Kinder nicht verschont wurden. Dies wurde in der Tora aber als Unrecht ausgeschlossen und von strengen Bedingungen abhängig gemacht: Friedensangebot, gescheiterte Verhandlungen.

Die Haltung des Neuen Testaments zum Kriege war ursprünglich geprägt durch das fünfte Gebot und durch die Bergpredigt:

> Ihr habt gehört, dass gesagt worden ist: Auge um Auge, Zahn um Zahn! Ich aber sage euch: Leistet dem, der euch etwas Böses antut, keinen Widerstand, sondern wenn dich jemand auf die rechte Wange schlägt, dann halte ihm auch die andere hin. Will jemand mit dir rechten und dir deinen Rock nehmen, dann lass ihm auch den Mantel. Nötigt dich jemand, eine Meile weit mitzugehen, dann geh zwei mit ihm.

So lehnte das Christentum der ersten zwei Jahrhunderte Kriegsdienst generell ab. Bis zum Jahr 175 gab es im römischen Heer nachweislich keine Christen. Origines verbot Christen den Waffengebrauch (Contra Celsum VIII, S. 69f.). Tertullian (De corona) lehrte, Christus habe den Christen verboten, ein Schwert zu tragen, und lehnte somit den Soldatendienst für Christen … strikt ab.

Erst durch die Konstantinische Wende von 313 wurden Kriege zur Ausdehnung des Christentums theologisch legitimiert. Eusebius von Caesarea lobte Kaiser Konstantin dafür, dass dieser einen »Krieg unter dem Kreuz führe, welcher damit heilig sei«. Der Kirchenvater Augustinus (354–430) gilt schließlich als Urheber der Lehre vom *bellum iustum*, vom gerechten Krieg. Dafür setzt er folgende Kriterien: Der Krieg muss

- von einer legitimen Autorität angeordnet sein;
- um einer gerechten Sache willen geführt werden; den Frieden als Ziel haben;
- sich gegen begangenes Unrecht richten; also kein Präventivkrieg;
- mit angemessenen Mitteln; keine Unschuldigen einbeziehen;
- mit Aussicht auf Erfolg geführt werden.

Damit knüpft Augustinus allerdings an vorchristliche Quellen der Antike an, zum Beispiel Cicero (103–43 v. Chr.): »Und hieraus kann man ersehen, dass kein Krieg gerecht ist, wenn er nicht erst geführt wird, nachdem eine Genugtuung (Rückgabe) gefordert wurde oder nachdem er feierlich angedroht und erklärt worden ist« (Cicero, de officiis 1,34: »Ex quo intellegi potest nullum bellum esse iustum nisi quod aut rebus repetitis geratur aut denuntiatum ante sit et indictum.«).

Der große Niederländer Hugo Grotius, oft als »Erfinder des Völkerrechts« bezeichnet, führt aus biblischer Sicht zwölf Gründe für, acht Gründe gegen das Recht zum Kriege auf. Unter Berufung auf Paulus (1. Timotheus II, S. 1ff.) kommt er zu dem Schluss, Jesus Christus habe das *ius ad bellum* nicht vollständig verneint (De Jure Belli ac Pacis 1625, S. 66*)*. Er führt – wie schon Cicero – die kriegerische Natur des Menschen auf tierische Instinkte zurück: »Unter den Naturtrieben ist keiner, welcher dem Krieg entgegenstünde; vielmehr sind alle ihm günstig. Denn der Endzweck des Krieges ist die Erhaltung des Lebens und der Glieder und die Verteidigung oder der Erwerb der zum Leben erforderlichen Güter.«

Dagegen setzt Kant seinen Kategorischen Imperativ von 1788:

> »Handle so, dass die Maxime deines Willens jederzeit zugleich als Prinzip einer allgemeinen Gesetzgebung gelten könne.«

In seiner Schrift *Zum Ewigen Frieden* (Königsberg 1795) mahnt Kant, der ewige Friede bleibe Utopie, wenn sich die Menschen nicht täglich aufs Neue anstrengen, Frieden zu *stiften*. »Der Friedenszustand unter Menschen, die nebeneinander leben, ist kein Naturzustand (status naturalis), der vielmehr ein Zustand des Krieges ist, wenngleich nicht immer ein Ausbruch der Feindseligkeiten, doch immerwährende Bedrohung mit denselben. Er muss also *gestiftet* werden.«

Kant beschreibt nicht etwa 1795 geltendes Völkerrecht. Er setzt vielmehr ein Ideal. Vor 213 Jahren hat er in seiner epochemachenden Schrift »Zum Ewigen Frieden« (VI S. 118ff., 133) sogar die Ziele des Völkerbunds und der Vereinten Nationen vorgezeichnet: Da die Vernunft »vom Throne der höchsten moralisch gesetzgebenden Gewalt herab den Krieg als Rechtsgang schlechterdings verdammt, den Friedenszustand dagegen zur unmittelbaren Pflicht macht, welcher doch, ohne einen Vertrag der Völker unter sich, nicht gestiftet oder gesichert werden kann«, »so muß es einen Bund von besonderer Art geben, den man den *Friedensbund* (foedus pacificum) nennen kann, der vom *Friedensvertrag* (pactum pacis) darin unterschieden sein würde, daß dieser bloß *einen* Krieg, jener aber alle Kriege auf immer zu endigen suchte«.

In diesem Sinne formuliert er sechs »Präliminarartikel zum ewigen Frieden unter den Staaten«, gerade weil die Lage eher dem Gegenteil entspricht:

1. »Es soll kein Friedensschluß für einen solchen gelten, der mit dem geheimen Vorbehalt des Stoffs zu einem künftigen Kriege gemacht worden.«
2. »Es soll kein für sich bestehender Staat (klein oder groß, das gilt hier gleichviel) von einem anderen Staate durch Erbung, Tausch, Kauf oder Schenkung erworben werden können.«
3. »Stehende Heere (miles perpetuus) sollen mit der Zeit ganz aufhören.« »Denn sie bedrohen andere Staaten unaufhörlich mit Krieg durch die Bereitschaft, immer dazu gerüstet zu erscheinen; reizen diese an, sich einander in Menge der Gerüsteten, die keine Grenzen kennt, zu übertreffen, und indem durch die darauf verwandten Kosten der Friede endlich noch drückender wird als ein kurzer Krieg, so sind sie selbst Ursache von Angriffskriegen, um diese Last loszuwerden.«
4. »Es sollen keine Staatsschulden in Beziehung auf äußere Staatshändel gemacht werden.«
5. »Kein Staat soll sich in die Verfassung und Regierung eines anderen Staats gewalttätig einmischen.«
6. »Es soll sich kein Staat im Kriege mit einem andern solche Feindseligkeiten erlauben, welche das wechselseitige Zutrauen in künftigen Frieden unmöglich machen müssen.«

Ius ad bellum

Da Krieg über Jahrtausende alltäglich war, ist es kein Wunder, dass er als ebenso selbstverständlich erlaubt galt. Die Frage nach der Rechtmäßigkeit eines Krieges, Beginn, Mittel, Opfer, stellte sich sehr lange nicht. Nicht Recht oder Unrecht, sondern Macht, Sieg und Beute bildeten die Kategorien, nach denen über Jahrtausende gemessen wurde.

Rechtliche Regeln müssen sich demgegenüber insbesondere auf die Frage beziehen

- unter welchen Voraussetzungen kriegerische Gewaltanwendung durch einen Staat rechtmäßig ist (ius ad bellum/iusta – oder sogar »pia« – causa/bellum iustum)
- welche Mittel wie und gegen wen angewendet werden dürfen (ius in bello – darüber kann ich heute nur am Rande sprechen) welche Verletzung von Rechtsregeln strafrechtliche Verantwortlichkeit des einzelnen Beteiligten begründen (Völkerstrafrecht).

Noch nach dem klassischen Völkerrecht des 19. Jahrhunderts unterlag das Recht der Staaten, als Mittel ihrer Politik Kriege zu führen, kaum Beschränkungen. Ausdrücklich maß die Wiener Schlussakte dem »Bundestag« des Deutschen Bundes, nach Art. 1 ein Staatenbund (»Völkerrechtlicher Verein«) in Art. 2 die Erhaltung der äußeren Sicherheit Deutschlands zu. Damit war nach Art. 35 ausdrücklich das Recht verbunden, Krieg, Frieden, Bündnisse und andere Verträge zu beschließen.

Im Einklang damit bezeichnete Clausewitz nach den Befreiungskriegen Anfang des 18. Jahrhunderts Krieg als die Fortsetzung der Politik mit anderen Mitteln (Vom Kriege I 1 24, posthum 1832). Gemeint war damit allerdings, dass das Militär der Politik stets untergeordnet ist. Es ist danach die Politik, die durch den *Zweck* die Anwendung von militärischer Gewalt, also Krieg, als Mittel zur Lösung eines Konflikts bestimmt. Von Illegalität des Kriegs keine Rede.

Zusammenfassend muss man feststellen, dass die Entscheidung über die Erstanwendung von Waffengewalt über Jahrtausende beim souveränen Fürsten beziehungsweise beim souveränen Staat lag. Die Entscheidung des Souveräns setzte den rechtmäßigen Grund zum *»bellum iustum«*. Ihm kam das *ius ad bellum* zu, das Recht zum Kriege.

Zwar wurden durch die Haager Landkriegsordnung (»Gesetze und Gebräuche des Landkriegs« von 1899 und 1907) Regeln zulässiger Kriegführung vereinbart. Aber diese betrafen das *ius in bello*, nicht das *ius ad bellum* (Ipsen § 59 I 1 RdNr. 2). Das Recht zum Kriege war im Ergebnis bis zum Ersten Weltkrieg anerkannt. In Heilborns Grundbegriffen des Völkerrechts heißt es noch 1912:

> »Das Völkerrecht kennt … keine Regeln darüber, wann Kriege geführt werden dürfen. Will ein Staat sein eigenes Selbst einsetzen, so darf er jederzeit Krieg beginnen. Die Gewalt ist also im Völkerrecht unbedingt gestattet …«

Und auch im Rückblick beharrt zum Beispiel Doehring (Völkerrecht, 2. Aufl. 2004) darauf, dass die militärische Aggression zur Zeit der Gründung des Völkerbundes nicht verboten war. Sie bedurfte, wie er betont, »auch keiner justa causa, um gerechtfertigt zu sein, so dass die Behauptung einer rechtlichen Schuld am Ausbruch des Ersten Weltkrieges, wie sie dem Deutschen Reich im Vertrag von Versailles vorgeworfen wurde, nicht bestehen konnte; nach damaliger Rechtslage konnte es sich nur um eine moralische Schuld handeln …« (a.a.O., RdNr. 567). Ebenso betont Knut Ipsen (Völkerrecht, 5. Aufl. 2004, § 59 I 1 RdNr. 2), dass die Entscheidung zur Erstanwendung von Waffengewalt noch im beginnenden 20. Jahrhundert dem souveränen Staat oblag.

Ächtung des Krieges und Völkerstrafrecht im 20. Jahrhundert

Der Erste Weltkrieg

Der Erste Weltkrieg kostete mehr als 10 Millionen Tote. Die Suche nach Schuldigen – statt mehrerer Verantwortlicher auf allen Seiten, auch der Seite der Sieger – löste den Art. 227 des Versailler Vertrags aus, ein erster – nachträglicher - Anlauf, das *ius ad bellum* rechtlich einzuschränken und persönliche Verantwortlichkeit individuell zu bestrafen; der Beginn des Völkerstrafrechts.

Der Versailler Vertrag sah vor, Wilhelm II. wegen internationaler Verbrechen anzuklagen. Außerdem legten die Siegermächte am 3. Februar 1920 eine Liste von insgesamt 890 Einzelpersonen und Personengruppen vor, die jeweils an verschiedene alliierte Mächte auszuliefern seien (Liste des personnes désignées par les Puissances Alliées pour être livrées par l'Allemagne en exécution des articles 228 à 230 du Traitè de Versailles et du Protocole du 28 juin 1919): Reichskanzler v. Bethmann Hollweg, die Feldmarschälle Hindenburg und Mackensen, die Generale Ludendorff, Gallwitz und Bülow, Großadmiral Tirpitz – und zahlreiche Offiziere, Unteroffiziere, einfache Mannschaftsdienstgrade. Belgien, Frankreich, Großbritannien und Italien teilten in einer alliierten Note vom 23. August 1922 mit, dass sie sich das Recht vorbehielten, »die der Kriegsverbrechen Beschuldigten selbst vor Gericht zu stellen oder gegen sie, wenn sie ihrer nicht habhaft werden könnten, Verfahren in Abwesenheit durchzuführen« (Hankel, Die Leipziger Prozesse, 2003, S. 489). Von 1922 bis Ende 1925 fanden in Frankreich 340 und in Belgien 153 solcher Abwesenheitsverfahren statt. Verteidiger waren nicht zugelassen. Rechtsmittel gab es keine – dennoch: Das Völkerstrafrecht begann sich zu entwickeln, die Nürnberger Prozesse hatten Vorläufer.

Entsprechend erklärte die Völkerbundsatzung von 1919 das Kriegführungsrecht der Staaten erstmals zu einer internationalen Angelegenheit. Sie verpflichtete die Staaten, vor dem Waffengang eine friedliche Streitbeilegung zu unternehmen. Allerdings war die Völkerbundsatzung durch Defizite gekennzeichnet, die der Völkerbund sehr bald durch das »Protokoll für die friedliche Erledigung internationaler Streitigkeiten« vom 2. Oktober 1924 beheben wollte. Dieses sogenannte Genfer Protokoll normierte umfassend ein Kriegsverbot, es schloss sogar Angriffsdrohungen aus, schloss ein Streitbeilegungssystem an und ging so weit, kollektive Sicherheit durch Vorschriften zur Durchsetzung zu garantieren. Aber es trat wegen britischer Bedenken nicht in Kraft. Dies gelang für einen Teil der Regelungen eines Friedens- und Sicherheitssystems durch den Locarno-Pakt vom 16. Oktober 1925 zwischen Deutschland, Belgien, Frankreich, Großbritannien und Italien. Er enthielt die Verpflichtung Deutschlands, Frankreichs und Belgiens, kriegerische Gewalt nur noch zur Selbstverteidigung und im Rahmen kollektiver Zwangsmaßnahmen des Völkerbunds einzusetzen (Ipsen a.a.O. § 39 I 2RdNr. 5, 6).

Der Durchbruch vom traditionellen *ius ad bellum* zur Ächtung des Krieges gelang durch den Briand-Kellogg-Pakt vom 27. August 1928 (RGBl.1929 II, S. 97). Urheber des Paktes waren Aristide Briand, der französische, und Frank B. Kellogg, der amerikanische Außenminister. Der Pakt wurde von elf Erstunterzeichnern abgeschlossen, darunter die Weimarer Republik. Der Pakt trat 1929 in Kraft und wurde bis 1935 von 62 Staaten unterzeichnet. Die Vertragspartner verurteilten den Krieg als Mittel zur Lösung internationaler Streitigkeiten und verzichteten in ihren gegenseitigen Beziehungen auf Krieg als Werkzeug nationaler Politik. Sie erklärten, in Zukunft Streitigkeiten friedlich zu lösen. Für völkerrechtswidrig wurde insbesondere der aus nationalen Interessen geführte Angriffskrieg erklärt. Das Recht auf Selbstverteidigung und die Teilnahme an Sanktionen des Völkerbundes blieben unberührt. Friedliche Streitbeilegung oder kollektive Zwangsmaßnahmen blieben ungeregelt (Ipsen a.a.O. RdNr. 7). Der Vertrag wurde außerhalb des Völkerbundes verhandelt und abgeschlossen, er behielt deshalb seine Gültigkeit über das Ende des Völkerbundes hinaus.

Der Pakt wurde zur eigentlichen völkerrechtlichen Begründung für die Nürnberger Prozesse; er enthielt allerdings keine völkerstrafrechtlichen Sanktionen.

Der Zweite Weltkrieg

Nach dem Inferno des Zweiten Weltkriegs mit mehr als 55 Millionen Toten, mit Rassenwahn und Holocaust haben die Nürnberger Prozesse die Entwicklung des Völkerstrafrechts begründet und nachhaltig gefördert. Anders als nach 1918 wurden jetzt zum ersten Mal Personen *tatsächlich* für Handlungen, die sie als Teile von Staatsorganen begangen hatten, zur Rechenschaft gezogen. Am 1. November 1943 veröffentlichten Großbritannien, die Sowjetunion und die USA die »Erklärung über deutsche Grausamkeiten im besetzten Europa«, nach der die Hauptkriegsverbrecher nach einer gemeinsamen Entscheidung der Regierungen der Alliierten bestraft werden sollten. Das war die *politische* Basis der Nürnberger Prozesse. Im Fernen Osten setzte General McArthur einen entsprechenden Gerichtshof in Tokio ein.

Zu Prozessbeginn in Nürnberg bestritten alle Verteidiger die juristischen Grundlagen des Prozesses. Sie erklärten, dass, »soweit es sich um Verbrechen gegen den Frieden handelt, … der gegenwärtige Prozeß keine gesetzliche Grundlage im internationalen Recht (hat), sondern ein Verfahren (ist), das auf einem neuen Strafrecht basiert, einem Strafrecht, das erst nach der Tat geschaffen wurde«. Insbesondere der Kölner Ordinarius Hermann Jahrreiß hielt vor dem Tribunal ein umfassendes Plädoyer zu völker- und staatsrechtlichen Grundfragen.

Der französische Sachverständige Professor André Gros hatte in den Londoner Debatten über das Statut des Gerichtshofs vor einer unzulässigen, rückwirkenden Bestrafung bezogen auf »Verbrechen gegen den Frieden« gewarnt:

> »Solche Handlungen zu strafrechtlichen Verletzungen des Völkerrechts zu erklären, ist schockierend. Das ist eine Kreation von vier Leuten, die eben nur vier Individuen sind – von diesen vier Leuten als strafrechtliche Verletzung des Völkerrechts bestimmt. Solche Handlungen sind seit Jahren bekannt, ohne dass sie zu strafrechtlichen Verletzungen des Völkerrechts er-

klärt worden sind. Das ist ex post facto Gesetzgebung« (zitiert nach Telford Taylor, Die Nürnberger Prozesse, München 1992, S. 90, Anm. 10).

Mit Hinweis auf den von Deutschland ratifizierten Briand-Kellogg-Pakt wurden solche völkerrechtlichen und strafrechtlichen Einwände in Nürnberg zurückgewiesen. Dem kann man heute meines Erachtens historisch und politisch nur nachdrücklich beipflichten, denn die damals gesetzten Maßstäbe und ihre ewige Gültigkeit sind weltweit unverzichtbar. Diese Wirkung war schon damals bekannt. Der französische Richter Donnedieu de Vabre hat nachträglich erklärt, Nürnberg sei zu einem »Präzedenzfall von unvergleichbarer Tragweite« geworden. Der amerikanische Chefankläger Robert H. Jackson hat in seiner Anklageschrift die Nachhaltigkeit des völkerrechtlichen Durchbruchs von Nürnberg wie folgt beschrieben:

»Denn wir dürfen niemals vergessen, dass nach dem gleichen Maß, mit dem wir die Angeklagten heute messen, auch wir morgen von der Geschichte gemessen werden. Diesen Angeklagten einen vergifteten Becher zu bringen bedeutet, ihn an unsere eigenen Lippen zu bringen. Wir müssen an unsere Aufgabe mit soviel innerer Überlegenheit und geistiger Unbestechlichkeit herantreten, dass dieser Prozess einmal der Nachwelt als die Erfüllung menschlichen Sehnens nach Gerechtigkeit erscheinen möge« (Der Prozeß gegen die Hauptkriegsverbrecher vor dem IMT Nürnberg, 14. November 1945 – 1. Oktober 1946, Bd. 2, Nürnberg 1947, S. 118).

Trotz anfänglicher rechtlicher Zweifel haben wir Deutsche die Lehren von Nürnberg vollen Umfangs akzeptiert – vielleicht nachdrücklicher als die Siegermächte selbst. Manchmal will mir scheinen, dass uns dies heute das Recht, wenn nicht die Pflicht gibt, von der einzig verbliebenen Supermacht USA die Kontinuität ihres damals eingenommenen bahnbrechenden Rechtsstandpunkts einzufordern.

Die Nürnberger Anklage richtete sich gegen 24 »Hauptkriegsverbrecher« und sechs »Verbrecherische Organisationen« (Korps der politischen Leiter der NSDAP, SS, SA, Reichsregierung, Generalstab, Gestapo, SD). Sie stützte sich auf vier Hauptanklagepunkte:

1. Verschwörung gegen den Weltfrieden
2. Planung, Entfesselung und Durchführung eines Angriffskrieges
3. Verbrechen und Verstöße gegen das Kriegsrecht
4. Verbrechen gegen die Menschlichkeit

Das Ergebnis der Nürnberger Prozesse nach 218 Verhandlungstagen und 236 Zeugen ist bekannt: zwölf Todesurteile, sieben Freiheitsstrafen zwischen zehn Jahren und lebenslänglich, drei Freisprüche. Das Korps der politischen Leiter, SS, Gestapo und SD wurden für verbrecherisch erklärt.

Das heutige Völkerrecht

UN-Charta und Völkerstrafrecht

Die UN-Charta führt die den Nürnberger Prozessen zugrunde liegende Definition und Anwendung geltenden Völkerrechts fort, indem sie das Kriegsverbot zu einem allgemeinen Gewaltverbot erweitert. Zugleich trifft sie Regelungen über die Selbstverteidigung, die friedliche Streitbeilegung und die kollektive Sicherheit.

Der Grundsatz des allgemeinen Gewaltverbots der UN-Charta findet sich in Art. 2 Nr. 4 der UN Charta:

> »Alle Mitglieder unterlassen in ihren internationalen Beziehungen jede gegen die territoriale Unversehrtheit oder die politische Unabhängigkeit eines Staates gerichtete oder sonst mit den Zielen der Vereinten Nationen unvereinbare Androhung oder Anwendung von Gewalt.«

Ausnahmen von diesem allgemeinen Gewaltverbot sind nur im Rahmen des individuellen oder kollektiven Selbstverteidigungsrechts im Falle eines bewaffneten Angriffs (Art. 51) oder als kollektive Zwangsmaßnahmen (Art. 42, 53) möglich (vgl. für viele Ipsen a.a.O. § 59 II RdNr. 10 und III 1 RdNr. 28), wenn wir von der Feindstaatenklausel in Art. 107 absehen.

Die an Nürnberg anschließenden Bemühungen um eine internationale Strafgerichtsbarkeit blieben allerdings ein halbes Jahrhundert lang erfolglos. Die UNO-Generalversammlung hat bereits am 11. Dezember 1946 mit Resolution 95 (I) die dem Urteil des Nürnberger Gerichtshofs zugrunde liegenden Rechtsprinzipien als geltendes Völkerrecht anerkannt. Sie hat die Völkerrechtskommission (International Law Commission) beauftragt, ein internationales Strafrecht zu entwickeln. (Beschluss der UNO-Generalversammlung vom 21. November 1947, einen *Code of offences against the peace and security of mankind* zu entwickeln. Vgl. Ch. Tomuschat, Die Arbeit der ILC im Bereich des materiellen Völkerstrafrechts, in: G. Hankel, G. Stuby [Hrsg.], Strafgerichte gegen Menschheitsverbrechen. Zum Völkerstrafrecht 50 Jahre nach den Nürnberger Prozessen, Hamburg 1995, S. 270ff.)

U.N. International Law Commission – Nuremberg Principles von 1950

Aus Nürnberg erwuchsen die entscheidenden Rechtssätze des heutigen Völkerrechts. 1950 legte die Kommission zwei Berichte vor, zum einen die Nürnberger Prinzipien, eine Art völkerrechtlichen Verbrechenskodex, und darauf aufbauend ein Völkerstrafrecht für die Zukunft.

Die Nürnberger Grundsätze enthalten sieben Prinzipien, lassen sich aber wohl in drei Hauptpunkten zusammenfassen:

– Personen können für internationale Verbrechen aufgrund des Völkerrechts strafrechtlich zur Verantwortung gezogen werden.

- Weder Landesrecht noch die Immunität von Staatenvertretern oder Handeln auf Befehl können eine strafrechtliche Verantwortlichkeit für internationale Verbrechen hindern.
- Als internationale Verbrechen sind nach Völkerrecht strafbar: das Verbrechen gegen den Frieden, Kriegsverbrechen, Verbrechen gegen die Menschlichkeit.

Der unmittelbare Zugriff auf die verantwortlichen Einzelpersonen brachte eine grundlegende Veränderung im Völkerrecht mit sich (Graefrath, 50 Jahre Internationale Strafgerichtsbarkeit: W&F Heft 1/92 nach <www.uni.muenster.de>, besucht am 3. März 2008).

»In 1950 U.N. International Law Commission adopted the Nuremberg Principles. The basic premise of the principles is that no person, no matter what their office, stands above international law.

- Principle I
  Any person who commits an act which constitutes a crime under international law is responsible therefore and liable to punishment.
- Principle II
  The fact that internal law does not impose a penalty for an act which constitutes a crime under international law does not relieve the person who committed the act from responsibility under international law.
- Principle III
  The fact that a person who committed an act which constitutes a crime under international law acted as Head of State or responsible Government official does not relieve him from responsibility under international law.
- Principle IV
  The fact that a person acted pursuant to order of his Government or of a superior does not relieve him from responsibility

under international law, provided a moral choice was in fact possible to him.

– Principle V

Any person charged with a crime under international law has the right to a fair trial on the facts and law.

– Principle Vl

The crimes hereinafter set out are punishable as crimes under; international law:

a. Crimes against peace:

i. Planning, preparation, initiation or waging of a war of aggression or a war in violation of international treaties, agreements or assurances;

ii. Participation in a common plan or conspiracy for the accomplishment of any of the acts mentioned under (i).

b. War crimes:

Violations of the laws or customs of war which include, but are not limited to, murder, ill-treatment or deportation to slave-labor or for any other purpose of civilian population of or in occupied territory, murder or illtreatment of prisoners of war, of persons on the seas, killing of hostages, plunder of public or private property, wanton destruction of cities, towns, or villages, or devastation not justified by military necessity.

c. Crimes against humanity:

Murder, extermination, enslavement, deportation and other inhuman acts done against any civilian population, or persecutions on political, racial or religious grounds, when such acts are done or such persecutions are carried on in execution of or in connection with any crime against peace or any war crime.

– Principle VII

Complicity in the commission of a crime against peace, a war crime, or a crime against humanity as set forth in Principles VI is a crime under international law.«

Die Arbeiten der International Law Commission an Grundlinien des materiellen Völkerstrafrechts ruhten jedoch seit den fünfziger Jahren infolge des Ost-West-Konflikts und wurden erst Jahrzehnte später wieder aufgenommen (Herdegen, Völkerrecht, § 61 RdNr. 3). Sie bilden aber die Grundlage für die Arbeiten zur Entwicklung eines materiellen Völkerstrafrechts und des dazugehörigen Internationalen Gerichtshofs (Reports of the International Law Commission, 46th Session 1994, in: Official Records of the General Assembly, A/49/10 Chapter II, B I,5. 48th Session 1996, in: Official Records of the General Assembly, A/51/10,Chapter II).

Die Generalversammlung hat 1970 in der Resolution 2625 (XXV) die grundlegenden Prinzipien des gegenwärtigen Völkerrechts zum Beschluss erhoben: das Prinzip der souveränen Gleichheit der Staaten, das Gewalt- und Interventionsverbot, das Prinzip der Gleichberechtigung und Selbstbestimmung der Völker, die Pflicht zur friedlichen Streitbeilegung, zur friedlichen Zusammenarbeit und zur Erfüllung der Verträge nach Treu und Glauben (Friendly Relations Erklärung UNYB 1970, S. 788):

> »Every State has the duty to refrain from organizing or encouriging the organization of irregular forces or armed bands, including mercenaries, for incursion into the territory of another State.
>
> Every State has the duty to refrain from organizing, instigating, assisting or participating in acts of civil strife or terrorist acts in another State or acquiescing in organized activities within its territory directed towards the commission of such acts, when the acts referred to in the present paragraph involve a threat or use of force« (Herdegen § 34 Nr. 2, RdNr. 5).

Erst die Ad-hoc-Tribunale für Jugoslawien und Ruanda (Resolutionen des UN-Sicherheitsrates Nr. 827 (25. Mai 1993) beziehungsweise 955 (8. November 1994) haben die Entwicklung des Völkerstrafrechts wieder in Bewegung gebracht. Der Internationale Strafgerichtshof für das ehemalige Jugoslawien in Den Haag (Resolution 827 vom 25. Mai 1993) hat seine Tätigkeit im Dezember 1994 voll aufgenommen; es wurden mehr als 150 richterlich bestätigte Anklageschriften veröffentlicht. Es kam zu mehr als 50 Verurteilungen.

Beide Gerichtshöfe wurden allerdings (nur) durch den Sicherheitsrat eingesetzt, als »besondere Maßnahme, um den Weltfrieden und die internationale Sicherheit zu wahren oder wiederherzustellen« im Sinne des Kapitels VII der UN-Charta. Die Kritik an diesem Vorgehen des Sicherheitsrats liegt auf der Hand: sehr weitgehende Interpretation des Kapitels, eigentlich Notwendigkeit eines völkerrechtlichen Vertrags, um einen solchen Gerichtshof zu gründen.

Dies ist bei der Gründung des Internationalen Strafgerichtshofs in Den Haag geschehen. Er ist nicht durch einen Beschluss des Sicherheitsrats, sondern durch einen internationalen Vertrag, das Rom-Statut, ins Leben gerufen worden. Nach Hinterlegung der 60. Ratifikationsurkunde ist es am 1. Juli 2002 in Kraft getreten. Das Statut wurde inzwischen von 105 Staaten ratifiziert. Damit besteht jetzt eine umfassende internationale Strafgerichtsbarkeit. Die Zuständigkeit umfasst das Verbrechen des Völkermords, Verbrechen gegen die Menschlichkeit, Kriegsverbrechen und das Verbrechen der Aggression (Herdegen a.a.O. RdNr. 5). Die Klärung des Begriffs des Verbrechens der Aggression ist noch nicht erfolgt; insoweit wird die Zuständigkeit des Gerichtshofs noch nicht ausgeübt.

Eine gewichtige politische Hypothek besteht allerdings infolge der Staaten, die das Statut nicht ratifiziert haben (USA, Russland, Indien, Pakistan, China, Israel, Iran). Die USA haben im Hinblick auf die Unterwerfung von Angehörigen ihrer Streitkräfte unter die neue Gerichtsbarkeit mittlerweile erklärt, dass sie von einer Ratifikation endgültig Abstand nehmen (Herdegen a.a.O.). Diese Haltung löst Kritik aus, aber man muss wissen, dass sich die Mitgliedstaaten der EU, die in Afghanistan ISAF-Truppenverbände stellen, von der afghanischen Regierung haben zusichern lassen, dass ihre Soldaten nicht an den Internationalen Gerichtshof ausgeliefert werden (Herdegen a.a.O.).

UN, NATO und Grundgesetz

Von dem kollektiven Sicherheitssystem der UN sind sogenannte kollektive Verteidigungsbündnisse wie die NATO zu unterscheiden. Sie richten sich gegen bewaffnete Angriffe auf ihre Mitglieder von außen. Sie fügen sich als Regionalbündnisse im Sinne des Art. 52 der UN-Charta in das System der UN-Charta ein. Nur im Rahmen des Art. 51, das heißt bei bewaffneten Angriffen auf ihre Mitglieder, sind sie zu Maßnahmen kollektiver Verteidigung berechtigt (vgl. Art. 5 S. 1 des NATO-Vertrages). Das Gewaltverbot der UN-Charta (Art. 2 Nr. 4) gilt nach allgemeiner Meinung inzwischen gewohnheitsrechtlich und gehört darüber hinaus zum *ius cogens* (Ipsen a.a.O. II 7 RdNr. 27).

Das Grundgesetz untermauert diese völkerrechtliche Ordnung auf der Ebene des nationalstaatlichen Verfassungsrechts. Die Bundesrepublik kann sich zur Wahrung des Friedens einem System kollektiver Sicherheit einordnen (Art. 24 III). Die allgemeinen Regeln des Völkerrechts sind Bestandteil des Bundesrechts (Art. 25). Schon die Vorbereitung eines Angriffskriegs ist unter Strafe zu stellen (Art. 26). Die Bundeswehr darf gemäß Art. 87 a (2) grundsätzlich nur zur Selbstverteidigung eingesetzt werden, daneben im Rahmen kollektiver Sicherheitssysteme, zu denen das BVerfG auch kollektive Verteidigungssysteme wie die NATO zählt (BVerfG, NJW 1994, S. 2210 zu Art. 24 II GG). Demnach darf sich die Bundesrepublik an militärischen Zwangsmaßnahmen und friedenssichernden Operationen der UN ebenso beteiligen wie an von Art. 51 der UN-Charta gedeckten Maßnahmen der NATO. Diese strafrechtlich bewehrte Verfassungsbindung, die eine Sonderstellung der Bundeswehr im Rahmen der Bündnisarmeen der NATO – richtigerweise allerdings eine Sonderstellung Deutschlands unter den Bündnispartnern – mit sich bringt, kann im konkreten Einsatzfall zur Isolierung Deutschlands und zur Entsolidarisierung der NATO führen (Beispiele: NATO-Angriff auf Jugoslawien sowie Zweifel an dem NATO-Mandat im Süden Afghanistans).

An einer Autorisierung durch den Sicherheitsrat mangelte es im

Kosovo ebenso wie an einem bewaffneten Angriff im Sinne des Art. 51 der UN-Charta (vgl. Ress/Bröhmer, in: Simma (Hrsg.), UNCh, Art. 53 Rn. 31f.). Dies betrifft sowohl die Maßnahmen der NATO als auch die Beteiligung der Bundesrepublik an diesen Maßnahmen. Daher wird diese Aktion der NATO von vielen Völkerrechtlern als völkerrechtswidrig angesehen. Andere sind der Auffassung, sie sei angesichts der krassen Menschenrechtsverletzungen im Kosovo, deren Beendigung sie diente, gerechtfertigt oder zumindest ein Fall des entschuldigenden Notstands und damit legitim gewesen.

Neue Entwicklungen im Völkerrecht und *war on terrorism*

Seit der Gründung der Vereinten Nationen am 24. Oktober 1945 hat es rund zweihundert bewaffnete Konflikte gegeben. Allein zwischen 1945 und 1981 sind über 25 Millionen Menschen in Kriegen umgekommen. Rund 20 Millionen Menschen sind heute auf der Flucht vor bewaffneten Auseinandersetzungen. Kriege werden immer weniger in Form von Schlachten zwischen regulären Heeren ausgetragen ... Die neue Kriegsform ist der Partisanen-, Guerilla- oder Bandenkrieg. Im asymmetrischen Krieg, zum Beispiel in Afghanistan und im Irak, kämpft David mit einfachen, aber tödlichen und medienwirksamen Mitteln gegen den hoch technisierten Goliath (Divisionär Ulrich Zwygart, Kommandant der Höheren Kaderausbildung der Armee, Allgemeine Schweizerische Militärzeitschrift Ausgabe 1/2005, zitiert nach <www.asmz.ch/hefte/artikelphp?artikel =706>, besucht am 31. März 2008).

Infolge der neuen Unübersichtlichkeiten nach dem Wegfall des Ost-West-Konflikts mit veränderten politischen und militärischen Herausforderungen hat der Nordatlantikrat im Zuge der sogenannten neuen NATO-Strategie die Funktionen der NATO auf Krisenbewältigung, Konfliktverhütung und Terrorismusbekämpfung erweitert. Die NATO sieht sich seither ohne förmliche Grundlage im NATO-Vertrag selbst als berechtigt an, als Regionalorganisation im

Sinne des Art. 52 UN-Charta von den Vereinten Nationen autorisierte Zwangsmaßnahmen durchzuführen und jenseits der klassischen Verteidigungsfunktion tätig zu werden. Nach Ansicht des BVerfG steht die Beteiligung der Bundesrepublik an NATO-Maßnahmen im Rahmen dieser neuen Funktion im Einklang mit Art. 24 II GG (BVerfG, NJW 1994, . 2211). Allerdings kann nicht bezweifelt werden, dass die neue Qualität dieser Verabredungen den NATO-Vertrag erweitert, ohne ihn förmlich anzupassen – eine für alle Betroffenen meines Erachtens in Fragen von Leben oder Sterben höchst unbefriedigende Grauzone. Man muss nicht lange raten, um zu dem Schluss zu kommen, dass die Regierungen der Bündnisstaaten das völkerrechtlich hoch förmliche Verfahren eines multilateralen Änderungs-Staatsvertrags und insbesondere die Notwendigkeit seiner Ratifikation durch die Parlamente sämtlicher Bündnispartner scheuten, weil sie sich dem Risiko einer Ablehnung, etwa durch das niederländische, belgische oder dänische Parlament, nicht aussetzen wollten. Politisch einleuchtend, völker- und verfassungsrechtlich ein schwerer Sündenfall.

Allerdings fehlte es im Kosovo an einer solchen Autorisierung. Deshalb berief sich Präsident Bill Clinton zur Rechtfertigung des NATO-Angriffs auf Jugoslawien auf *emerging international law.*

Die Argumentation zur Rechtfertigung militärischer Intervention ohne Mandat der UN bei humanitären Katastrophen bezeichnet man deshalb als Clinton-Doktrin.

> »We can say to the people of the world, whether you live in Africa, or Central Europe, or any other place, if somebody comes after innocent civilians and tries to kill them en masse because of their race, their ethnic background or their religion, and it's within our power to stop it, we will stop it« (Bill Clinton zur Situation im Kosovo).

Im Völkerrecht, in den Vereinten Nationen und in der Politik wird deshalb über diese neue »humanitäre Intervention« sehr kontrovers diskutiert. Darunter versteht man militärische Maßnahmen eines Staates oder mehrerer Staaten zum Schutze von Bevölkerungsteilen eines anderen Staates (Ipsen a.a.O. III 6 RdNr. 26). Ein Beispiel ist die vietnamesische Intervention in Kambodscha 1975 bis 1978, die aber nicht mit einem Recht auf humanitäre Intervention begründet worden ist.

Irak 1991, Somalia 1993, Ruanda 1994, Sierra Leone 1997, Kosovo und Tschetschenien 1998/99, Dafur – zahlreiche Anlässe für humanitäre Interventionen, jedoch politisch in eklatanter Weise mehrerlei Maß. Nach dem Kosovo-Krieg der NATO ohne UN-Mandat hat sich weltweit keine einheitliche Staatenpraxis zum Recht auf humanitäre Intervention herausgebildet. Allgemein wird die Rechtmäßigkeit der humanitären Intervention verneint (Randelzhofer, in: Simma (Hrsg.), UNCh, Art. 2 (4) Rn. 53–56, Ipsen a.a.O.). Allerdings markiert der Kosovo-Krieg wegen der damaligen genozidartigen Verfolgung der albanischen Bevölkerung des Kosovo einen Wendepunkt in der völkerrechtlichen Beurteilung der humanitären Intervention. Die Bereitschaft ist gewachsen, das Gewaltverbot der Charta nicht mehr absolut zu setzen, sondern es einer Menschenrechtsabwägung zu unterziehen (Herdegen § 34 RdNr. 4). Eine einheitliche Entwicklungslinie gibt es nicht. Mehr als 130 Staaten in der sogenannten Gruppe der 77 und die Volksrepublik China haben im April 2000 in einer förmlichen Erklärung die Lockerung des Gewaltverbots mit der Rechtfertigung einer humanitären Intervention ausdrücklich zurückgewiesen:

> »We reject the so called ›right‹ of humanitarian intervention, which has no legal basis in the United Nations Charter or in the general principles of international law« (<www.g77.org/docs(Declaration_G77Summit.htm>, besucht am 9. März 2007).

Das Eingreifen im Irak versuchten die USA hingegen nicht mittels der Rechtsfigur der humanitären Intervention zu rechtfertigen, auf rechtlicher Ebene stellt sich dort jedoch ebenfalls die Frage nach der Reichweite des Gewaltverbots. Ob man angesichts der grundlegenden Meinungsverschiedenheiten zur Legitimität von humanitären Interventionen ohne UN-Mandat wirklich bereits von einem *emerging international law* im Sinne einer sich entwickelnden neuen Norm des Völkergewohnheitsrechts sprechen kann, ist eher zweifelhaft. Bisher ist der Kosovo ein Ausnahmefall geblieben.

Insgesamt geht es in all den genannten Fällen um die rechtliche Zulässigkeit der Gewaltanwendung und damit um die Frage, wie weit das Gewaltverbot heute reicht. Zugespitzt geht es um die Frage, ob das Gewaltverbot – außer in den beiden in der UN-Charta vorgesehenen Fällen – auch dann durchbrochen werden darf, wenn mit der Gewaltanwendung ein legitimer Zweck verfolgt wird (im Kosovo die Beendigung schwerer und systematischer Menschenrechtsverletzungen; im Irak der Kampf gegen den Terrorismus und die Verbreitung von Massenvernichtungswaffen sowie ein Regimewechsel).

Wenn man so will, kommt damit die *Lehre vom gerechten Krieg* in modernem Gewand zurück. Heikel und ungeklärt ist die Frage, ob das Recht auf Selbstverteidigung gemäß Art. 51 UN-Charta als Ausnahme vom allgemeinen Gewaltverbot auch präventive Selbstverteidigung einschließt. Als sicherste Prognose gilt bekanntlich immer die Prognose ex post. Die steht präventiv nicht zur Verfügung. Irrtum und Manipulation können einen Präventivschlag auslösen.

Der strenge Geltungsanspruch des allgemeinen Gewaltverbots der UN-Charta ist weiter relativiert worden durch die National Security Strategy, die die USA ein Jahr nach dem terroristischen Angriff auf das World Trade Center veröffentlicht haben.

> »For centuries, international law recognized that nations need not suffer an attack before they can lawfully take action to defend themselves against forces that present an imminent danger of attack.

> We must adapt that concept of imminent threat to the capabilities and objectives of today´s adversaries. Rogue states and terrorists do not seek to attack us using conventional means.
>
> The United States has long maintained the option of preemptive actions to counter a sufficient threat to our national security« (zitiert nach Herdegen § 34 Nr. 1 RdNr. 4).

> »The greater the threat, the greater is the risk of inaction – and the more compelling the case for taking anticipatory action to defend ourselves, even if uncertainty remains as to the time and place of the enemy's attack.
>
> To forestall or prevent such hostile acts by our adversaries, the United States will, if necessary, act preemptively in exercising our inherent right of self-defense. The United States will not resort to force in all cases to preempt emerging threats. Our preference is that nonmilitary actions succeed. And no country should ever use preemption as a pretext for aggression« (<www.whitehouse.gov/nsc/pdf>, besucht am 9. März 2008).

Natürlich will niemand im Westen Tür und Tor für Vorwände zum Krieg liefern. Wer aber als Deutscher an den fingierten Überfall auf den Sender Gleiwitz denkt, wer Hitlers Satz im Ohr hat: »Ab 5 Uhr 45 wird zurückgeschossen«, bleibt skeptisch und wachsam. Wer an unauffindbare Massenvernichtungswaffen denkt, auch.

Immerhin beschreibt der damalige Stabschef Colin Powells im Department of State von 2002 bis 2005, Colonel Lawrence Wilkerson, die Entscheidungsbildung für den Irak-Krieg im Oktober 2005 in Washington vor der New America Foundation so:

> »But the case that I saw for four-plus years was a case that I have never seen in my studies of aberrations, bastardizations, perturbations, changes to the national security decision-making

process. What I saw was a cabal between the vice president of the United States, Richard Cheney, and the secretary of Defense, Donald Rumsfeld on critical issues …

And so we got into Iraq, and so George Packer quotes Richard Haas in his book as saying, ›To this day I still don't know why we went to war in Iraq.‹ I can go through all the things we listed, from WMD to human rights to … terrorism, but I really can't sit here and tell you … why we went to war in Iraq.«

Als Beleg dafür, dass Wilkerson eine ernstzunehmende Stimme ist, zitiere ich ihn weiter (obwohl es nicht zu meinem heutigen Thema gehört):

»Now, I'm not evaluating the decision to go to war. That's a different matter. But we're there, we've done it, and we cannot leave. I would submit to you that if we leave precipitously or we leave in a way that doesn't leave something there we can trust, if we do that, we will mobilize the nation, put 5 million men and women under arms and go back and take the Middle East within a decade. That's what we'll have to do.«

Er tröstet sich und uns schließlich mit Winston Churchill, der gesagt habe,

»America will always do the right thing, after exhausting all other possibilities« (Quelle <www.newamerica.net/Files/Doc_File_2644_1.pdf>, besucht am 8. April 2008).

In der neuen Präventivdoktrin der USA sieht Herdegen (a.a.O.) »eine frontale Herausforderung für die Völkerrechtsordnung: Sie nimmt dem Gewaltverbot und dem Entscheidungsmonopol des UN-Sicherheitsrats den Primat gegenüber anderen Grundwerten des Völkerrechts. Unter dem Eindruck dieser Doktrin (und der alliierten Invasion des Irak …) sieht UN-Generalsekretär Kofi Annan das UN-System vor einer entscheidenden Herausforderung: ›We have come to a fork in the road‹« (GA/10, S. 157).

Denn: Wer entscheidet? Und: Wer ist bereit, das Risiko persönlicher Verantwortung in Den Haag auf sich zu nehmen? Schließlich: Kann die Weltgemeinschaft eine solche Entscheidung jemandem zubilligen, der nicht bereit ist, in Den Haag gegebenenfalls die Folgen auf sich zu nehmen? Von diesen Fragen ist nicht nur die Staatengemeinschaft betroffen, vielmehr stellt sie sich gleichermaßen für den einzelnen Soldaten. Er kann in eine Zwangslage geraten, in der er von der Rechtswidrigkeit einer Militäraktion überzeugt ist, aber nationalstaatlich verpflichtet wird, an ihr mitzuwirken.

Zwei NATO-Offiziere

Die beiden Offiziere, mit denen ich begonnen habe, verhielten sich nach den Maßstäben der Anklage von Nürnberg und des vierten Grundsatzes der Nürnberger Prinzipien vorbildlich. Durch mehr als zweihundert Kriege seit 1945, durch genozidartige Verfolgung, durch ungleiche Maßstäbe für humanitäre Interventionen sind neue Fragen entstanden. Jedenfalls haben die US-Armee und die Bundeswehr beide den Versuch unternommen, den Offizieren eine Lektion zu erteilen.

Die USA haben gegen Leutnant Watada ein Militärgerichtsverfahren eingeleitet. Das Militärgericht hat entschieden, der Offizier dürfe keine Verteidigung vortragen, die auf den Nürnberger Prinzipien beruhe. Die Rechtmäßigkeit eines Krieges sei »a nonjusticiable political question« (<http://en.wikipedia.org/wiki/Ehren_Watada>, besucht am 1. April 2008). Ist es kleinlich, wenn man daran erinnert: In Nürnberg trugen das die Verteidiger vor, und der Gerichtshof wies es zurück?

Major Pfaff wurde vom Truppendienstgericht degradiert und sollte aus der Bundeswehr entlassen werden. Der Wehrdisziplinaranwalt und der Soldat gingen in die Berufung. Daraufhin hat der 2. Wehrdienstsenat des Bundesverwaltungsgerichts 2005 für Recht erkannt:

> »Unter Zurückweisung der Berufung des Wehrdisziplinaranwalts wird auf die Berufung des Soldaten das Urteil der 1. Kammer des Truppendienstgerichts Nord … aufgehoben. Der Soldat wird freigesprochen.«

Das Bundesverwaltungsgericht hat unter anderem folgende Feststellungen getroffen (gekürzte Zitate), die ich Ihnen vortrage, weil ich finde, dass man sie gehört haben muss:

> »Die durch § 11 Soldatengesetz begründete zentrale Verpflichtung jedes Bundeswehrsoldaten, erteilte Befehle ›gewissenhaft‹ (nach besten Kräften vollständig und unverzüglich) auszuführen, fordert keinen bedingungslosen, sondern einen mitdenkenden und insbesondere die Folgen der Befehlsausführung bedenkenden Gehorsam …
>
> Gegen den von den USA und vom Vereinigten Königreich (UK) begonnenen Krieg gegen den Irak bestanden und bestehen gravierende rechtliche Bedenken im Hinblick auf das Gewaltverbot der UN-Charta und das sonstige geltende Völkerrecht. Für den Krieg konnten sich die Regierungen der USA und des UK weder auf sie ermächtigende Beschlüsse des UN-Sicherheitsrates noch auf das in Art. 51 UN-Charta gewährleistete Selbstverteidigungsrecht stützen.
>
> Die Regierung der Bundesrepublik Deutschland hat den Regierungen der USA und des UK die Zusagen gemacht und erfüllt … Gegen diese Unterstützungsleistungen bestanden/bestehen gravierende völkerrechtliche Bedenken … Weder der NATO-Vertrag, das NATO-Truppenstatut, …sehen eine Verpflichtung der Bundesrepublik Deutschland vor, entgegen der UN-Charta und dem geltenden Völkerrecht völkerrechtswidrige Handlungen von NATO-Partnern zu unterstützen.«

Das Bundesverwaltungsgericht (BVerwG, NJW 2006, S. 77–108). Unwillkürlich kommt einem der Satz in den Sinn: Es gibt noch Richter in Preußen.

Eine UN-Charta, eine NATO, zwei Mitgliedstaaten, zwei Welten, zweierlei Maß, zweierlei Recht? Angesichts der Parallelität von US-Militärgericht und deutschem Truppendienstgericht muss dies verneint werden. Es besteht Klärungsbedarf. Meiner Meinung nach ist eine grundsätzliche neue Bürgerdebatte über das außen- und sicherheitspolitische Selbstverständnis Deutschlands, die Vereinten Nationen, NATO, Völkerrecht und Grundgesetz erforderlich – in den Parteien und in der Öffentlichkeit. Ich bin gegen eine Grauzone zwischen Krieg und Frieden aufgrund außen- und bündnispolitischer Rücksichten in Angelegenheiten, die falsche Rücksichten nicht vertragen.

Naturwissenschaften

LOKI SCHMIDT

Pflanzen an extremen Standorten

11. Februar 2005

Es tut mir leid, dass Sie heute mit mir vorliebnehmen müssen. Sie können sich denken, dass es ein Thema über Pflanzen wird, nämlich Pflanzen an extremen Standorten. Sicher haben Sie irgendwann während der Schulzeit oder später gehört, dass alles Leben im Wasser entstanden ist.

Irgendwann konnten sich winzige Einzeller durch Teilung vermehren. Ob dieser wichtige Schritt zum Leben in heißen Quellen stattfand oder, wie Hauke Trinks vermutet, in den winzigen Kanälchen, die es im Packeis gibt, das wissen wir nicht. Aber Zellteilung ist Leben. Bei dieser einfachen Lebensform gab es auch bald Veränderungen der Zellen, also Mutationen. Jedenfalls wurden erste Spuren von Leben im Wasser in alten Gesteinen gefunden, die etwa 3000 Millionen Jahre alt sind. Fachleute meinen, dass die erste Fotosynthese möglicherweise schon vor 2500 Millionen Jahren eingesetzt hat. Das bedeutet, dass im Wasser Mehrzeller, zum Beispiel Algen, entstanden waren, die Blattgrün enthielten.

Schnell ein Einschub zur Fotosynthese: Alle *grünen* Pflanzen, Samen- und Farnpflanzen, Moose und Algen haben die Fähigkeit, mit Hilfe ihres Blattgrüns bei Sonnenlicht aus CO_2 + H_2O Glukose, das heißt Stärke, zu bilden. Dabei wird O_2 (Sauerstoff) abgegeben. Dieser Prozess findet in Organellen in den Pflanzenzellen statt. Durch die Fotosynthese, bei der O_2 abgegeben wird, veränderte sich die Erdatmosphäre.

Irgendwann vor etwa 500 Millionen Jahren machten Pflanzen den Schritt vom Wasser auf das Land. Das Leben *auf* dem Land begann und entwickelte sich. Jahrmillionen hat es dann gedauert, bis

Pflanzen durch die Evolution enstanden sind, die unserem heutigen Bild von einer Pflanze entsprechen. Dieses »Modell Pflanze«, ob Baum, ob Strauch, ob Kraut, ob Samenpflanze oder Farngewächs, war so erfolgreich, dass alle nur möglichen Areale der Erdoberfläche besiedelt wurden und es schon sehr bald zu stillen Kämpfen um Platz *und* um Licht für die Fotosynthese kam. Wer meint, dass in der Pflanzenwelt eine Idylle des friedlichen Nebeneinander herrscht, der irrt sich gewaltig. Der Kampf um Nährstoffe, um Wasser und um Licht kann täglich beobachtet werden: Konkurrenten werden beschattet. Mit feinen Saugwurzeln werden andere Pflanzen angezapft, um Wasser zu bekommen, wie es zum Beispiel die Blume des Jahres 2005, der Klappertopf, macht.

So ist es kein Wunder, dass manche Pflanzengruppen sich Standorte gewählt haben, an denen möglicherweise der Konkurrenzdruck nicht ganz so stark ist. Von einigen dieser Extremstandorte soll also heute die Rede sein. Aber vorher möchte ich Ihnen eine Karte zeigen über die Artenvielfalt der Erde: Eine Weltkarte der Biodiversität, damit Ihnen deutlich wird, wo es die größten Ansammlungen von Pflanzenarten gibt. Auf der Karte sind die dunkelroten Flächen Gebiete, auf denen mehr als 5000 Arten pro 10 000 Quadratkilometer wachsen. In Deutschland sind es etwa 2000 Arten – *etwa*, weil es selbst im dichtbesiedelten Deutschland noch Neuentdeckungen gibt, zum Beipiel vor etwa vier Jahren *Potentilla wismariensis*, ein Fingerkraut. Es wächst in unserem Garten, ich bekam ein Pflänzchen vom Botanischen Garten Rostock geschenkt.

Wenn von einem extrem unwirtlichen Standort für Pflanzen die Rede ist, denkt wohl jeder an so etwas wie die Sahara in Afrika. Für die meisten Europäer gehören Wüste und Kaktus zusammen. Aber Wüsten gibt es in vielen Gegenden der Welt. Dort wachsen sehr unterschiedliche Pflanzen, die in die wasserlosen, heißen Regionen eingewandert sind. Ich erinnere noch sehr deutlich, ich war wohl drei oder vier Jahre alt, dass meine Eltern einen Kaktus in einem Topf geschenkt bekamen. Ich fragte: »Das soll eine Pflanze sein? Sie hat ja keine Blätter und keinen Stengel.« Meine Eltern erklärten mir, dass dieses Gewächs aus der Wüste käme, wo es heiß, sonnig und trocken sei und es deshalb Wasser speichern müsse.

Kakteen gibt es ursprünglich nur in Amerika. In Afrika sind es besonders Euphorbien unter anderen Pflanzenarten, die in die Wüsten vordrangen. Der Stengel ist zum Wasserspeicher verdickt, die Blätter wurden zu Dornen. Kakteengestalten sind Ihnen allen sicher vertraut. Viele von Ihnen haben gewiss auch die großen, strahlenden Blüten in leuchtenden Farben gesehen. Euphorbien – auf deutsch: Wolfsmilchgewächse – sind im Gegensatz zu Kakteen weltweit verbreitet und können sehr unterschiedlich aussehen. Bei uns sind es kleine Ackerunkräuter, im mediterranen Bereich zum Teil stattliche Stauden, in Afrika stammsukkulente, wasserspeichernde Gewächse, die kakteenähnlich aussehen.

Es gibt sogar Euphorbien als Bäume. Der Kautschukbaum, der Manaus in Brasilien vor etwa 150 Jahren reich gemacht hat, ist ein Wolfsmilchgewächs. Eine Euphorbie kennen Sie alle: den Weihnachtsstern. Nur: Das leuchtend Rote oder Weiße sind Hochblätter. In der Mitte des roten Sterns erkennt man die kleinen, nur 0,5 Zentimeter großen Blüten. Warum die Wolfsmilchgewächse sich nur auf den Kanaren und in Afrika zu sukkulenten Pflanzen entwickelt haben, weiß ich nicht.Hier kommen Bilder von Kakteen in Venezuela/Südamerika. Dies sind einige Euphorbien auf den Kanaren und in Marokko. Dieses ist eine Stapelie aus Afrika, die dickfleischige Blätter hat. Sie heißt auch Aasblume. Ein Köcherbaum ist eine Aloe-Art, die in der Wüste lebt. Vielleicht erinnern Sie noch von Großmutters Zeiten einen Brandbaum auf der Fensterbank, eine Pflanze mit dickfleischigen, gezackten Blättern. Bei Brandverletzungen wurde ein Stück Blatt abgebrochen und auf die Haut gelegt. Diese Pflanze kommt aus Afrikas Trockengebieten. Ihren wissenschaftlichen Namen »Aloe vera« liest man jetzt häufig bei Kosmetika. So hat sich die Welt verändert.

Eine weitere Pflanzenfamilie, die sich in der Wüste in Afrika zurechtfindet, sind die Mittagsblumengewächse. In Südafrika sind es Kräuter mit hübschen lila und rosa Blüten am Wegesrand. In der

Wüste mussten sie sich besser anpassen. Eine Art heißt »Lebende Steine«. Ich habe leider kein Bild von ihr. Bei der ist ein sukkulentes Blattpaar zusammengewachsen und sieht aus wie ein Stein. Bei Feuchtigkeit kommt aus der Mitte eine etwa drei Zentimeter große Blüte. Noch seltsamer ist das zur selben Familie gehörige Fensterblatt, bei dem ein blattgrünfreier Teil aus dem Sand sieht. Und das ist eine Zeichnung des Fensterblattes mit Schmetterling.

Kakteen und Wolfsmilch auf einem Bild, so etwas ist in Botanischen Gärten natürlich möglich, um den Besuchern die Konvergenz zu zeigen. Dies ist nun meine Lieblingswüstenpflanze *Welwitschia mirabilis*. Vor fünfzehn Jahren hatte ich das Glück, noch eine Wüste kennenzulernen, die Namib in Südwestafrika. Sie gilt als älteste Wüste der Welt. Hier gibt es einen Überlebenskünstler ganz besonderer Art, die *Welwitschia mirabilis*. Sie gehört nicht wie die bisher genannten Pflanzen zu den Angiospermae, den Bedecktsamern, sondern zu den Nacktsamern, Gymnospermae, zu denen auch alle Nadelbäume gehören. Das fällt einem schwer zu glauben, wenn man dieses seltsame Gewächs mit seinen zwei ledrigen grünen Blättern sieht, die immer weiter wachsen und bis zu zwei Meter lang werden können. Welwitschien werden mehrere tausend Jahre alt. Am Ende sind die Blätter durch den Wind so zerschlissen, dass sie mehr an einen alten Lappen als an eine Pflanze erinnern.

Sieht man sich aber die weiblichen Blüten an, die zwischen den beiden Blättern stehen – die Welwitschie ist zweihäusig, es gibt also Pflanzen, die entweder männliche oder weibliche Blüten haben –, hat man den Eindruck, dass jemand Fichtenzapfen auf die Pflanze gesetzt hat, und man weiß so ungefähr, in welche Verwandtschaft diese Pflanze gehört. Für mich ist es immer wieder faszinierend, wie ganz unterschiedliche Pflanzenfamilien sich in solch ähnlicher Weise auf der ganzen Welt den Standort »Heiß und Trocken« zu eigen machten und sich beim ersten flüchtigen Blick zum Verwechseln ähnlich sehen.

Leider gibt es inzwischen Sukkulentensammler, die keine Mühe scheuen, auch von den entlegensten Standorten Pflanzen zu holen, um ihre Sammlung zu vervollständigen. Es ist erschreckend zu sehen, was die Zollbeamten auf den Flugplätzen fast täglich aus dem Gepäck einiger Reisenden sammeln. Einer der durch die Sammelwut am meisten gefährdeten Kakteen ist der schöne Goldkugelkaktus *Echinocactus grusonii*, der im Volksmund »Schwiegermutterstuhl« genannt wird. Er kann bis zu einem Meter Durchmesser erreichen. In seiner Heimat Mexiko finden sich nur noch wenige Standorte, wo er wächst. Aber er wird überleben, denn inzwischen gibt es kaum einen Botanischen Garten auf der Welt, der diese attraktive Pflanze nicht in seiner Erhaltssammlung hat.

Ein ganz anderer Extremstandort in den Tropen ist der Regenwald und der Überschwemmungswald in Amazonien. Hier ist es auch heiß, aber dunkel und feucht. Das dichte Blätterdach der hohen Bäume lässt nur noch wenig Helligkeit auf den Waldboden fallen. Um das zur Fotosynthese notwendige Licht zu bekommen, müssen die Pflanzen besondere Strategien entwickeln. Eine Möglichkeit ist das Emporschlingen der verschiedenen Lianen, eine andere das Emporklettern. Und das beherrscht erstaunlicherweise ein Kaktus besonders gut. Ihn entdeckte ich 1979 am Zusammenfluss der Solemoyes und des Rio Negro, die unterhalb der Stadt Manaus den Amazonas bilden.

Einschub: Der Rio Negro ist der Fluss, der durch die Schlucht des Casiquiare erhebliche Wassermassen vom Orinoko erhält. Ich glaube, das ist einzigartig auf der Welt, dass es eine natürliche Verbindung im Inland zwischen zwei Flusssystemen gibt. Alexander von Humboldt hat sie entdeckt. Als ich in den Überschwemmungswäldern den Kaktus entdeckte, der mit seinen breiten blattartigen Stengeln an einem Stamm emporstieg, hatte ich nur einen Wunsch: Haben! Ich löste ihn vorsichtig ab und sah, dass er an der Mittelrippe kleine Haftorgane hatte. Ich brachte ihn in den Botanischen Garten Bonn. Dort wurde er als *Selenicereus wittii* identifiziert. Keiner hatte ihn bisher gesehen.

Bald wurde deutlich, dass kein europäischer Botanischer Garten diese Pflanze besaß. Die Gärtner pflegten ihn gut, er wuchs und kletterte, und bald begann er zu blühen. Die Bonner Botaniker untersuchten die Pflanze genau, befragten mich und veröffentlichten ihre Ergebnisse, zum Beispiel dass er erst abends erblüht, weil er nur von langrüsseligen Nachtschmetterligen bestäubt werden kann, und andere Details. Von diesem Bericht hörte die Amerikanerin Margret Mee, die sehr mutig mit Eingeborenen in Kanus am Rio Negro Pflanzen sammelte, um sie zu zeichnen. Den Kaktus hatte sie zwar auch entdeckt, aber nie blühen sehen.

Professor Barthlott, Leiter des Botanischen Gartens Bonn, bekam einen Brief von ihr mit der Bitte um ein Foto mit Blüte. Nach diesem Foto vollendete sie ihre Zeichnung. Bei ihrer Beschreibung berichtete sie aber, dass sie mit der Taschenlampe den blühenden Kaktus gefunden habe. Als wir 1986 endgültig aus Bonn wegzogen, habe ich mir einen Ableger des Kaktus erbeten, der in meinem Gewächshaus auch gut gedeiht und fleißig blüht. Verzeihen Sie, dass ich so ausführlich über den Kaktus berichtete. Ich bin natürlich stolz, dass ich so etwas Seltenes zuerst nach Europa brachte.

Zurück zum Regenwald, wo es am Boden unter dem hohen, dichten Blätterdach feucht und dunkel ist. Schon lange hat es Wissenschaftler interessiert, was in der Kronenregion an Pflanzen und Tieren zu finden ist. In Südvenezuela ist ein Kran auf Schienen aufgebaut. Es wurde aber auch ein langsam fliegender Zeppelin eingesetzt. Die erfolgreichste Art zum Licht zu kommen, haben die verschiedenen Epiphyten entwickelt. Sie sind Aufsitzer und keine Schmarotzer. Sie haben die Baumwipfel als Lebensraum besiedelt. Ihre Wurzeln haben sich zu fast reinen Haftorganen umgebildet und dienen nicht mehr zur Nahrungsaufnahme. Um zur nötigen Versorgung mit Nährstoffen zu kommen, haben die Pflanzen Blattschuppen und Trichter gebildet, die mit Tau und Regenwasser abgestorbene Pflanzen- und Tierreste aufnehmen.

Viele Vertreter sehr verschiedener Pflanzenfamilien leben epiphytisch im Regenwald. Die zahlreichsten gehören zu den Familien der Bromelien und der Orchideen. Es gibt aber unter den Epiphyten auch viele Araceen und Farne. Bei manchen Orchideen übernehmen nicht nur die Blätter, sondern auch die Wurzeln die Assimilation. Sie haben also mehrere Aufgaben, nämlich Wasser und Nährstoffe aufzunehmen, Halt zu geben und auch noch zu assimilieren. Bei einigen Gattungen fehlen sogar die Blätter, und man kann in den Wurzeln das Blattgrün erkennen.

Der extreme Charakter des Epiphytenstandortes kommt noch durch andere Merkmale zum Ausdruck: Die Samenverbreitung muss sichergestellt sein, darum haben Epiphyten entweder Beeren und verbreiten sich durch Vögel oder kleine Tiere, oder flugfähige Samen, zum Beispiel Bromelien mit Flughaaren, oder staubfeine Samen wie Orchideen. Die haben vier Millionen Samen pro Pflanze, die nur aus DNA bestehen. Die Samen sind dann aber auf Bodenpilze als »Ammen« angewiesen. Die Orchidee ist die artenreichste Pflanzenfamilie der Erde und dazu die entwicklungsgeschichtlich jüngste. Orchideen gibt es fast überall auf der Erde, in Deutschland sind es etwa sechzig Arten.

Ich fand Orchideen am Flugplatz von Helsinki, aber auch auf Feuerland. Die Samen bestehen überall nur aus DNA, und überall benötigen Orchideen einen bestimmten Bodenpilz, um den winzigen Keimling zu ernähren. Schwebstoffe aus der Luft, beispielsweise abgestorbene Pflanzenreste und Pollen (Blütenstaub), die zur Nährstoffversorgung dienen, können mit der Zeit bei den Epiphyten ein kleines Humuspolster bilden. Außerdem gibt es zur Ernährung auch Abfälle von Tieren, die auf den Epiphyten leben. Bei Regengüssen fließt das Wasser schnell an den Stämmen der Trägerbäume ab. Die meisten Epiphyten haben deshalb Wasserspeicherorgane entwickelt. Es gibt aber bei Bromelien Tillandsia-Arten, die mit so wenig Wasser auskommen, dass sie an abgestorbenen Bäumen und selbst an Leitungsdrähten überleben.

Manche der Bromelien in Südamerika haben so große Trichter ausgebildet, dass sich in ihnen ganz eigenständige Lebensräume entwickelt haben. Ich hatte vor zwanzig Jahren das Glück, in der Nähe von Manaus an einer Expedition teilzunehmen, die untersuchen sollte, welche Tiere in den Bromelientrichtern in etwa dreißig Meter

Höhe – besonders in der Überschwemmungsphase des Waldes – zu finden seien.

Wir sammelten viele verschiedene Mücken- und Käferlarven, Hundertfüßler und unterschiedliche Ameisenarten, die häufig unangenehm in meine Arme bissen. Mein erstaunlichster Fang war ein Skorpion. Als ich ihn mit der Pinzette packte, liefen plötzlich zwölf Junge um das Muttertier herum. Ich konnte aber schnell mit der Hand alle Tiere in eine Glasschale fegen. Sekunden später saßen alle Jungtiere wieder fast unsichtbar auf dem Rücken der Mutter. Dieser Skorpion von hellgelber Farbe ist erst kürzlich erstmals bestimmt worden. Er gehört zu der südamerikanischen Gattung Tithyus und bekam nun den Artnamen *lokiae*.

Einige Tage später entdeckte ich in dem Humus, der sich auch hier in der Mitte einer Bromelie gebildet hatte, einen 23 Zentimeter langen Regenwurm. Ich weiß auch, dass sich in manchen der Bromelientrichter die Kaulquappen der Pfeiffrösche entwickeln. Da hat sich also in dem Extremstandort »Regenwald« in den »Bromelientrichtern« noch eine kleine Nische entwickelt, die sogar mancherorts Lebensraum für eine Pflanze geworden ist, nämlich für die fleischfressende Pflanze *Utricularia humboldti*. Fleischfressende Pflanzen oder Karnivoren faszinieren die Menschen schon seit Jahrhunderten. Auch ich staunte, als ich mit etwa acht Jahren in Storms »Flora von Deutschland« – meinem Lieblingskinderbuch – ein Bild des Rundblättrigen Sonnentaus und dazu eine Beschreibung entdeckte. In einem kleinen Moor in Neugraben fand ich bald einen Sonnentau. Mit einem kleinen Stöckchen und Kiefernnadeln versuchte ich die Drüsenhaare auf den Blättern zu reizen. Leider bewegten sie sich nicht.

Ich hätte es so machen sollen wie lange vorher Charles Darwin, der den Rundblättrigen Sonnentau mit Fleischbröckchen und Käsestückchen fütterte. 1875 veröffentlichte er seine Erfahrungen. Vorher war das Prinzip dieser interessanten Pflanzengruppe nicht bekannt. Darwin nannte sie: insektenfressende Pflanzen. Aber Insekten sind nur ein Teil der Beute dieser Pflanzen. Darum die korrektere Bezeichnung: karnivore Pflanze. Fast alle karnivoren Pflanzen der Welt wachsen auf einem besonderen Standort. Er ist hell, aber extrem nahrungsarm und dazu noch recht sauer und nass. Einige Karnivoren leben auch ganz im Wasser.

Auf mineralstoffreichen Böden sind sie kaum verbreitet. Denn hier sind sie dem Wettbewerb mit anderen Pflanzen nicht gewachsen. Auch im Wald, in Wüsten und Halbwüsten sind sie nicht zu finden. Aber die kargen Böden bieten nicht genug für eine ausreichende Entwicklung der Pflanzen. Deshalb haben es Gewächse aus verschiedenen Pflanzenfamilien im Laufe der Evolution fertiggebracht, sich ihren Stickstoff- und Phosphorbedarf – besonders für die Blüten- und Samenbildung –, den ihr Lebensraum ihnen nicht bieten kann, auf andere Weise zu beschaffen. Ihre ursprünglich zur Fotosynthese gedachten Blätter haben sich zum Teil zu Fang- und Verdauungsorganen umgebildet.

Es gibt 600 Arten von karnivoren Pflanzen auf der Erde. Es ist staunenswert, was die Natur an raffinierten Fallen zum Fang der Beute ausgebildet hat. Alles, was in die Fallen passt und verdaubar ist, wird verdaut. Insekten, von der Fliege bis zum Schmetterling, sind die häufigsten Opfer. Einige Arten können auch kleine Wirbeltiere erbeuten. In den großen Nepenthes-Arten fand man sogar Ratten.

Die Fallen sind erstaunlich unterschiedlich. Bei den Kannenpflanzen, die Sie eben sahen, ist die Kanne aus der Blattspreite entstanden, sogar mit Deckel. In Nordborneo haben wir am Rande des beinahe 5000 Meter hohen Kinabalu mehrfach die rankenden Nepenthespflanzen gesehen. In einer Kanne konnte ich nichts an Beute sehen. Ich goss etwas von der Verdauungsflüssigkeit in meine Hand. Es schmeckte fade und ein bisschen sauer.

Am bekanntesten sind wohl die Klebfallen wie bei unseren drei Sonnentauarten. Alle Wasserschlauchgewächse fangen noch raffinierter, nämlich mit Unterdruck in ihren kleinen Fangbläschen. In Deutschland haben wir verschiedene Wasserschlaucharten mit schönen gelben Blüten. Bei allen insektivoren Pflanzen wird die Beute durch Drüsensekrete verdaut und dann in den Pflanzenkörper aufgenommen. Die unverdaulichen Reste, zum Beispiel Chitinpanzer, werden vom Wind verweht.

Die unwirtlichsten Gegenden, auf die sich Pflanzen zurückgezogen haben, sind die beiden Polregionen. Ich konnte im Juli 1989 für einige Stunden eine Wanderung bei Longyearbyen, der Hauptstadt von Spitzbergen, machen. Mein überraschender Eindruck war, dass ein Gärtner liebevoll alle eis- und schneefreien Flächen bepflanzt und zu einem farbenfrohen Steingarten geformt hatte. Zwischen Polstern von rosa und rot blühenden Steinbrecharten leuchtete niedriger gelber Mohn. Blaue Blüten von Polemonium – auf Deutsch: Himmelsleiter – waren zu sehen und winzige Zwergsträucher, die wir als Bäume kennen, nämlich Birken und Weiden. *Salix polaris*, diese kleine Weide, ist auch im nördlichsten Russland und in Kanada zu finden, also rings um den Pol. Alle Pflanzen in Spitzbergen waren niedrigpolsterförmig, um bei den klimatischen Verhältnissen zu überleben. Aber die Blüten waren verhältnismäßig groß und besonders leuchtend, um Bestäuberinsekten anzulocken. Die Blütezeit ist ja nur ganz kurz.

Ganz anders sieht es ja in der Antarktis aus. Ich hatte im Dezember 1989 das Glück, mit dem Forschungsschiff »Polarstern« einige Forschungsstationen zu besuchen, die sich auf der Argentinien nahegelegenen antarktischen Halbinsel befinden. Diese Halbinsel ist in den Sommermonaten auf großen Flächen schnee- und eisfrei. Ich wusste, dass es in dieser für Pflanzen lebensfeindlichen Umgebung nur zwei Blütenpflanzen gibt, und diese waren bisher noch nicht im Hamburger Herbarium. Aber von Blütenpflanzen, auch noch so kleinen, konnte ich zunächst an Land nichts entdecken. Dafür wuchsen auf dem steinigen Untergrund und an vielen Felsen unterschiedliche Flechten in schwarzen, grauen, weißen und grünlichen Farben. Eine polnische Flechtenspezialistin, mit der ich umherstreifte, zeigte mir in der Ferne leuchtend orangefarbene Flechten, die auf den Kotplätzen der Pinguine wachsen und uns damit schon von weitem eine mögliche Brutkolonie anzeigten. Ich fragte die Biologin nach dem Alter der Flechten. Sie zeigte auf eine etwa handtellergroße, samtschwarze Flechte an einem Fels und meinte: »200Jahre wird sie dort wohl schon wachsen.«

Flechten können Sie übrigens auch hier in der Stadt an alten Bäumen und Mauern entdecken, zum Beispiel auf den Backsteinwegen in unserem Garten – Extremstandorte. Sie sind seltsame Gewächse. Schon vor vielen Jahrtausenden haben zwei Lebewesen eine Symbiose gebildet: eine Alge und ein Pilz. Sie leben in so engem Kontakt, dass sie eine gemeinsame Basis bilden, Thallus genannt. Die Alge ist für die Ernährung durch Fotosynthese zuständig, der Pilz sorgt für die vegetative Vermehrung, kann aber auch Fruchtkörper bilden. Die Flechtenpilze könnten nicht mehr selbstständig leben. Die meisten Algen können das aber noch.

Zurück zur antarktischen Halbinsel. Meine zwei Blütenpflanzen fand ich schließlich doch. Es handelte sich einmal um das Nelkengewächs *Colobanthus crassifolius*, das in Felsritzen flach aufliegende Rosetten mit etwas zerteilten Blättern bildet. Das zweite war ein winziges Gras, eine Schmiele, *Deschampsia antarctica*, die gerade ihre Blütchen entwickelte. Je zwei Exemplare nahm ich mit für das Hamburger Herbarium.

Auf der polnischen Forschungsstation habe ich aber noch eine dritte Blütenpflanze entdeckt. Diese Station hat wohl als einzige ein Gewächshaus, um die Wissenschaftler mit Salat, Gurken und Kräutern und dazu auch mit Blumen als Tischschmuck zu versorgen. Unter dem auf Stelzen stehende Gewächshaus bemerkte ich einen etwa quadratmetergroßen grünen Fleck. Es waren viele Pflänzchen des einjährigen Rispengrases *Poa annua*. Dieses Allerweltsgras, das man überall in den gemäßigten Zonen findet, hat es dank seiner Anpassungsfähigkeit inzwischen auch geschafft, in der Antarktis zu siedeln.

Weitere Extremstandorte möchte ich nur kurz erwähnen. Da gibt es die Hochgebirge. Von den Alpen kennen Sie sicher alle Enzian, Alpenrose, Edelweiß und viele mehr, die sich dem rauen Klima und der intensiven Sonneneinstrahlung angepasst haben. Ich habe mir einmal aus einer Gärtnerei eine Edelweißpflanze besorgt. Sie wuchs hier in Langenhorn recht gut an und machte im Sommer auch Blütenknospen. Als sie aufblühte, war es etwas enttäuschend. Die Blüten waren groß, aber hatten eine freundliche grüne Farbe. Hier in der Niederung – etwa elf Meter über Normal Null – braucht die Pflanze ihr dichtes weißes Haarkleid nicht, um sich gegen Wind, Kälte und ultraviolette Strahlen zu schützen.

Erstaunlich ist für uns Europäer die Pflanzenfülle im tropischen Hochgebirge. Katharina Trebitsch war mit mir in Venezuela in den Anden über 4000 Meter hoch. Dort hätte man bunte Sträuße pflücken können. Besonders interessant war für mich ein Besuch in Neukaledonien im Pazifischen Ozean. Die ganze Insel besteht aus verschiedenen Schwermetallböden. Darum ist sie auch heute noch eine französische Kolonie. Es werden nach wie vor verschiedene Schwermetalle abgebaut.

Dort ist wahrscheinlich der Ursprung der Araukarien, einer erdgeschichtlich uralten Nadelbaumfamilie. Es gibt dort dreizehn verschiedene Arten. In der übrigen Welt gibt es nur eine einzige Art, in Chile. Araukarien werden in Gärtnereien als Zimmertanne angeboten, wachsen aber nicht dreißig Meter hoch wie in ihrer Heimat. Alle Pflanzen in Neukaledonien haben sich den verschiedenen Schwermetallen im Boden seit Jahrtausenden angepasst und sehen für uns fremd aus.

Auch in Deutschland gibt es an Stellen, wo früher Zink abgebaut wurde, eine besondere Flora, die sich diesem Sonderstandort angepasst hat. Das hübscheste ist das Galmeiveilchen, das nicht violett, sondern gelb blüht.

Als letztes möchte ich noch den Extremstandort »Wattenküste« erwähnen, den wir in Europa von Belgien, über die Niederlande und Deutschland bis zur dänischen Küste haben. Alle Pflanzen, die diesen Lebensraum besiedeln, müssen salzverträglich sein. Nach ihrer Salzverträglichkeit nennt man sie Halophyten. Die ungewöhnlichste Pflanze dort ist der Queller Salicornia, der aussieht wie ein armleuchterartiger kleiner Kaktus. Er ist auch immer der Erstbesiedler von stark salzhaltigen Böden. Und so findet man ihn gelegentlich auch an Salzstellen im Binnenland, zum Beispiel in Hessen. Es gibt aber nicht nur das Salzwasserwatt. Es gibt auch immer noch winzige Reste vom Süßwasserwatt, das früher – vor der Regulierung der Flussunterläufe – an der Weser, an der Elbe und an der Eider häufig war.

An einigen Extremstandorten auf der Welt hat die Anpassung im Laufe der Evolution Pflanzen hervorgebracht, die nur an diesem Standort wachsen und nirgendwo sonst, sogenannte Endemiten. Ein Beispiel einer endemischen Pflanze ist die Welwitschie in der Namib, die Sie vorhin gesehen haben. In Deutschland haben wir nur wenige endemische Pflanzen, also Pflanzen, die nur hier zu finden sind.

Ich will zum Schluss zwei Endemiten aus Hamburg erwähnen. Es sind die Sumpfschmiele, *Deschampsia wibeliana*, und der Doldenblüter *Oenanthe conioides* – auf Deutsch: Schierlingswasserfenchel –, von dem Sie sicher alle im Zusammenhang mit dem Airbus-Streit in Finkenwerder/Neuenfelde gehört haben. Beide haben sich auf das Süßwasserwatt spezialisiert. Während einer Tideperiode leben sie fast sechs Stunden im Wasser, um danach fast sechs Stunden als Landpflanze zu wachsen. Da es kaum noch Süßwasserwatts gibt, kann man sie nur noch an der Elbe und nur noch in der Großstadt Hamburg finden.

Verzeihen Sie einer geborenen Hamburgerin diesen Anflug von Lokalpatriotismus zum Schluss und seien Sie bedankt fürs Zuhören.

REIMAR LÜST

Über die Entstehung des Universums

13. April 2007

Bevor ich mit dem vielleicht spannendsten Thema der Astrophysik heute beginne, möchte ich doch erläutern, wie es überhaupt dazu kam, dass ich hier vor Ihnen stehe oder sitze und darüber berichten kann.

Drei Jahre, von 1943 bis 1946, hatte ich in amerikanischer Kriegsgefangenschaft verbracht und in Lageruniversitäten vor allem in Texas mit dem Studium des Maschinenbaus, der Physik und der Mathematik begonnen. Im Frühjahr 1946 zurückgekehrt, begann ich dann mit dem richtigen Studium an der Universität Frankfurt. Dort hatte ich großes Glück, weil mein akademischer Lehrer, der auch Dekan war, bereit war, sich über alle Diplomprüfungsordnungen hinwegzusetzen, und es zuließ, dass ich schon nach dem vierten Semester mit der Diplomarbeit beginnen und nach dem fünften Semester mein Examen ablegen konnte.

Ich wollte weiter Atom- und Kernphysik studieren. Deswegen fuhr ich nach Göttingen, klingelte in aller Unschuld an dem dortigen Max-Planck-Institut für Physik, um Carl-Friedrich v. Weizsäcker zu sprechen. Den bat ich um ein Thema aus dem Bereich der Atom- und Kernphysik, denn durch seine Arbeiten auf diesem Gebiet war er mir bekannt geworden. Er erläuterte mir, dass er nicht mehr auf dem Gebiet der Atomphysik arbeiten würde, sondern sich jetzt mehr auf die Astrophysik konzentriere. Er würde mich zwar als Doktorand akzeptieren, aber dann mit einem Thema aus dem Bereich der Astrophysik. Später schrieb er darüber: »Nach dem Krieg in Göttingen kam der junge Diplomphysiker Reimar Lüst zu mir. Er fragte mich nach einem Doktorthema. Ihn interessierten Quantentheorie und Kernphysik. Ich aber tat ihm ohne Umwege an, was ich einst von meinem hypothetischen Doktorvater gefürchtet hatte. Ich nötigte ihn, über das Thema des Planetensystems zu arbeiten.« So bin ich zur Astrophysik gekommen. Mein wissenschaftliches Leben, ja mein ganzes Leben hat dadurch eine ganz entscheidende Wende genommen. Vorher hatte ich nie eine Astronomievorlesung gehört und mich schon gar nicht mit Sternen beschäftigt. Das war damals im Frühjahr 1949 in Göttingen. Doch nun zu dem Thema des heutigen Abends, der Entstehung des Universums.

1. Einleitung

Wer sich mit dem Universum und seiner Entstehung beschäftigt, kommt nicht darum herum, sich mit unvorstellbar großen Zahlen in Raum und Zeit zu beschäftigen, mit Größenordnungen, die sich der Vorstellungswelt unseres täglichen Lebens entziehen. Es geht dabei um Entfernungen, die die Astronomen in Einheiten messen, die das Licht mit einer Geschwindigkeit von 300 000 Kilometern in der Sekunde zurücklegt. Die Sonne, um die die Erde kreist, ist in diesen Einheiten acht Lichtminuten entfernt, diese Zeit braucht das Licht, um von der Sonne zu uns zu kommen. Würde die Sonne schlagartig erlöschen, würden wir das nicht sofort merken. Der nächste Stern Proxima Centauri ist etwas mehr als vier Lichtjahre von unserem Sonnensystem entfernt, um schon darauf hinzuweisen, mit welch großen Entfernungen wir es im Universum zu tun haben. Die entferntesten Objekte, die wir beobachten können, sind Milliarden von Lichtjahren von uns entfernt. Es sind zugleich auch die ältesten Objekte im Universum. Unser Universum ist 13 bis 14 Milliarden Jahre alt und unsere Erde etwa 4,5 Milliarden Jahre. Diese Zahlen nur zur Vorbereitung und Eingewöhnung.

Kosmologische Fragen, das heißt die Struktur und die Entstehung des Kosmos, beschäftigen die Menschen nicht erst seit heute, sondern seitdem sie den Sternenhimmel beobachtet haben.

Im Altertum wäre zuerst Pythagoras zu nennen, der die Theorie entwickelte, dass die kugelförmige Erde sich um ein Zentralfeuer dreht; das war um 580 bis 500 v. Chr. Danach Plato, nach ihm sollten sich die Planeten in kreisförmigen Bahnen um eine ruhende Erde bewegen, das war 427 bis 367 v. Chr. Eudoxos entwickelte ein mathematisches Modell der Bewegung der Himmelskörper mit 33 konzentrischen Sphären, die sich um eine ruhende Erde bewegen. Er lebte von 408 bis 355 v. Chr. Bei Aristoteles war das Modell noch komplexer mit 55 Kugelschalen und der Unveränderlichkeit des Himmels, 384 bis 322 v. Chr. Aristarchs Theorie war sehr bemerkenswert, ein heliozentrisches System, das heißt eine rotierende Erde und Planeten bewegen sich um die im Mittelpunkt stehende Sonne, etwa 280 v. Chr. Schließlich folgte Ptolemäus, etwa 140 n. Chr., mit seinem geozentrischen System einer perfektionierten Epizykeltheorie. Es war dann Kopernikus, der im Jahre 1543 das heliozentrische Weltbild propagierte. Danach trugen Galilei, Tycho, Kepler, Newton, Einstein und viele weitere zu wichtigen Fragen der Kosmologie bei.

Von den vielen Beobachtungen und Entdeckungen, die die Astronomen seit Jahrtausenden bei der Beobachtung des Sternenhimmels machten, möchte ich vier hervorheben, die uns entscheidende Aufschlüsse über die Entstehung des Universums gegeben haben.

1. Es sind die Beobachtungen von Galilei mit dem ersten von ihm gebauten optischen Fernrohr im Jahre 1609.
2. Die Beobachtungen von dem amerikanischen Astronom Edwin Hubble mit dem damals größten optischen Teleskop in den zwanziger Jahren.
3. Die zufällige Beobachtung im Jahre 1964 von den beiden Physikern Penzias und Wilson mit einem kleinen Radiospiegel.
4. Und schließlich die Beobachtung von den beiden Amerikanern John Mather und George Smoot mit Hilfe eines Satelliten im Jahre 1992.

Ermöglicht wurden diese fundamentalen Beobachtungen jeweils durch neue technische Entwicklungen.

2. Die Milchstraße und die Galaxien

Sie alle kennen das milchig weiße Band am Nachthimmel, die Milchstraße, die sich über den Nord- und Südhimmel zieht. Aber erst der italienische Gelehrte Galilei erkannte, als er im August des Jahres 1609 ein Fernrohr, das er selbst gebaut hatte, zum Himmel richtete, dass diese Streifen aus zahllosen Einzelsternen bestehen. Wo das Auge helle Flecken wahrnimmt, registriert das Fernrohr die Anhäufung von Sternen.

Die Sterne erfüllen den Weltraum nicht gleichförmig, sondern stehen in einer verhältnismäßig flachen Scheibe, die auch unsere Sonne mit ihrem Planeten beherbergt. In welche Richtung wir auch in den Weltraum hinausschauen, überall finden wir Sterne. Blicken wir senkrecht zur Ebene der Scheibe hinaus, sehen wir verhältnismäßig wenige, in Richtung der Kante nehmen wir dagegen viele Sterne wahr. Es erscheint uns eine mit Sternen erfüllte Scheibe am Himmel als breiter sternenreicher Streifen, die Milchstraße.

Mit der Weiterentwicklung und der Vergrößerung astronomischer Fernrohre entdeckten die Astronomen am Himmel nicht nur einzelne Sterne, sondern viele Wölkchen, die offensichtlich keine Sterne sein konnten. Im Jahre 1755 wies ausgerechnet ein Philosoph, nämlich Immanuel Kant in Königsberg, darauf hin, dass unser Milchstraßensystem – aus der Ferne des Weltraums betrachtet – elliptisch erscheinen würde, wenn der Beobachter schräg von der Seite darauf blicken könnte. Deshalb hielt er die elliptischen Nebelflecken für entfernte Sternsysteme ähnlich unserem Michstraßensystem. Schaut man genau hin, so zeigen einige von ihnen in ihrem Innern Spiralen. Der nächste uns benachbarte Spiralnebel ist der Andromedanebel, der in mondlosen Nächten schon mit dem bloßen Auge zu sehen ist.

Aber es blieb die Frage, ob diese elliptischen Nebelschwaden zu unserem eigenen Milchstraßensystem gehören oder ferne Sternsysteme sind. Diese Frage bewegte die Astronomen noch Anfang der zwanziger Jahre des letzten Jahrhunderts.

Im Jahre 1922 entdeckte der amerikanische Astronom Edwin Hubble mit dem damals größten Spiegelteleskop der Welt, dem 2,5 Meter Teleskop auf dem Mount Wilson in Kalifornien, im Andromedanebel einzelne Sterne, aber auch einen veränderlichen Stern, das heißt einen Stern, der seine Helligkeit periodisch ändert. Von diesem Stern wusste man die absolute Helligkeit, die man aus der Helligkeitsperiode ableiten konnte. Da man die Periode leicht messen konnte, sie liegt bei etwa fünf Tagen, konnte man relativ genau feststellen, wie hell der Stern ist. Daraus ergab sich auch, wie weit der Stern entfernt ist.

Die gemessene Entfernung war selbst für damalige Vorstellungen der Astronomen unglaublich. Sie betrug 2 Millionen Lichtjahre, das heißt, das Licht, das uns heute vom Andromedanebel erreicht, wurde vor 2 Millionen Jahren ausgesandt. Damals stapfte bei uns noch der Affenmensch von Java durch den Urwald.

Der Andromedanebel besteht wie unsere Milchstraße aus Milliarden von Sternen. Selbst mit den größten Fernrohren können wir nur die hellsten erkennen, das Licht der schwächeren erscheint im Fernrohr zu einem Nebelschleier verschmiert. Das Weltall ist von vielen solchen Sternsystemen erfüllt, den so genannten Galaxien.

Unsere Milchstraßenscheibe und der Andromedanebel gehören zu den Spiralgalaxien. Längs spiralartiger Bögen liegen besonders helle Sterne, sie sind erst kürzlich entstanden, zwischen ihnen entstehen heute noch Sterne. Das Wort kürzlich bedeutet, sie sind vor wenigen Millionen Jahren entstanden. Das ist tatsächlich kurz im Vergleich zum Alter der Sonne und der meisten Sterne, sie sind tausend Mal älter. Es gibt aber auch Galaxien ohne die Spiralen, so genannte elliptische Galaxien. Oft finden wir im Weltraum Nester von tausenden von Galaxien auf verhältnismäßig engem Raum zusammengepfercht. Das sind die Galaxienhaufen.

Die Sterne, die wir in unserem Milchstraßensystem und in anderen beobachten, sind aus Gas und Staub entstanden, die sich in den Galaxien befinden, und entstehen auch heute noch. Durch die Schwerkraft kontrahiert sich eine ursprünglich defuse Gaswolke, bis sie so dicht und damit die Temperatur im Innern so groß geworden ist, dass die Kernreaktion in Gang kommt, das heißt die Verschmelzung von Wasserstoff und Helium. Damit beginnt der Stern zu leuchten und Energie in Form von Licht und andere elektromagnetische Strahlungen abzugeben. Wenn der Kernbrennstoff im Innern verbraucht ist, geht das Leben eines Sterns zu Ende, und er kann in Form einer Supernovaexplosion sein Leben aushauchen. Je nach Masse des Sterns bleibt ein brauner oder weißer Zwerg übrig oder ein Neutronenstern und bei noch viel größerer Masse ein schwarzes Loch.

3. Die Fluchtbewegung der Galaxien

Nach der Entdeckung der Galaxien mit ihren Sternen macht Hubble Ende der zwanziger Jahre eine weitere wichtige Entdeckung. Er konnte die Geschwindigkeit jeder beobachteten Galaxie messen und stellte fest, dass sich jede Galaxie von der unsrigen fortbewegt und dies mit einer umso höheren Geschwindigkeit, je weiter sie von uns entfernt ist.

Zunächst die Frage, wie kann die Geschwindigkeit einer Galaxie überhaupt gemessen werden? Sie kennen sicher alle das Phänomen, dass der Ton einer vorbeifahrenden Tonquelle von hoch zu tief plötzlich umschlägt; dieses Phänomen wurde nach seinem Entdecker, dem Physiker Christian Doppler, Doppler-Effekt genannt.

Für eine bewegte Lichtquelle gilt das Gleiche wie für eine bewegte Schallquelle. Wenn ein Stern sich von uns wegbewegt, sehen wir dieses bei größeren Wellenlängen. Direkt messen lässt sich das in den Spektren des von den Sternen ausgesandten Lichts, das ja von den dort befindlichen Atomen stammt. Das überwiegende Element dort ist der Wasserstoff. Die Absorptionslinien des Wasserstoffs, deren Wellenlängen man hier auf der Erde genau vermessen hat, sind in den roten Wellenlängenbereich verschoben, falls der Stern sich von uns wegbewegt, und zwar umso stärker, je rascher der Stern sich wegbewegt. Die Rotverschiebung einer Galaxie ist ein direktes Maß für die Fluchtgeschwindigkeit einer Galaxie, Geschwindigkeiten bis zu 200 000 Kilometern in der Sekunde konnten so gemessen werden.

Dabei hatte Hubble festgestellt, dass die Geschwindigkeit umso höher ist, je weiter die Galaxie von uns entfernt ist. Die Astronomen bezeichnen dies als das Hubble'sche Gesetz. Aber das bedeutet nicht, dass wir mit unserer Milchstraße und der Sonne im Mittelpunkt des Universums sind, von dem aus sich alle anderen Galaxien fortbewegen. Der Astronom Rudolf Kippenhahn hat das einmal wie folgt deutlich gemacht: Stellen wir uns vor, wir würden einen Hefekuchen backen. Der Teig ist fertig, es herrscht die richtige Temperatur, und er geht jetzt auf. Im Teig befinden sich Rosinen. Versetzen wir uns in die Lage einer Rosine, die ihre Mitrosinen beobachtet. Während der Teig aufgeht, bewegen sich alle von ihr fort, die entferntesten schneller als die näheren. Doppelte Entfernung – doppelte Geschwindigkeit. Die Rosine beobachtet ein Hubble'sches Gesetz. Daraus darf sie aber nicht schließen, dass sie in der Mitte des Teiges sitzt, denn jede Rosine beobachtet, dass alle anderen von ihr wegfliegen. So geht es auch uns. Aus der Tatsache, dass sich alle Galaxien von uns wegbewegen, dürfen wir nicht schließen, dass wir die Rosine in der Mitte der Welt sind.

Aus der beobachteten Expansion des Universums hatte ein belgischer Priester, Georges Lemaître – später war er der Präsident der Päpstlichen Akademie der Wissenschaften –, und ein in die USA ausgewanderter russischer Physiker, George Gamow, geschlossen, dass unser Universum aus einem Urknall entstanden sein müsse, später der »Big Bang« genannt.

Lemaître entwarf ein anschauliches Bild vom »Uratom«: Am Anfang vor allem gab es ein Feuerwerk von unvorstellbarer Schönheit. Dann kam die Explosion, und der Himmel füllte sich mit Rauch. Wir sind zu spät gekommen und können uns den verschwundenen Glanz des Geburtstages der Schöpfung nur noch ausmalen. Spuren von diesem Glanz des Geburtstages der Schöpfung zeigten sich im Jahre 1965.

4. Die kosmische Hintergrundstrahlung

Die dritte große Entdeckung machten 1964 und 1965 zwei amerikanische Physiker, Arno Penzias und Robert Wilson. Penzias wurde in München geboren, sein Vater emigrierte mit seiner Familie nach 1933. Die beiden arbeiteten im Forschungslabor von Bell Telephone, in dem schon eine ganze Reihe von wichtigen Dingen entdeckt worden waren, etwa der Transistor oder der Laser. Die beiden entdeckten rein zufällig mit einer empfindlichen Antenne, die für die Verständigung mit dem Echo-Kommunikationssatelliten bestimmt war, eine Mikrowellenstrahlung, von deren Herkunft sie nichts wussten oder ahnten. Diese fiel in die Antenne mit gleicher Stärke aus allen Richtungen ein und konnte weder aus der Atmosphäre noch von bekannten kosmischen Radioquellen stammen. Diese Strahlung, das wurde bald klar, ist ein Überbleibsel von Lemaîtres »verschwundenem Glanz eines dichten Feuerballs«, einer Phase, als alles heiß, dicht und undurchsichtig war. Die Temperatur der Strahlung lag bei etwa 3° Kelvin, also nur wenig über dem absoluten Nullpunkt. Das ist natürlich außerordentlich kalt, nämlich minus 270° Celsius.

Die Hintergrundstrahlung lässt sich nur dann plausibel erklären, wenn man annimmt, dass sie aus einer Epoche stammt, in der unser ganzes Universum heiß, dicht und undurchsichtig war. Diese radikale Vorstellung wurde nach der Entdeckung bald allgemein akzeptiert. Für ihre Entdeckung erhielten Penzias und Wilson im Jahre 1978 den Nobelpreis.

Jetzt ist es eine allgemein anerkannte Interpretation, dass alles in unserem Universum – all das, woraus Galaxien heute bestehen – einmal ein außerordentlich dicht zusammengepresstes heißes Gas war, heißer als der Sonnenkern. Die starke Strahlung in diesem Feuerball wurde zwar im Laufe der Expansion kälter und schwächer, aber sie ist noch da und durchdringt das ganze Universum. Die Mikrowellen sind sozusagen ein Echo der »Explosion«, mit der die Expansion des Universums begann. Die Strahlung kühlte sich durch die Ausdehnung des Universums ab.

Arno Penzias sagte später, er selbst habe die Bedeutung seiner Entdeckung erst voll erkannt, als er in der *New York Times* eine allgemein verständliche Darstellung las.

5. COBE

So aufregend die Entdeckung der Hintergrundstrahlung als Relikt des Urknalls auch war, die Messungen zur Erklärung, wie das Universum entstanden ist, hielten für die Kosmologen beträchtliche Schwierigkeiten bereit. Inzwischen war diese Strahlung in verschiedenen Wellenlängen sehr genau von einer ganzen Reihe von Gruppen vermessen worden, die die ersten Beobachtungen von Penzias und Wilson bestätigten.

Die Strahlung fällt von allen Richtungen mit gleicher Intensität ein und zeigte keinerlei räumliche Schwankung. Doch es mussten 380 000 Jahre nach dem Urknall, wie theoretische Rechnungen zeigten, zu einem Zeitpunkt, bei dem die Temperatur der Materie auf 3000° Kelvin gesunken war, schon erste Verdichtungen als Vorstufe von Galaxien entstanden seien. Diese hätten sich in der Urmaterie aufgrund der Schwerkraft bilden müssen.

Die Messungen zeigten dies jedoch nicht.

Obwohl die Messungen schon sehr genau waren, ging man daher davon aus, dass die Genauigkeit nicht ausreichte und verbessert werden müsse. Die NASA, die amerikanische Weltraumbehörde, entwickelte deshalb einen speziellen Satelliten für diese Aufgabe, der Cosmic Microwave Background Explorer, abgekürzt COBE.

Von den ersten Beobachtungen berichteten die Physiker John Mather und George Smoot im Jahre 1992. Mit den auf dem Satelliten eingebauten Messinstrumenten konnten Temperaturunterschiede von weniger als ein Hunderttausendstel Kelvin gemessen werden. In der Tat stellten sie auf diese Weise Unregelmäßigkeiten in der Schwerkraft im frühen Universum fest. Obwohl die beobachteten Schwankungen nicht unerwartet waren, galt diese Entdeckung doch als außerordentlich wichtig. Die beiden Physiker bekamen im im Jahr 2006 dafür den Nobelpreis.

Inzwischen sind die Messungen von COBE von einer anderen Gruppe mit Messinstrumenten, die an Bord eines heliumgefüllten Ballons in 38 Kilometern Höhe über die Antarktis getragen wurden, bestätigt. Dieser Ballon schwebte tagelang über der Antarktis, und die Messungen – das Projekt hatte den Namen »Boomerang« – konnten die Vorstellungen von der frühen Phase der Expansion erweitern.

Die Entdeckung der kosmischen Hintergrundstrahlung hat uns Einblicke in die früheste Geschichte des Weltalls gegeben, aber sie brachte damit auch ein neues Problem: Heute ist die Materie der Welt in Galaxienhaufen, in Galaxien und in Sternen geklumpt. Diese Strukturen müssen sich aus anfänglichen Unregelmäßigkeiten gebildet haben. Eine Stelle zufällig erhöhter Dichte hätte dann durch ihre Gravitation weitere Materie an sich gezogen. Doch Berechnungen zeigten, dass die Gravitationskraft der beobachteten Materie nicht ausreicht, die anfänglichen Dichteschwankungen zu immer stärkeren Klumpen zusammenzuziehen.

Die Astrophysiker sind inzwischen davon überzeugt, dass im Kosmos eine Materie existiert, die zwar nicht leuchtet, die sich aber durch ihre Schwerkraft bemerkbar macht. Ihre Existenz haben die Astronomen aus der Bewegung der Galaxien in Galaxienhaufen und auch durch Beobachtungen in unserer eigenen Milchstraße erschlossen. In unserer eigenen Milchstraße zeigt sich diese dunkle Materie an der Bewegung der Sterne um das Milchstraßenzentrum. Würden sie allein der Fliehkraft folgen, so müssten sie aus der Galaxie herausfliegen. Doch die Schwerkraft der Milchstraße hält sie zurück. Aus der Schwerkraft kann die anziehende Masse unserer Milchstraße berechnet werden; sie übertrifft die sichtbare Materie um das Fünffache. Es gibt also etwa fünf Mal mehr Materie, als wir sehen. Das können nicht die normalen Atome sein, die aus Protonen, Neutronen und Elektronen bestehen. Die Physiker nennen sie »baryonische Materie«.

Der Hauptteil der geheimnisvollen dunklen Materie ist ganz anders als die Materie, die wir kennen. Wenn wir auch nichts von ihr wissen, einen Namen hat sie schon, die »nichtbaryonische Materie«. Die baryonische Materie macht nur einen Bruchteil der gesamten Materie des Weltalls aus. Der Physiker Herwig Schopper formulierte einmal: »Die Materie, aus der wir bestehen, ist ein Kuriosum im Weltall.« Und diese dunkle Materie ist bei der Entstehung des Universums mit entstanden. Man hofft, die dunkle Materie an dem neuen Beschleuniger bei CERN (Europäische Organisation für Kernforschung, ehemals Conseil Européen pour la Recherche Nucléaire) in Genf experimentell nachweisen zu können.

6. Die ersten Phasen des Universums

Die Geschichte unseres Universums lässt sich in drei Teile gliedern:

1. Die erste Millisekunde, ein kurzes, aber ereignisreiches Stadium, das mit der Planck-Zeit 10^{-43} Sekunden beginnt. Die zugehörige Physik ist noch sehr spekulativ, aber ein Motiv für das Studium der Kosmologie ist, dass nur das frühe Universum Hinweise darauf geben kann, welche Naturgesetze bei extremen Energien gelten.
2. Das zweite Stadium dauerte von einer Mikrosekunde bis zu etwa eine Million Jahre. Es ist eine Epoche, in der sich vorsichtige Empiriker einigermaßen wohl fühlen. Die Dichten liegen weit unter der Kerndichte, aber die Expansion ist immer noch gleichförmig. Es gibt gute, quantitative Belege – die Häufigkeiten von kosmischem Helium und Deuterium, die Hintergrundstrahlung. Und die entscheidende Physik ist im Labor wohl erprobt. Teil 2 der kosmischen Geschichte lässt sich, obwohl er in ferner Vergangenheit liegt, am leichtesten verstehen.
3. Die Erklärungen sind nur so lange gesichert, wie das Universum amorph und strukturlos ist. Wenn sich die ersten durch die Schwerkraft zusammengehaltenen Strukturen bilden – Sterne, Galaxien und Quasare – und zu leuchten anfangen, beginnt die

Zeit, mit der sich die herkömmlichen Astronomen beschäftigen. Dann manifestieren sich die uns wohl bekanntesten Grundgesetze. Teil 3 der Geschichte ist aus demselben Grunde schwierig, aus dem alle Umweltwissenschaften von der Meteorologie bis zur Ökologie schwierig sind. In ihnen manifestieren sich einfache Gesetze auf höchst komplexe Weise.

Im ersten Teil der Geschichte herrschen unvorstellbar hohe Temperaturen. Bei der Ausdehnung nach dem Urknall kühlten sich die Temperaturen nach und nach ab. Es entstanden die Elementarteilchen, dann die Protonen, Neutronen und Elektronen. Daraus entstanden dann beim weiteren Abkühlen die ersten einfachen chemischen Elemente wie Helium und Spuren von Lithium. Das Bild vom Urknall liefert recht genau die Häufigkeitsverhältnisse der leichtesten Atome im Weltall. Die schwereren Elemente sind erst später im Inneren von Sternen zusammengekocht worden.

Nach dem Urknall hat sich also das Weltall ständig ausgedehnt. In der Tat hat Hubble diese Expansion beobachtet. Vor der Entdeckung von Hubble hatte Albert Einstein 1917 seine allgemeine Relativitätstheorie aufgestellt. Einstein hatte damals versucht, seine Gleichungen der allgemeinen Relativitätstheorie auf den gesamten Kosmos anzuwenden. Er erhielt aber lediglich Weltmodelle, in denen sich das Weltall entweder ausdehnt oder in sich zusammenstürzt. Ein statisches Weltmodell lieferte ihm seine Gleichung nicht. Daraufhin überprüfte er die Theorie noch einmal und merkte, dass die Regeln, nach denen er sie hergeleitet hatte, neben der Schwerkraft auch eine abstoßende Kraft zulassen, die er vorher übersehen hatte. Der Fehler spielte im Bereich der Planeten und der Milchstraße keine Rolle, nur für das Weltall als Ganzes ist er von Bedeutung. Als Einstein seine Gleichung korrigierte, lieferte sie ihm ein statisches Modell, so wie die Astronomen es damals vermuteten. Der Kunstgriff, den Einstein mit seinen Gleichungen anwandte, war die Einführung einer neuen Naturkonstante, der sogenannten kosmologischen Konstante. Mit ihr lieferten seine Gleichungen ein Weltall, das im Gleichgewicht ist. Einstein war zufrieden.

Im Januar 1931 besuchte Einstein das Mount-Wilson-Observatorium und diskutierte mit Hubble und dessen Mitarbeitern, und er ließ sich überzeugen, dass das Weltall gar nicht statisch ist. Damit war der Grund für die kosmologische Konstante hinfällig geworden. Einstein soll daraufhin ihre Einführung für den größten Fehler seines Lebens gehalten haben.

Aber inzwischen hat sich herausgestellt, dass dies gar kein Fehler von Einstein war, denn bei der Beobachtung der Fluchtbewegung der Galaxien hat man beobachtet, dass diese Ausdehnung mit zunehmender Geschwindigkeit erfolgt, das heißt, die Ausdehnung wird ständig beschleunigt. Dies kann aber nur durch eine abstoßende Kraft hervorgerufen werden. So sind die Astronomen genötigt, neben der dunklen Materie eine abstoßende Kraft im Weltall anzuerkennen, die sie dunkle Energie genannt haben. Unser Weltall besteht zu fünf Prozent aus beobachtbarer Materie wie schweren Elementen, schwarzen Löchern, Neutrinos, Sternen sowie freiem Wasserstoff und Helium. Dem stehen 19 Prozent dunkler Materie und 76 Prozent an dunkler Energie gegenüber.

Natürlich sind noch viele wichtige Fragen offen. Am Anfang dieses neuen Jahrhunderts stehen Astrophysik, Kosmologie und Physik vor großen Herausforderungen. Woraus besteht die dunkle Materie? Was ist die dunkle Energie? Kommt die Lösung von der Vereinigung der Elementarteilchentheorie mit der allgemeinen Relativitätstheorie, an der ja viele Physiker arbeiten? Wir stehen mitten in einer neuen Revolution und wissen nicht, wie sie ausgeht.

WOLF SINGER

Vom Gehirn zum Bewußtsein

8. Dezember 2000

Vor etwa 130 Jahren sprach ein prominentes Mitglied der Preußischen Akademie der Wissenschaften folgende Sätze:

> »Dies Neue, Unbegreifliche ist das Bewußtsein. Ich werde jetzt, wie ich glaube, in sehr zwingender Weise dartun, daß nicht allein bei dem heutigen Stand unserer Kenntnis das Bewußtsein aus seinen materiellen Bedingungen nicht erklärbar ist, was wohl jeder zugibt, sondern auch, daß es der Natur der Dinge nach aus diesen Bedingungen nie erklärbar sein wird. Welche denkbare Verbindung besteht zwischen bestimmten Bewegungen bestimmter Atome in meinem Gehirn einerseits, andererseits den für mich ursprünglich nicht weiter definierbaren, nicht wegzuleugnenden Tatsachen, ich fühle Schmerz, ich fühle Lust, ich fühle warm, ich fühle kalt, ich schmecke Süßes, rieche Rosenduft, höre Orgelton, sehe Rot, und der ebenso unmittelbar schließenden Gewißheit, also bin ich. Es ist in keiner Weise einzusehen, wie aus ihrem [gemeint ist: der Atome] Zusammenwirken Bewußtsein entstehen könnte. Sollte ihre Lagerung und Bewegungsweise ihnen nicht gleichgültig sein, so mußte man sie nach Art der Monaden schon einzeln mit Bewußtsein ausgestattet denken. Weder wäre damit das Bewußtsein überhaupt erklärt noch für die Erklärung des einheitlichen Bewußtseins das Mindeste gewonnen.

So Emil Du Bois-Reymond in seinem Vortrag über die Grenzen der Naturerkenntnis, den er 1872 auf der Tagung der Naturforscher und Ärzte gehalten hat. Emil Du Bois-Reymond war Mitglied der Preußischen Akademie der Wissenschaften, die jetzt die Berlin-Brandenburgische heißt. Er äußert, wie ich glaube, begründete und nachvollziehbare Zweifel im Hinblick auf die Möglichkeit einer reduktionistischen Erklärung mentaler Phänomene, unserer subjektiven Empfindungen, unserer Möglichkeit zur freien Entscheidung und unserer Erfahrung, ein autonomes Selbst zu sein, das zwar in einem biologisch begründeten Organismus residiert, von diesem aber als ontologisch verschieden empfunden wird. Diese mentalen Phänomene, so die über Jahrhunderte unveränderte Position, verschlössen sich einer reduktionistischen Erklärung im Rahmen naturwissenschaftlicher Beschreibungssysteme. Und je überzeugender die Beweise dafür werden, daß wir unser Dasein und unser Sosein einem kontinuierlichen evolutionären Prozeß verdanken, in dessen Verlauf es keinerlei Hinweise auf ontologische Sprünge gibt, umso zwingender wird natürlich die Notwendigkeit, sich erneut mit dem Phänomen der Emergenz mentaler Qualitäten auseinanderzusetzen. Da die Phänomene, die wir gemeinhin unter Bewußtsein subsumieren, unzweifelhaft auf kognitiven Funktionen unserer Gehirne beruhen, möchte ich das Phänomen des Bewußtseins im Lichte dessen erneut kommentieren, was wir heute über die Evolution unserer Gehirne und über deren Funktionsweise zu wissen glauben.

Ein epistemologisches Caveat

Bevor ich mich dem Gehirn als Objekt naturwissenschaftlicher Nachforschungen selbst zuwende, soll ein erkenntnistheoretisches Problem in Erinnerung gerufen werden, das alle angeht, aber jemandem, der Hirnforschung betreibt, besonders oft und eindringlich begegnet. Bei der Erforschung des Gehirns betrachtet sich ein kognitives System im Spiegel seiner Selbst. Es verschmelzen also Erklärendes und das zu Erklärende. Und es stellt sich die Frage, inwieweit wir überhaupt in der Lage sind, das, was uns ausmacht, zu erkennen. Natürlich ist dies ein generelles Problem, dem sich alle stellen müssen, die Aussagen über die Natur der Dinge machen, ist doch nur erkennbar, was unser kognitiver Apparat, unser Gehirn, zu denken, zu rekonstruieren und sich vorzustellen vermag.

Betrachtet man die evolutionären Prozesse, die dieses Organ hervorgebracht haben, liegt der Schluß nahe, daß die während der Evolution wirksamen Selektionsmechanismen vermutlich nicht dazu angetan waren, kognitive Strukturen auszubilden, die für die Erfassung dessen optimiert sind, was hinter den Dingen möglicherweise sich verbirgt. Unser Gehirn ist einzig und allein an den funktionalen Kriterien gemessen worden, den Organismus, der es trägt, so lange am Leben zu erhalten, bis dieser sich reproduzieren kann, so zumindest die klassische Auffassung. Unsere kognitiven Funktionen sind deshalb an eine makroskopische Welt angepaßt und nicht an die Welt, in der die Quantenmechanik relevant ist, oder an die Welt kosmischer Dimensionen. Bedeutsam ist für uns die Welt, die im Zentimeter- bis Meterraum sich ereignet, und vornehmste Aufgabe unseres kognitiven Systems ist es, Regelhaftigkeiten dieser Welt zu begreifen. Daher rühren denn auch die Schwierigkeiten, die wir mit den Beschreibungen von Bedingungen haben, die uns von der Astro- und Quantenphysik geliefert wurden. Prozesse im Bereich von Nanometern und Lichtjahren sind zwar berechenbar, aber sie verwehren sich der Anschaulichkeit und widersprechen nicht selten unseren Primärerfahrungen. Wir betrachten diese Konstrukte, diese Weltbeschreibungen, als zutreffend, wenn sich die aus ihnen abgeleiteten Voraussagen durch Experimente, durch intersubjektiv vereinbarte Beobachtungsverfahren bestätigen lassen. Doch sind auch diese Beobachtungsstrategien von uns erdacht. Sie beruhen auf Verabredungen, deren Akzeptanz sich just aus den gleichen rationalen Beschreibungssystemen herleitet, die zur Erzeugung der zu testenden Hypothesen führte.

Grundsätzlich unbeantwortbar erscheint somit die Frage, ob es jenseits des uns Zugänglichen noch Unergründbares gibt und wo die Grenzen des Erkennbaren, wenn es sie gibt, liegen.

Evolution und Emergenz neuer Qualitäten

Ich möchte zunächst auf die Evolution unseres kognitiven Organs, des Gehirns, eingehen, dann an einigen Beispielen verdeutlichen, was wir heute über die funktionelle Organisation dieses Organs wissen, und zum Schluß noch kurz über die höchsten kognitiven Funktionen des Gehirns sprechen, die sich im Bewußt-Sein ausdrücken. Ich schicke voraus, um keine falschen Erwartungen zu wecken, daß ich der Überzeugung bin, daß diese höchsten Hervorbringungen unserer Gehirne, jene, die uns die Erfahrung vermitteln, autonome, selbstbestimmte Agenten zu sein, vermutlich kulturelle Konstrukte sind und deshalb der neurobiologischen Erklärung nicht direkt zugänglich.

Bei der Betrachtung der Evolution, und das gilt für Organismen und Organe gleichermaßen, also auch für die Evolution von Nervensystemen, fasziniert die Beständigkeit, mit der frühe Erfindungen über Jahrmillionen hinweg konserviert wurden. Nervenstrukturen, die bereits zu Beginn der Evolution von Nervennetzen, also schon von Invertebraten entwickelt wurden, finden sich nahezu unverändert in den Nervensystemen der spät hinzugekommenen Säugetiere wieder. Die charakteristischen Merkmale von Nervenzellen, die Ausbildung von Dendritenbäumen, über die sie Informationen von anderen Nervenzellen empfangen, und von Axonen, mit denen sie Kontakt zu nachgeschalteten Nervenzellen aufnehmen, diese Polarisierung in einen Empfänger- und Senderbereich ist seit Jahrmillionen unangetastet erhalten geblieben. Unverändert geblieben sind auch fast alle biochemischen Bestandteile dieser Zellen. Etwa neunzig Prozent der Gene, die in menschlichen Nervenzellen exprimiert sind, finden sich, abgesehen von kleinen, funktionell wenig relevanten Modifikationen, auch schon in Nervenzellen von Schnecken. Was an diesen Weichtieren über zelluläre Eigenschaften zu lernen ist, läßt sich in der Regel direkt auf höhere Säuger und den Menschen übertragen.

Konserviert sind erstaunlicherweise auch bis ins Detail die chemischen Überträgersubstanzen, über welche Nervenzellen miteinander kommunizieren. In den Synapsen, den Kontakten zwischen Nervenzellen, wird durch Freisetzung einer chemischen Überträgersubstanz die elektrische Aktivität der sendenden Zelle in ein chemisches Signal umgesetzt, das dann seinerseits über Rezeptoren und gekoppelte Ionenkanäle in der nachgeschalteten Zelle wiederum elektrische Potentiale erzeugt. Es gibt fast keine Überträgersubstanzen im Säugetiergehirn, die nicht auch schon in einfachen Organismen, wie Insekten und Schnecken, zu finden wären. Konserviert worden ist auch der allgemeine Bauplan von Gehirnen, vor allem der von Chordaten, also jenen Spezies, die über ein Rückenmark verfügen. Bei allen Gehirnen, ob von Fischen, Reptilien oder Säugern, läßt sich die gleiche Unterteilung in Vorderhirn, Riechhirn, Zwischenhirn, Mittelhirn, Kleinhirn und Hirnstamm vornehmen. Diese Unterteilungen ergeben sich aufgrund der Konnektivität der verschiedenen Zentren und der regionalen Expressionsmuster hirnspezifischer Gene.

Besonders auffällig sind diese Ähnlichkeiten natürlich bei den Gehirnen von Säugetieren. Die hochentwickelten Gehirne von Primaten unterscheiden sich von den Gehirnen anderer Säuger vornehmlich durch die enorme Volumenzunahme der Großhirnrinde. Es ist jedoch keineswegs so, daß wir Menschen das größte Gehirn besitzen; Größe ist notwendige, aber nicht hinreichende Voraussetzung für Komplexität und Leistung; es kommt auch und vor allem auf die Verschaltung der Nervenzellen an. Dennoch gilt, daß all die kognitiven Eigenschaften, die Säugetiere voneinander und den Menschen von diesen unterscheiden, einzig und allein auf einer Volumenzunahme der Großhirnrinde, auf einer Vermehrung von Hirnrindenarealen, beruhen. Außer diesem quantitativen Unterschied läßt sich keine wesentliche Veränderung im Aufbau der verschiedenen Gehirne ausmachen.

Bei der Großhirnrinde handelt es sich um eine etwa zwei Millimeter dünne gefaltete Schicht von dicht gepackten Nervenzellen, die gemeinhin als graue Substanz bezeichnet wird im Gegensatz zu der darunter liegenden weißen Substanz, die aus Leitungsbahnen besteht. In einem Kubikmillimeter Hirnrinde drängen sich etwa 40 000 Nervenzellen, die untereinander aufs innigste in Verbindung stehen. Eine Nervenzelle kontaktiert etwa 20 000 andere und empfängt von ebenso vielen ihre Eingangssignale. Dabei kommunizieren sowohl Nervenzellen miteinander, die in unmittelbarer Nachbarschaft angeordnet sind, als auch Zellen, die weit entfernt in verschiedenen Hirnstrukturen liegen. Über Einzelheiten dieser Verbindungsarchitekturen wird noch zu sprechen sein.

Die Evolution höherer kognitiver Leistungen scheint also ganz vorwiegend auf der Vergrößerung dieses dünnen Mantels von Hirnrindenzellen zu beruhen. Bestechend ist dabei, daß diese Struktur im Laufe der Evolution ihre interne Organisation nahezu unverändert beibehalten hat. Die Großhirnrinde der Maus ist von der des Menschen kaum zu unterscheiden. Dies hat wichtige Implikationen für die Beurteilung der Mechanismen, auf welchen die Evolution neuer Funktionen beruht. Anders als in technischen Systemen ist im Gehirn keine Trennung zwischen Hard- und Software möglich. Im Gehirn wird das Programm für Funktionsabläufe ausschließlich durch die Verschaltungsmuster der Nervenzellen festgelegt. Die Netzstruktur ist das Programm. Die Algorithmen, nach denen die Großhirnrinde arbeitet, haben sich somit im Laufe der Evolution kaum verändert. Es sind lediglich mehr Areale hinzugekommen. Dies bedeutet, erstens, daß die von der Großhirnrinde erbrachten Verarbeitungsleistungen sehr allgemeiner Natur sein müssen und, zweitens, daß die Iteration ebendieser, im Prinzip gleichen Prozesse neue, qualitativ verschiedene Funktionen hervorbringen kann.

Die Hirnrinde läßt sich aufgrund anatomischer und funktioneller Kriterien in Regionen einteilen. Im parietalen und temporalen

Bereich liegen Areale, die sich mit der Verarbeitung visueller Signale befassen, dazwischen finden sich Areale, die akustische Aktivität vermitteln, und wenn es sich um die sprachdominante Hirnhälfte handelt, liegen hier auch Areale, die sich mit der sensorischen Verarbeitung von Sprachmaterial befassen. Ferner gibt es Areale, die sich mit der Körperfühlsphäre auseinandersetzen, also mit den Signalen, die von den Rezeptoren im Körper vermittelt werden. In frontalen Rindenfeldern werden Bewegungsprogramme erstellt, und in der dominanten Hemisphäre wird hier zusätzlich die Sprachproduktion verwaltet. Schließlich sind da die stammesgeschichtlich relativ rezenten präfrontalen Areale, die für die Handlungsplanung und vermutlich auch für die Einbindung in soziale Gefüge zuständig sind. Hier findet sich auch der Kurzzeitspeicher, der es uns ermöglicht, Reaktionen auf Reize aufzuschieben und Handlungsentwürfe gegeneinander abzuwägen.

Das Bestechende an dieser funktionellen Unterteilung ist, daß die interne Struktur der verschiedenen Hirnrindenareale praktisch identisch ist, obgleich sie doch offensichtlich ganz verschiedene Funktionen wahrnehmen: Nur der Spezialist ist in der Lage, ein histologisches Präparat, das von der Sehrinde entnommen wurde, von einem zu unterscheiden, das von der Sprachregion stammt. Es gibt feine Unterschiede, aber die generelle Organisation, die Verschaltung, ist nahezu identisch. Dies legt die Schlußfolgerung nahe, daß in der Hirnrinde ein Verarbeitungsalgorithmus realisiert wird, der zur Behandlung unterschiedlichster Inhalte taugt und dessen Iteration alleine offenbar zu immer höheren kognitiven Leistungen führen kann.

Welches nun sind die Leistungen, die in der Hirnrinde erbracht werden, oder, allgemeiner gefragt, welches sind die grundlegenden Funktionsprinzipien, nach denen Gehirne organisiert sind?

Das Bindungsproblem

Bis vor kurzem, und wohl schon seit geraumer Zeit, sind Fachleute wie Laien gleichermaßen – der Intuition folgend – davon ausgegangen, daß irgendwo im Gehirn ein Konvergenzzentrum existieren müsse, wo alle Signale, die über die Sinnesorgane gesammelt werden, konvergieren, um dort einer einheitlichen Interpretation zugeführt zu werden. Es wäre dies dann auch der Ort, wo Handlungsentwürfe erarbeitet und Entscheidungen gefällt werden; und für die, welche dualistische Positionen bevorzugen, wäre dies auch der Ort, wo der mit mentalen Eigenschaften ausgestattete Homunkulus wirkt, der über alle Hirnfunktionen wacht und koordinierend tätig ist. Aber selbst wer monistischen Positionen zuneigt, ist versucht, wenn er seiner Intuition folgt, ein hierarchisches oder pyramidales Ordnungsprinzip zu postulieren – ganz so, wie es Descartes natürlich und unvermeidlich schien. Nun hat uns die moderne Neurobiologie belehrt, daß wir alle, Descartes eingeschlossen, irrten, daß die tatsächliche Organisation des Nervensystems auf dramatische Weise verschieden ist.

Es trifft zwar immer noch zu, und ich will dies am Beispiel des Sehsystems illustrieren, daß die ersten Schritte der Informationsverarbeitung dem seriellen Prinzip folgen. Licht wird im Auge durch Photorezeptoren in neuronale Aktivität umgewandelt, und diese elektrischen Signale gelangen über Fasersysteme zum Thalamus und dann zur primären Sehrinde. Ab dann aber dominiert das Prinzip der Parallelverarbeitung. Die Verarbeitungswege verzweigen sich auf zahlreiche, oft parallel angeordnete Areale, die fast alle reziprok miteinander verbunden sind. Auch imponiert die Fülle von Rückkopplungsbahnen. Es existiert kaum eine Vorwärtsverbindung, die nicht von einer quantitativ mächtigeren Rückwärtsverbindung parallelisiert wird.

Zudem haben wir inzwischen gelernt, daß in all diesen Arealen ganz unterschiedliche Aspekte der Sehwelt abgearbeitet werden. In Arealen des sogenannten dorsalen Verarbeitungsweges, der vorwiegend Regionen des Parietallappens einschließt, werden hauptsächlich Signale über die Bewegung und die Lokalisation von Objekten im Raum verarbeitet. Hier wird auch die Form von Objekten analysiert, aber nur bezüglich der Parameter, die für die Programmierung von Greifbewegungen relevant sind. Die Areale dagegen, die den ventralen Pfad ausmachen und im Temporallappen liegen, führen Analysen aus, die für die Objektidentifikation unerläßlich sind.

Vergebens sucht man jedoch nach Konvergenzzentren, die am Ende der Verarbeitungswege liegen könnten. Areale im Frontallappen, die bei isolierter Betrachtung des visuellen Systems als mögliche Konvergenzzentren in Erscheinung treten, befassen sich lediglich mit der Kontrolle der Aufmerksamkeit und sorgen dafür, daß wir unsere Augen und unseren Kopf den interessanten Objekten zuwenden, nachdem die vielen anderen Areale in einem kompetitiven Abstimmungsprozeß entschieden haben, was interessant ist. Wenn jedoch die anderen Sinnessysteme und die motorischen Zentren in das Verbindungsdiagramm mit einbezogen werden, ergibt sich eine Netzwerkarchitektur, die jeden Hinweis auf eine pyramidale Organisation mit einem Konvergenzzentrum an der Spitze vermissen läßt. Man sieht sich vielmehr einem hoch distributiv und parallel organisierten System gegenüber, das auf außerordentlich komplexe Weise reziprok vernetzt ist.

Dies wirft die kritische Frage auf, wie diese vielen gleichzeitig ablaufenden Verarbeitungsprozesse so koordiniert werden können, daß kohärente Interpretationen der Welt erstellt, sinnvolle Entscheidungen getroffen und gezielte Handlungsentwürfe programmiert werden können. Es gibt hier keinen Agenten, der interpretiert, kontrolliert und befiehlt. Koordiniertes Verhalten und kohärente Wahrnehmung müssen als emergente Qualitäten oder Leistungen eines Selbstorganisationsprozesses verstanden werden, der alle diese eng vernetzten Zentren gleichermaßen einbezieht. Zu klären, wie diese Koordination erfolgt, ist eine der großen Herausforderungen, mit denen sich die Neurobiologie im Augenblick beschäftigt. Wir bezeichnen dieses Problem als das Bindungsproblem. Ich will hier nicht ins Detail gehen, weil ich 1999 in einer Spezialausgabe der Zeitschrift *Neuron* über dieses Problem ausführlich berichtet habe.

Die Struktur von Bindungsproblemen, die in solch distributiv organisierten Systemen gelöst werden müssen, läßt sich auch an scheinbar einfachen Wahrnehmungsakten veranschaulichen. Wenn man eine beliebige Szene betrachtet und sich dabei vergegenwärtigt, daß diese auf der Netzhaut lediglich eine zweidimensionale Helligkeitsverteilung erzeugt, wird deutlich, welch immense Leistung das Sehsystem erbringen muß, um die in der Szene enthaltenen Figuren vom Hintergrund abzugrenzen und zu identifizieren.

Unsere Sehzentren müssen von den vielen Konturen und Helligkeitsunterschieden jene herausfinden, die konstitutiv für eine bestimmte Figur sind, diese perzeptuell binden und dann gemeinsam interpretieren. Es muß also wieder ein Bindungsproblem gelöst werden. Würde dieses Bindungsproblem falsch gelöst, würden also zum Beispiel die Konturen von Objekten mit Konturen des Hintergrundes verbunden, wäre es natürlich unmöglich, die Objekte zu erkennen. Die Segmentierung muß folglich dem Erkennungsprozeß vorausgehen. Erst nachdem richtig segmentiert wurde, kann erkannt werden. Dies bedeutet aber, daß der Segmentierungsprozeß sehr allgemeinen Regeln folgen muß, die auf beliebige Szenen gleichermaßen angewandt werden können.

Wir gehen heute davon aus, daß die Regeln, denen solche Segmentierungsleistungen gehorchen, zum großen Teil angeboren sind, also auf Wissen beruhen, das im Laufe der Evolution erworben und in den Genen gespeichert wurde; Wissen über zweckmäßige Gruppierungen, das sich in genetisch determinierten Verschaltungsmustern ausdrückt, die ihrerseits das Programm für die Gruppierungsoperationen darstellen. Gruppierungsregeln können natürlich auch gelernt werden, und dies dürfte vor allem für solche zutreffen, die auf komplexen Gestaltkriterien beruhen. Auch dieses durch Erfahrung erworbene Wissen muß aber letztlich über Änderungen der funktionellen Koppelung von Neuronen abgespeichert werden.

Lösungsvorschläge

Wie sollen wir uns die Realisierung solcher Bindungsoperationen im Gehirn vorstellen? Wieder ist da das klassische Konzept, das unsere Forschung über Dekaden hinweg motiviert hat und das aus methodischen und konzeptionellen Gründen am nächsten lag. Man postulierte hierarchisch aufgebaute Verarbeitungsstrukturen, in denen die Bindung von Merkmalen über die Konvergenz von anatomischen Bahnen auf spezielle Bindungsneurone erreicht werden sollte. Und einige Befunde sprachen auch für diese Annahme. In der Peripherie des Systems dominieren Nervenzellen, die selektiv auf elementare Merkmale ansprechen, senkrechte oder horizontale Konturen, einfache Texturen und Farbkontraste.

Hubel und Wiesel wurden mit dem Nobelpreis bedacht, nachdem sie vor inzwischen fast dreißig Jahren entdeckt hatten, daß Nervenzellen in der primären Sehrinde, also auf einer sehr frühen Verarbeitungsstufe, selektiv auf elementare Merkmale von Konturen ansprechen wie etwa deren Orientierung. Wenn ein Lichtbalken geringfügig von der Vorzugsorientierung des rezeptiven Feldes abweicht, verstummt die Zelle. Diese Beobachtung legte nahe, daß die Zellen als Merkmalsdetektoren arbeiten und die Orientierung einer Kante signalisieren. Folgerichtig haben sich die Neurophysiologen dann zu höheren Verarbeitungsstrukturen vorangetastet. In Arealen, die zum ventralen Pfad gehören – dem Verarbeitungsweg, dem die Objektidentifikation obliegt –, fanden sich in der Tat Nervenzellen, die auf komplexere Konstellationen von Merkmalen ansprechen; und dies nährte die Vermutung, daß es auch Zellen geben würde, die selektiv auf reale Objekte der Sehwelt reagieren.

Doch die Suche war vergebens. Es fanden sich keine Nervenzellen, die selektiv nur auf bestimmte reale Objekte ansprechen, nicht einmal auf Objekte, die den Tieren bekannt und für sie wichtig sind, wie etwa Früchte. Theoretiker hatten überdies darauf hingewiesen, daß dies auch nicht zu erwarten sei. Computerwissenschaftler hatten versucht, auf der Basis solcher konvergenter Architekturen Muster kennende Maschinen zu entwickeln, und mußten erkennen, daß Merkmalsbindung über Konvergenz alleine nicht zu realisieren ist. Wir können bekannte Objekte auch dann wiedererkennen, wenn sie im Raum gedreht sind. Dies führt jedesmal zu völlig anderen Merkmalskonstellationen. Man bräuchte also für jedes Objekt einen ganzen Satz von Bindungsneuronen, die sich auf die verschiedenen Ansichten eines bestimmten Objekts spezialisiert haben. Es bedürfte also einer viel zu großen Zahl von Nervenzellen, wollte man für jedes erkennbare und unterscheidbare Objekt Bindungsneurone einrichten. Ferner bräuchte man ein riesiges Reservoir von nicht festgelegten Neuronen, um dem Umstand Rechnung zu tragen, daß wir neue Objekte sofort repräsentieren können, sobald wir sie gesehen haben.

Es wurden deshalb alternative Hypothesen erdacht. Eine, die derzeit favorisiert wird und auch experimentellen Überprüfungen zugänglich ist, geht davon aus, daß die Repräsentation von Inhalten nicht über einzelne hochspezialisierte Nervenzellen erfolgt, sondern über ganze Ensembles von Nervenzellen, die über große Bereiche der Hirnrinde verteilt sein können und sich ad hoc aufgrund der vorhandenen Kopplungen zusammenschließen. Jede einzelne dieser Zellen würde dann nur Teilmerkmale eines bestimmten kognitiven Objektes repräsentieren. In ihrer Gesamtheit aber wären die Antworten der Zellen, die sich an einem Ensemble beteiligen, die nicht weiter reduzierbare Beschreibung eines bestimmten Inhalts. Der große Vorteil dieser Repräsentationsstrategie ist natürlich, daß die gleiche Nervenzelle zu verschiedenen Zeitpunkten benutzt werden kann, um ganz verschiedene Inhalte mit zu repräsentieren, indem sie einfach in verschiedene Ensembles eingebunden wird. Eine Zelle, die auf vertikale Konturen anspricht, kann dann für die Kodierung aller Objekte benutzt werden, die vertikale Konturen enthalten usw.

Dies löst jedoch noch nicht das Bindungsproblem, im Gegenteil, es wirft ein weiteres auf. In der Regel sind sehr viele Nervenzellen gleichzeitig aktiv, und es muß für die nachfolgenden Verarbeitungsstrukturen geklärt werden, welche Zellen jeweils zu einem bestimmten Ensemble gehören und gemeinsam einen bestimmten Inhalt kodieren. Für die Lösung dieses Bindungsproblems wurden verschiedene Mechanismen vorgeschlagen.

Wir favorisieren aufgrund experimenteller Hinweise die Hypothese, daß Neuronen in der Hirnrinde, die sich mit der Repräsentation des gleichen Objekts befassen, sich dadurch als zusammengehörig zu erkennen geben, daß sie ihre Aktivität synchronisieren. Die Signatur eines Ensembles wäre demnach die zeitliche Kohärenz der Aktivität der jeweils teilhabenden Neuronen. Die zeitliche Auflösung, mit der diese Signatur definiert wird, liegt dabei im Bereich von Millisekunden. Entsprechend hoch ist die Taktfrequenz, mit der verschiedene Ensembles aufeinander folgen können. Experimentelle Befunde legen nahe, daß die Synchronisationsprozesse auf der Basis von Oszillationen im 40-Hz-Bereich erfolgen, also in einem Zeitraster von etwa 25 Millisekunden. Eine ausführliche Darstellung des Bindungsproblems, der zu seiner Analyse durchgeführten Untersuchungen und Hinweise auf Originalpublikationen findet sich in den im Literaturverzeichnis genannten Aufsätzen von Singer and Gray (1995) und von Singer (1999a und b).

Von Repräsentationen zum Bewußtsein

Es ist dies nicht der geeignete Ort, der faszinierenden Frage nach dem neuronalen Code von Objektrepräsentationen weiter nachzugehen. Stattdessen soll das eingangs von Du Bois-Reymond angesprochene Problem, sein berühmt gewordenes *Ignorabimus*, weiter hinterfragt und im Kontext der oben vorgestellten Fakten diskutiert werden. Wie kommt es, daß wir nicht nur das in unserem Gehirn repräsentieren können, was in der Umwelt vorhanden ist, sondern uns auch dessen bewußt sein können, daß wir uns gewahr sind, Wahrnehmungen und Empfindungen zu haben, ein Phänomen, das die Angelsachsen als *phenomenal awareness* ansprechen.

Diese Fähigkeit scheint zu erfordern, daß es im Gehirn kognitive Strukturen gibt, welche die Repräsentation des Draußen noch einmal reflektieren, noch einmal auf die gleiche Weise verarbeiten wie die periphären Areale die sensorischen Signale aus der Umwelt und dem Körper. Die Funktion des »inneren Auges« könnte gedacht werden als Folge der Iteration, der wiederholten Anwendung auf sich selbst, der gleichen kognitiven Operationen, die den unreflektierten Primärrepräsentationen des Draußen zugrunde liegen.

Nun gibt es tatsächlich Hinweise, daß die in der Evolution später hinzugetretenen Hirnrindenareale ihre Eingangssignale nicht mehr direkt von den Sinnesorganen beziehen, sondern von den bereits vorhandenen stammesgeschichtlich älteren Arealen, die ihrerseits mit den Sinnesorganen verbunden sind. Die neuen Areale scheinen die Signale, die sie von den alten – von den primären – Arealen bekommen, auf die gleiche Weise zu verarbeiten wie letztere die Signale, die sie von den Sinnesorganen erhalten.So ließen sich im Prinzip durch Iteration der immer gleichen Repräsentationsprozesse Metarepräsentationen aufbauen – Repräsentationen von Repräsentationen –, die hirninterne Prozesse abbilden anstatt die Welt draußen.

Solche Metarepräsentationen aufbauen zu können bringt Vorteile. Gehirne, die dies vermögen, können Reaktionen auf Reize zurückstellen und Handlungsentscheidungen abwägen, sie können interne Modelle aufbauen und den erwarteten Erfolg von Aktionen an diesen messen. Sie können mit den Inhalten der Metarepräsentationen spielen und prüfen, was die Konsequenzen bestimmter Reaktionen wären. Die Möglichkeit, Metarepräsentationen aufzubauen, befähigt zu umsichtigem Handeln und erlaubt damit, Gefahren präventiv aus dem Weg zu gehen. Letztlich kann in dieser Fähigkeit zum kombinatorischen Spiel mit gespeicherten Inhalten, zur Erzeugung neuer prädiktiver Modelle, die Grundlage für Kreativität gesehen werden.

Wie bedeutend die Rolle dieser internen Mustererzeugung, dieser internen Modellbildung ist, läßt sich mit Hilfe nichtinvasiver bildgebender Verfahren, zum Beispel der funktionellen Kernspintomographie, demonstrieren. Mit diesen Techniken läßt sich am menschlichen Gehirn feststellen, welche Hirnrindenareale aktiv werden, wenn man sich etwas vorstellt. Ein robustes Ergebnis solcher Untersuchungen ist, daß eine Vielzahl von Arealen in gleicher Weise aktiv wird, unabhängig davon, ob zum Beispiel visuelle Muster tatsächlich gesehen oder nur vorgestellt werden. Insbesondere die höheren Areale, also jene, denen die Erstellung von Metarepräsentationen obliegt, werden auch aktiv, wenn sich die Probanden bestimmte Inhalte nur vorstellen – und diese interne Aktivierung ist modalitätsspezifisch. Bei visuellen Vorstellungen werden visuelle Areale aktiv und beim stummen Sprechen die Sprachareale. Aber es gibt auch Areale, die *nur* bei der Vorstellung aktiv werden und nicht bei der Wahrnehmung realer Inhalte. Diesen Arealen fällt die Aufgabe zu, die Aktivität in den spezifischen Arealen zu orchestrieren, in denen die zur Vorstellung erforderlichen Repräsentationen gespeichert liegen. Schließlich fallen einige Areale auf, die tatsächlich nur bei der Wahrnehmung realer Inhalte aktiviert werden. Es sind dies die phylogenetisch alten, primären, sensorischen Areale, die ihre Eingangssignale vorwiegend von den Sinnesorganen beziehen.

Unter bestimmten pathologischen Bedingungen, zum Beipiel bei Halluzinationen, werden intern generierte Aktivitätsmuster als von draußen kommend wahrgenommen. In solchen Fällen ändern sich dann die Verteilungsmuster der Hirnrindenaktivität. Anders als beim Gesunden, der sich etwas vorstellt oder stumme Sprache spricht, werden bei halluzinierenden Patienten auch die primären Sinnesareale mit aktiviert. Bei akustischen Halluzinationen betrifft dies die primäre Hörrinde in der Heschelschen Querwindung der linken, sprachdominanten Hemisphäre. Jedesmal, wenn der halluzinierte Sprecher spricht, und die Patienten können das genau angeben, läßt sich eine Zunahme der Hirnaktivität messen. Die Aktivierung des primären sensorischen Areals erfolgt vermutlich über Rückkopplungsschleifen, die von höheren Hirnrindenarealen kommen. Wenn dieses primäre Areal in der sprachkompetenten Hemisphäre mit aktiviert wird, werden die selbsterzeugten Erregungsmuster offenbar so wahrgenommen, als kämen sie von draußen. Werden diese primären Areale nicht mit aktiviert, wie es bei Gesunden der Fall ist, wenn sie stumme Sprache sprechen, bleibt die Wahrnehmung des Gesprochenen als Selbsterzeugtes erhalten.

Diese Beispiele sollten deutlich machen, wie groß bei Wahrnehmungsprozessen der Anteil selbstgenerierter Aktivität sein kann. Es bestätigt dies auf eindrucksvolle Weise, was wahrnehmungsphysiologische Untersuchungen nahelegen: daß Wahrnehmung nicht als passive Abbildung von Wirklichkeit verstanden werden darf, sondern als das Ergebnis eines außerordentlich aktiven, konstruktivistischen Prozesses gesehen werden muß, bei dem das Gehirn die Initiative hat. Das Gehirn bildet ständig Hypothesen darüber, wie die Welt sein sollte, und vergleicht die Signale von den Sinnesorganen mit diesen Hypothesen. Finden sich die Voraussagen bestätigt, erfolgt die Wahrnehmung nach sehr kurzen Verarbeitungszeiten. Treffen sie nicht zu, muß das Gehirn seine Hypothesen korrigieren, was die Reaktionszeiten verlängert. In den meisten Fällen dürfte sich der Wahrnehmungsakt jedoch auf das Bestätigen bereits formulierter Hypothesen beschränken.

Somit erscheint, zumindest im Prinzip, nachvollziehbar, wie die Funktion des inneren Auges neuronal realisiert sein kann, wie das Sich-Gewahr-Werden seiner eigenen Wahrnehmungen und Empfindungen über die Etablierung von Metarepräsentationen erreicht werden kann, ohne daß es ontologischer Diskontinuitäten in der Evolution bedarf. Offenbar genügt es zum Aufbau von Metarepräsentationen, Areale hinzuzufügen, die auf hirninterne Prozesse genauso »schauen« wie die bereits vorhandenen Areale auf die Peripherie.

Das Subjekt als kulturelles Konstrukt

Unbehandelt blieb bisher die wohl schwierigste der Fragen, die gegenwärtig im Grenzgebiet zwischen Neurobiologie und Philosophie verhandelt werden – die Frage, ob wir innerhalb neurobiologischer Beschreibungssysteme angeben können, wie unsere Selbstkonzepte entstehen, unser Ich-Bewußtsein und unsere Erfahrung, ein autonomes Agens zu sein, das frei ist zu entscheiden. Es geht um die Frage, wie es möglich ist, daß unser Ich, das wir als eine mentale Entität erleben, losgelöst von allen materiellen Bindungen, etwas beschließen kann, das dann, um ausgeführt zu werden, in neuronale Aktivität übersetzt werden muß. Behandelt werden soll also die Frage nach unserem Selbstbewußtsein, nach unserer Erfahrung, ein autonomes, freies Ich zu sein.

Nach meinem Dafürhalten läßt sich diese Frage nicht mehr allein innerhalb neurobiologischer Beschreibungssysteme behandeln, da diese sich ausschließlich an der naturwissenschaftlichen Analyse einzelner Gehirne orientieren; siehe hierzu den Aufsatz von Singer (2000). Mir scheint hingegen, daß die Ich-Erfahrung beziehungsweise die subjektiven Konnotationen von Bewußtsein kulturelle Konstrukte sind, soziale Zuschreibungen, die dem Dialog zwischen Gehirnen erwuchsen und deshalb aus der Betrachtung einzelner Gehirne nicht erklärbar sind.

Die Hypothese, die ich diskutieren möchte, ist, daß die Erfahrung, ein autonomes, subjektives Ich zu sein, auf Konstrukten beruht, die im Laufe unserer kulturellen Evolution entwickelt wurden. Selbstkonzepte hätten dann den ontologischen Status einer sozialen Realität. In die Welt kamen diese wie die sie ermöglichenden Kulturen erst, nachdem die Evolution Gehirne hervorgebracht hatte, die zwei Eigenschaften aufwiesen: Erstens, ein inneres Auge zu haben, also über die Möglichkeit zu verfügen, Protokoll zu führen über hirninterne Prozesse, diese in Metarepräsentationen zu fassen und deren Inhalt über Gestik, Mimik und Sprache anderen Gehirnen mitzuteilen; und, zweitens, die Fähigkeit, mentale Modelle von den Zuständen der je anderen Gehirne zu erstellen, eine *theory of mind* aufzubauen, wie die Angelsachsen sagen. Diese Fähigkeit ist dem Menschen vorbehalten und fehlt dem Tier. Allenfalls Schimpansen haben eine – wenn auch sehr begrenzte – Möglichkeit, sich vorzustellen, was im anderen vorgeht, wenn er bestimmten Situationen ausgesetzt ist. Wir Menschen können dies in hervorragender Weise und sind deshalb in der Lage, in Dialoge einzutreten der Art »ich weiß, daß du weißt, wie ich fühle« oder »ich weiß, daß du weißt, daß ich weiß, wie du fühlst« usw. Interaktionen dieser Art führen also zu einer interaktiven wechselseitigen Bespiegelung im je anderen. Diese Reflexion wiederum ist, wie ich glaube, die Voraussetzung dafür, daß der Individuationsprozeß einsetzen kann, daß die Erfahrung, ein Selbst zu sein, das autonom und frei agieren kann, überhaupt möglich wird.

Warum nun erscheint uns die Erfahrung mit den subjektiven Konnotationen von Bewußtsein von so ganz anderer Art als die anderen Erfahrungen mit sozialen Realitäten? Ich vermute, daß dies eine entwicklungspsychologische Begründung hat. Der Dialog, der den Individuationsprozeß erst möglich macht, vollzieht sich bereits in der frühen Kindheit und erlaubt erste Ich-Identifikationen schon nach den ersten paar Lebensjahren. Dieser frühe Dialog zwischen Bezugsperson und Kind vermittelt diesem in sehr prägnanter und asymmetrischer Weise die Erfahrung, offenbar ein autonomes, frei agierendes, verantwortliches Selbst zu sein, hört es doch ohne Unterlaß: »Tu nicht dies, sondern tu das, laß das, sonst ---«, oder: »Mach das, andernfalls ---!« Diese Hinweise sind in idealer Weise dazu angetan, dem Kind klarzumachen, daß es offensichtlich frei ist, zu entscheiden, was zu tun ist, und daß es für seine Entscheidung zur Verantwortung gezogen, belohnt oder bestraft werden kann.

Wichtig für mein Argument ist nun, daß dieser frühe Lernprozeß in einer Phase sich ereignet, in der die Kinder noch kein episodisches Gedächtnis aufbauen können. Wir erinnern uns nicht an die ersten zwei bis drei Lebensjahre, weil in dieser frühen Entwicklungsphase die Hirnstrukturen noch nicht ausgebildet sind, die zum Aufbau eines episodischen Gedächtnisses erforderlich sind. Es geht dabei um das Vermögen, Erlebtes in raumzeitliche Bezüge einzubetten und den gesamten Kontext des Lernvorgangs und nicht nur das Erlernte selbst zu erinnern. Zwar kann auch ohne episodisches Gedächtnis gelernt werden, es fehlt aber dann die kontextuelle Einbettung des Gelernten: Man weiß das Gelernte, spürt das Erfahrene, aber weiß nicht, woher das Wissen, woher die Erfahrung kommt. Was Kleinkinder wissen, wissen sie *an sich*. Fragt man sie, woher sie dies oder jenes wissen, dann werden sie sagen, dies sei halt so, selbst wenn ihnen das Abgefragte erst vor kurzem beigebracht wurde.

Diese frühkindliche Amnesie scheint mir dafür verantwortlich, daß die subjektiven Konnotationen von Bewußtsein für uns eine ganz andere Qualität haben als die Erfahrungen mit anderen sozialen Konstrukten. Vielleicht erleben wir diese Aspekte unseres Selbst deshalb auf so eigentümliche Weise als von ganz anderer Qualität, als aus Bekanntem nicht herleitbar, weil die Erfahrung, so zu sein, in einer Entwicklungsphase installiert worden ist, an die wir uns nicht erinnern können. Wir haben an den Verursachungsprozeß keine Erinnerung. Und deshalb erscheinen uns die subjektiven Aspekte von Bewußtsein als immer schon dagewesen, als von aller Gebundenheit losgelöst, als alles Materielle transzendierende Entitäten, die jeder Verursachung entzogen sind und jedem reduktionistischen Erklärungsansatz trotzen.

Aus neurobiologischer Sicht liegt somit der Schluß nahe, daß auch die höheren Konnotationen von Bewußtsein, die wir mit unseren Konzepten von Freiheit, Identität und Verantwortlichkeit verbinden, Produkt eines evolutionären Prozesses sind, der zunächst Gehirne hervorgebracht hat, die in der Lage waren, eine Theorie des Geistes zu erstellen und mentale Modelle der Befindlichkeit des je anderen zu entwerfen. Dies und die Herausbildung differenzierter Sprachen ermöglichte die Entwicklung von Kommunikationsprozessen, die schließlich zur Evolution menschlicher Kulturen führte und zur Emergenz der nur den Menschen eigenen subjektiven Aspekte von Bewußtsein. Wenn dem so ist, wenn also die subjektiven Konnotationen von Bewußtsein Zuschreibungen sind, die auf Dialogen zwischen sich wechselseitig spiegelnden Menschen gründen, dann ist zu erwarten, daß die Selbsterfahrung von Menschen kulturspezifische Unterschiede aufweist. Auch kann nicht ausgeschlossen werden, daß bestimmte Inhalte dieser Selbsterfahrung, beispielsweise die Überzeugung, frei entscheiden zu können, illusionäre Komponenten haben. Im Bezugssystem neurobiologischer Beschreibungen gibt es keinen Raum für objektive Freiheit, weil die je nächste Handlung, der je nächste Zustand des Gehirns immer determiniert wäre durch das je unmittelbar Vorausgegangene. Variationen wären allenfalls denkbar als Folge zufälliger Fluktuationen. Innerhalb neurobiologischer Beschreibungssysteme wäre das, was wir als freie Entscheidung erfahren, nichts anderes als eine nachträgliche Begründung von Zustandsänderungen, die ohnehin erfolgt wären, deren tatsächliche Verursachungen für uns aber in der Regel nicht in ihrer Gesamtheit faßbar sind. Nur ein Bruchteil der im Gehirn ständig ablaufenden Prozesse ist für das innere Auge sichtbar und gelangt ins Bewußtsein. Unsere Handlungsbegründungen können folglich nur unvollständig sein und müssen a posteriori Erklärungen mit einschließen.

Hier also haben wir ein weiteres Beispiel dafür – die moderne Physik hält weitere bereit –, daß naturwissenschaftliche Erklärungsmodelle mit subjektiven Erfahrungen und auf Intuition beruhenden Überzeugungen in krassem Widerspruch stehen können. Die Rezeptionsgeschichte der heliozentrischen Kosmologielehre und der Darwinschen Evolutionstheorie legen nahe, daß sich schließlich die naturwissenschaftlichen Beschreibungen gegen Überzeugungen durchsetzen, die auf unmittelbarer Wirklichkeitserfahrung beruhen, und daß wir uns schließlich an die neuen Sichtweisen gewöhnen. Ob dies auch der Fall sein wird für Erkenntnisse, die unser Selbstverständnis noch nachhaltiger verändern als die vorangegangenen wissenschaftlichen Revolutionen, muß die Zukunft beantworten. Unaufschiebbar werden jedoch schon jetzt Überlegungen über die Beurteilung von Fehlverhalten, über unsere Zuschreibungen von Schuld und unsere Begründungen von Strafe.

Literaturhinweise

Singer, W., and Gray, C. M.: Visual feature integration and the temporal correlation hypothesis. Annu. Rev. Neurosci. 18: 555–586 (1995).

Singer, W.: Neuronal synchrony: A versatile code for the definition of relations? Neuron 24: 49–65 (1999 a).

Singer, W.: Das Bild im Kopf – Ein Paradigmenwechsel. In: Gene, Neurone, Qubits & Co. (Hrsg.) Ganten D. Stuttgart, Heidelberg 1999b: 267–278.

Singer, W.: Phenomenal awareness and consciousness from a neurobiological perpective. In: Neural Correlates of Consciousness – Empirical and Conceptual Questions. (Ed.) Metainger T. Cambridge, Mass. 2000.

HUBERT MARKL

Forschung und Innovation in Deutschland

13. Oktober 2000

Es gehört heute schon zum Allgemeinwissen, dass Wissen – weit vor Bodenschätzen oder Finanzkapital – der wichtigste Produktionsfaktor der modernen technischen Zivilisationen geworden ist, die deshalb häufig auch ganz richtig als *wissenschaftlich-technische* Zivilisation gekennzeichnet wird. Diese fortgeschrittenste Form menschlichen Kulturschaffens – wenn Kultur das heißt, was Menschengeist aus den natürlichen Grundlagen unseres Daseins zu schaffen vermag –, die sich trotz aller historisch bedingter Unterschiede zwischen Nationen und Kulturkreisen immer schneller welt- und menschheitsweit ausbreitet, zeichnet sich im Guten wie im Schlechten durch nichts mehr aus als durch ihren machtvollen Drang zu innovativem Wandel aller Lebensverhältnisse. Grundlage solchen – ökonomischen – Innovationswandels ist nichts anderes als das unaufhaltsame Voranschreiten menschlichen Wissens und Könnens durch wissenschaftliche Forschung und technische Entwicklung. Deren Erfolg beruht wiederum vor allem auf vier Grundvoraussetzungen:

1. Einer umfangreichen vorhandenen Wissensbasis und der Kenntnis vieler bereits ein- und ausgeübter technischer Fertigkeiten, die jeder nachwachsenden Generation einer Gesellschaft durch ein hochentwickeltes Bildungs- und Ausbildungssystem vermittelt werden.
2. Einer freiheitlichen, aber normativ gestalteten gesellschaftlichen Ordnung, die kreativen Wettbewerb begünstigt und die Wettbewerber – nicht nur um wirtschaftlichen, sondern um jegliche Art

von Erfolg, wie immer er qualitativ oder quantitativ bestimmt werden mag – nach Maßgabe ihrer Leistungsfähigkeit belohnt. Sozialneid, konfiskatorische Besteuerung zur Umverteilung von den Leistungswilligen auf die Leistungsunwilligen und ideologische Ablehnung marktgerechter Einkommensdifferenzen wären daher das genaue Gegenteil einer leistungsförderlichen gesellschaftlichen Ordnung.

3. Einer hohen Wertschätzung der schöpferischen Fähigkeiten, die solche Leistungen des Einzelnen oder in gemeinschaftlicher Anstrengung ermöglichen, die jene, die über Finanzkapital verfügen – vorwiegend Staat und Wirtschaftsunternehmen –, dazu veranlasst, in erheblichem Umfang in Forschung und Entwicklung zu investieren, sicherlich vor allem deshalb, weil sie davon überdurchschnittliche Renditen erwarten – nicht etwa aus schierer Forschungsbegeisterung!
4. Vor allem aber: Einer ausreichenden Verfügbarkeit an »humanen Ressourcen« oder, weniger gespreizt ausgedrückt, an strebsamen, begabten und leistungswilligen Menschen, vor allem der jungen Generation, die von den ersten drei Bedingungen wissenschaftlich-technischen Fortschritts aus wohlverstandenem eigenen wie aus gemeinschaftlichem Interesse wirksam Gebrauch machen. Was wiederum nichts anderes bedeutet, als dass die Gesellschaft bereit sein muss, in die Heranbildung eben eines solchen Nachwuchses überdurchschnittlich zu investieren. Um hierzu gleich für Realismus zu sorgen: Deutschland steht derzeit mit seinen Bildungsausgaben unter den OECD-Ländern auf einem der hinteren Plätze!

Es versteht sich dabei von selbst, dass die vierte Voraussetzung die allerwichtigste ist, denn erst sie kann die ersten drei überhaupt produktiv nutzbar machen. Deshalb wird der Wettbewerb in der mehr und mehr von Wissen abhängigen und auf daraus abgeleitetem Können begründeten globalen Zivilisation der Zukunft in wachsendem Maße nicht so sehr ein Wettbewerb um Kapital sein, das in Forschung und Entwicklung investiert werden soll, sondern ein Wettbewerb um hervorragend qualifizierte, leistungs- und begeisterungswillige Frauen und Männer, die aus solchen Investitionen überhaupt erst Innovationen zu machen vermögen. Meine These wird sein: Der globale Innovationswettbewerb wird künftig in demographisch schrumpfenden und vergreisenden, aber wissenschaftlich-technisch führenden Nationen durch nichts mehr bestimmt werden als durch diesen Wettbewerb um die besten Köpfe aus aller Welt, man könnte auch sagen: als durch ihren Erfolg beim Wettbewerb um Leistungseliten.

Im Folgenden soll auf alle vier Bedingungen gesellschaftlicher Innovationsfähigkeit durch Wissenschaft und Forschung näher eingegangen werden. Bevor dies geschieht, lohnt es sich jedoch, noch etwas genauer über den Begriff »Wissen« nachzudenken, der uns im Aufbruch in die vermeintlich so neue »Wissensgesellschaft« so leicht über die Lippen geht und deshalb auch in kaum einer aufmunternden Politikerrede oder Diskussionsrunde fehlen darf. Dabei kommt es nämlich allzu oft zu irreleitenden Fehleinschätzungen dessen, worum es bei dem Wissen geht, das Innovationen – also wirtschaftlich oder sonstwie gesellschaftlich nutzbare Kreationen menschlichen Denkens und Könnens – ermöglicht. Vier davon seien kurz erläutert.

Erstens ist es ein Fehler zu meinen, Wissen sei als Produktivkraft erst mit der neuzeitlichen Entwicklung der modernen Wissenschaften, insbesondere der Naturwissenschaften im europäischen Sinn dieses Begriffes, seit Ende des 17. Jahrhunderts bedeutsam geworden. Tatsächlich hat sich damit erst, aber keineswegs zum ersten Mal in der Menschheitsgeschichte – man denke nur an die Blüte der Wissenschaften in der griechischen Antike (mit Wurzeln von Ägypten bis Indien), in der islamischen Welt des Hochmittelalters oder, über Jahrtausende hinweg, wenn auch keineswegs kontinuierlich anwachsend, im Chinesischen Reich – eine bestimmte Organisations- und Produktionsform von Wissen durchgesetzt, die vor allem verbunden mit der Hochschulausbildung intellektueller Eliten in der Tat Wissen besonders effizient zu lehren und mehren erlaubt – bis hin zur nahezu industrieförmigen Forschungsproduktion in den aktivsten, bestausgestatteten und bestgeführten Forschungsbetriebsstätten der wissenschaftlich führenden Nationen des 20. Jahrhunderts und unserer Tage. Es ist diese arbeitsteilig effizienzsteigernde Organisation durch Spezialisierung auf Fachdisziplinen, verbunden mit der Befreiung von ideologischen, insbesondere religiösen Wahrheitsvorschriften, die durch das kritische Denken der philosophischen Aufklärung erreicht wurde – also der Ermutigung, sich des eigenen Verstandes zu bedienen –, die die europäische Wissenschaftskultur einmalig auszeichnet.

Die Rolle von Wissen für die Entfaltung menschlicher Kultur ist allerdings in Wirklichkeit viel älter, so alt, dass der große Karl von Linné der biologischen Spezies Mensch den Ehrennamen *Homo sapiens* zuerkannte, um damit auszudrücken, dass sich der Mensch vor allem durch seine Wissensfähigkeit und die Fähigkeit, sein Wissen durch sprachlichen Ausdruck in der Tradition von Generation zu Generation weiterzugeben, von seinen Tierprimatenverwandten unterscheidet. In der Tat ist es kaum möglich, die Bedeutung des über zig Jahrtausende von unseren Vorfahren über Natur und Umwelt durch Erfahrung angesammelten Wissens zu überschätzen, ohne das weder die altsteinzeitlichen Sammler und Jäger die Schrecknisse der Eiszeiten hätten überleben noch neusteinzeitliche Viehzüchter und Ackerbauern seit mehr als zehntausend Jahren die Grundlagen jener Bevölkerungsvermehrung der Menschheit hätten legen können, die weltweit – so ist zu hoffen – in diesem Jahrhundert zu einem Abschluss kommen wird.

Wissen als Grundlage von Kultur, Wissen als Voraussetzung von wirtschaftlichem Lebenserfolg: Das ist also nichts Neues, sondern etwas geradezu Uralthumanes, weshalb das Erlernen dieses Wissens auch seit ungezählten Generationen Aufgabe für alle heranwachsenden Menschenkinder war. Und so wie organisierte Wissensproduktion durch Forschung Wissen nicht erstmals erfunden, sondern dessen Erweiterung und Vertiefung nur effizienter gemacht hat, hat organisierte Schulbildung für alle Kinder Lernen zur Lebensertüchtigung nicht erst erfunden, sondern aufbauend auf den Erfahrungen von ungezählten Generationen informellen Lernens lediglich wirkungsvoller formalisiert. Dies einzusehen ist deshalb notwendig, weil der Weg in die immer stärker wissensbasierte Zukunftsgesellschaft damit nicht etwa als eine – vielleicht sogar besser zu vermeidende – hypertrophe Sonderentwicklung der neuesten Zeit, sozusagen einer »wildgewordenen« wissenschaftlich-technischen Zivilisation, sondern vielmehr als die folgerichtige Fortentwicklung der gesamten zehntausende von Jahren langen Kulturrevolution erkennbar wird. Der Mensch ist von Natur aus ein Wissenstier, unsere genetische Konstitution bestimmt uns zu nichts mehr als zur Lernfähigkeit, zur Neugier, zur Explorations- und Innovationsbereitschaft. Wir sind angeborenermaßen bestimmt zur Freiheit, unser Leben durch Erfahrung selbst zu gestalten.

Zweitens wird bei der Rede über das Wissen der Wissensgesellschaft Wissen nur zu oft mit Information verwechselt, weshalb ja viele, auch ohne klar zu unterscheiden, von der Informationsgesellschaft sprechen. Hier ist jedoch eine sehr klare Unterscheidung angebracht. Information ist alles, was sich als Signal oder Signalkette kodiert (verschlüsselt) von einem Sender zu einem Empfänger übertragen und bei Letzterem von informationsleerem Rauschen unterscheiden lässt. Über den Bedeutungsgehalt solcher Informationen ist damit aber gar nichts ausgesagt. Unsinn, Lüge oder Irrtum können genauso viel Informationsinhalt haben wie Sinn und Wahrheit. Wissen unterscheidet sich nämlich grundlegend dadurch von bloßer Information, dass es sich dabei um nach qualitativen Maßstäben, also nach ihrem *Wert* geprüfte und beurteilte Informationen, handelt. Es ist in unserem Zusammenhang mit den Bedingungen für Innovationen deshalb so wichtig, weil nur solch qualitativ ausgelesene und somit wirklich werthaltige Nachrichten durch ihren tatsächlichen und zuverlässigen Wissensgehalt in der Wirklichkeit von Natur, Gesellschaft oder Wirtschaft nutzbringend gemacht werden können. Denn es gibt zwar den wohlinformierten Trottel, aber keinen Weisen, dem es am Urteil über wirkliches Wissen fehlt. Dies wird uns an nichts so deutlich wie an Texten von Zeichen – seien es Buchstaben oder Wortfolgen oder Nucleotidserien in einem Sequenzabschnitt aus einem Genom: An Information können solche Abfolgen von Zeichen völlig gleich sein, ihr inhaltlicher Bedeutungsgehalt, also das »Wissen«, das in ihnen steckt, jedoch himmelweit verschieden.

Der dritte Fehler, den leider kaum ein festredender Verkünder der Wissensgesellschaft zu vermeiden vermag, ist die Behauptung, die »Halbwertzeit des Wissens« werde immer kürzer, und *dies* sei die Ursache für die Notwendigkeit dauernder und sogar dauernd beschleunigter Innovationsprozesse in der Wissensgesellschaft. So trifft dies aber keineswegs zu. Gerade die eben herausgestellte Betonung der Zuverlässigkeit, ja im besten Fall der Wahrheit oder doch wenigstens Wahrheitsnähe von wirklichem Wissen sollte einem deutlich machen, dass zutreffende Erkenntnisse – zum Beispiel über Naturgesetze oder Stoffeigenschaften – sich nicht abnützen wie Kleidung, die viel getragen wird.

Wahres Wissen bleibt wahres Wissen und wird allenfalls durch weitere Erkenntnisse über seinen Geltungsbereich ergänzt. Man muss dies deutlich von der in der Tat oftmals immer kürzer werdenden Zeitspanne der *Nutzbarkeit* bestimmter Erfindungen im wirtschaftlichen Wettbewerb unterscheiden, da nämlich der unablässige Wettbewerbsdruck die Konkurrenten nicht ruhen lässt, durch Erfindung verbesserter Produkte oder kostengünstigerer Herstellungsverfahren – selbst wieder vorübergehende – Wettbewerbsvorteile zu erlangen. Was deshalb allenfalls zutrifft, ist die ständig kürzer werdende Verdoppelungszeit für neue Kenntnisse und Fertigkeiten, die jedoch nicht dadurch zustande kommt, dass Wissen schneller veraltet, sondern eher dadurch, dass es schneller anwächst, weil weltweit immer mehr tüchtige und erfinderische Menschen sich mit immer mehr Mitteln am gemeinsamen Wettbewerb um mehr Wissen und

Können beteiligen und weil es ihnen heute immer schneller online und Realtime über Internet und World Wide Web an jeder Stelle der Erde gleichzeitig zur Nutzung zur Verfügung steht.

Der vierte und letzte Irrtum über die Rolle des Wissens für die dynamische Wissensgesellschaft sollte gerade durch den letzten Satz erkennbar werden. Es geht beim Voranschreiten von Innovationen in der Wissensgesellschaft nämlich keineswegs nur um immer mehr Wissen, wie es sich in Büchern oder anderen Informationsspeichermedien festhalten lässt, also auch keineswegs nur um sprachlich formulierbare kognitive Leistungen. Die wissenschaftlich-technische Zivilisation ist vielmehr durch die in dem Doppelbegriff angedeutete Verbindung von Wissen und Können – und notabene genauso von dem Willen, von beidem nutzbringend und verantwortungsbewusst Gebrauch zu machen, was mehr emotionale als kognitive Intelligenz erfordert – gekennzeichnet und auf beides für ihre innovative Fortentwicklung angewiesen. Zwar kann man, wie manche es tun, Können – also technische Befähigungen und Fertigkeiten – als eine im Handeln zum Ausdruck gekommene Form des Wissens verstehen, doch besteht dabei die Gefahr, dass man die kognitiven Fähigkeiten von Menschen überschätzt und ihre praktischen Fähigkeiten unterschätzt, was geradewegs bis zu den Gehaltsskalen der unterschiedlich Begabten und Erfahrenen durchschlägt.

Es könnte gerade für die Wissensgesellschaft der Zukunft von großer Bedeutung sein, die manchmal durchaus dünkelhafte Überbewertung *theoretisch-akademischen Wissens* – beziehungsweise der zu seinem Erwerb notwendigen *Bildung* – gegenüber dem *wissensanwendend-praktischen Können* und der stärker *erfahrungsbezogenen Ausbildung* – der Befähigung, die zu ihm führt – zu überwinden. Denn eine wahrhaft innovative Gesellschaft benötigt nichts mehr als *beide* Befähigungen im richtigen Zusammenwirken, wenn auch nicht notwendigerweise im gleichen, vielseitig begabten Individuum, denn Renaissance-Talente werden auch künftig knapp bleiben. Arbeitsteiligkeit der Befähigungen und Synergie in der Lösung von Problemen und in der Erfüllung von Aufgaben dürfte das wichtigste Ziel der Organisation von Ausbildung und Ausübung von Fähigkeiten für die innovative Wissensgesellschaft der Zukunft sein.

Dies ist der richtige Ausgangspunkt, um zur näheren Betrachtung der Voraussetzungen wissenschaftlich-technisch innovativer Produktivität zurückzukehren, denn *Bildung und Ausbildung* sind genau die erste und wichtigste Voraussetzung dafür, dass die heranwachsenden Nachwuchsgenerationen einer Gesellschaft ihre wissensbasierten Innovationspotentiale zu entfalten und zu üben lernen. Es ist daher auch kein Zufall, dass alle Politiker die Förderung von Bildung und Ausbildung für alle und die verstärkte Unterstützung von Wissenschaft und Forschung zu hochrangigen, wenn nicht sogar erstrangigen Zielen ihrer Regierungen machen. Allerdings sind dabei auch wie so oft die Bekenntnisse leichter als die Taten – zumal in Deutschland, wo Worte gerne für Taten genommen werden.

Dabei entsteht allerdings manchmal in der Öffentlichkeit der Eindruck, es gehe bei Bildung und Ausbildung durch Wissen und für die Wissensgesellschaft hauptsächlich darum, möglichst vielen jungen (und oftmals gar nicht mehr so jungen) Menschen vor allem das allerneueste Wissen – von Informatik bis Genomik, von Nanotechnik bis Robotik – beizubringen und dafür auf vieles »Altbekannte« aus Geistes- und Naturwissenschaften zu verzichten, um damit umso sicherer den raschen Anschluss an die »neuen Technologien« auf den »neuen Märkten« zu finden. Wer etwas nüchterner auf diese manchmal recht marktschreierischen Parolen reagiert und die tatsächliche Wirklichkeit nicht ganz aus dem Auge verliert, wird zu mehr Vorsicht und Umsicht raten. So wenig die Wirtschaft selbst der fortgeschrittensten Nationen quantitativ maßgebend von den tatsächlichen Erträgen und nicht nur von den Kursfantasien der »neuen Ökonomie« bestimmt wird, weil nämlich der größte Teil der Umsätze, Wertschöpfung und vor allem der Beschäftigung nach wie vor aus den Branchen der »alten Ökonomie« stammt – die sich dabei allerdings mit Nachdruck für alle neuen wissensbasierten Technologien öffnen müssen und auch längst geöffnet haben –, so wenig können wir als Gesellschaft darauf verzichten, unser Bildungssystem für alle auf die wirklichen breiten und bewährten Fundamente des Wissens zu stellen, die ja überhaupt erst Voraussetzung für die Entwicklung all der schönen Innovationen (= Neuerungen) waren, derer wir uns in der »neuen Ökonomie« – vor allem der virtuellen (Kapital-) Ökonomie, statt der wahrscheinlich auf längere Sicht weit wichtigeren Realökonomie, wenn auch mit einem durchaus noch überschaubaren Anteil an der gesellschatlichen Gesamtleistung – erfreuen dürfen. Denn auch künftig wird es ohne viel Altes nichts Neues geben.

Man sollte vielleicht sowieso bald damit aufhören, eine *New Economy*, die sich vor allem der gewaltig qualitativ und quantitativ anwachsenden Potentiale der Informations-, Kommunikations- und vor allem Rechnertechnologien bedient – also der sogenannten E-Welt, gekennzeichnet durch TIMES: Telekommunikation, Information; Multimediamobildienste; E-Commerce und Entertainment sowie Sicherheitstechnologien –, von einer *Old Economy* zu unterscheiden, die angeblich nur alte Hardware-Produkte herstellt. Heute gibt es zwar weltweit einige Hundert Millionen Computer, aber einige Milliarden Mikroprozessoren auf Mikrochips, die ganz überwiegend gerade in jenen Produkten der »alten Ökonomie« eingebaut sind – vom Hitech-Auto bis zum Handy, vom Elektroherd bis zur Energiesparheizung, vom selbstabschaltenden Bügeleisen bis zur Flug- und Landeautomatik eines Airbus – und ihnen dort überlegene Eigenschaften verleihen. Nur die integrative Verbindung der Produkte der neuen und der alten Ökonomie wird beiden die Zukunft sichern. Denn die Menschen wollen – anders als Jeremy Rifkin das meint, der sich ja nicht zum ersten Mal irrt – keineswegs nur Zugang (»Access«) zu aller Art von Dienstleistungen der Cyberwelt, sondern morgen wie heute – ob gekauft oder geleast – vor allem über Produkte verfügen, die ihnen Arbeit abnehmen, das Leben erleichtern oder ganz einfach Spaß machen. Und auch der schönste E-Commerce braucht immer noch etwas, was er zum Kauf anbieten kann, was dafür also produziert werden muss. Was wären Amazon oder Google denn ohne jene, die Bücher schreiben, drucken, binden, vor allem aber ohne jene, die Bücher lesen und besitzen wollen?

Die Grenzen laufen künftig vermutlich daher nicht so sehr zwischen *Old* und *New Economy*, sondern zwischen *Real* und *Virtual Economy*, die man auch *Pseudo Economy* nennen könnte, weil sie nicht von dem Wert lebt, der in Produkten und Leistungen steckt, sondern von den Kursfantasien von Casino-Kapitalisten, die einem fast so suspekt sein sollten wie weiland die Salon-Kommunisten. Allerdings ist zuzugeben, dass man mit der Spielleidenschaft von Menschen genauso Gewinne scheffeln kann wie mit ihrem Sexualtrieb oder ihrer Drogensucht. Vielleicht sollte man all das dann als *Passion Economy* zusammenfassen – allerdings gar nichts Neues, sondern wohl die älteste aller Uraltökonomien. Auch wer um das Goldene (E-)Kalb tanzt, könnte sich dann leicht selber schnell als Rindvieh erweisen!

Aber zurück zu dem, was die – alte wie neue – künftige Wirtschafts- und Lebenswirklichkeit an Bildung benötigen wird. Wer meint, dass sogenanntes altes Bildungswissen dafür entbehrlich sein wird, dürfte sehr im Irrtum sein. Auch dies hat etwas mit der falschen Vorstellung vom »zunehmend rasch veraltenden Wissen« zu tun: Wozu solide Grundlagen von Rechnen und Mathematik, wenn doch alles nur noch um die Nutzung von Computern geht? Wozu ein grundlegendes Verständnis von den Naturgesetzen in der Physik, den Stoffeigenschaften in der Chemie oder der organismischen Komplexität in den Lebenswissenschaften, wenn es doch nur noch um neue Materialien, Nanotechnologie, Mikrorobotik oder Gentechnik gehen soll? Nun, genau deshalb, weil die innovativen Erfinder und Entdecker diese und andere aufregende Neuentwicklungen von Wissenschaft und Technik überhaupt nur zustande bringen, weil sie dabei selbst auf »den Schultern von Riesen« (Robert Merton) stehen, die die vielseitigen Wissensgrundlagen dafür legten. Dies gilt umso mehr für jene große Mehrheit von Menschen, die selbst gar nicht als Forscher oder Erfinder, sondern in zahllosen anderen produktiven Bereichen der innovativen Wissensgesellschaft leben und in ihr zurechtkommen müssen. Sollen sie als wohlunterrichtete und selbstständig urteilsfähige Bürger in einer solchen Gesellschaft nicht nur irgendwie existieren, sondern zu deren Gelingen und Fortentwicklung beitragen, so benötigen sie eine überwiegend durch Schule, Hochschule und Berufsausbildung zu leistende Bildung zur selbstständigen Lebenstüchtigkeit, die durch nichts besser vermittelt wird als durch eine breitgefächerte, wenn auch nicht mit bloß einzupaukendem Lernstoff überfüllte Schulbildung. Nur sie kann eine frühzeitig schmalspurige Überspezialisierung auf die Technologie- und Innovationsmoden des Tages verhindern, wie sie heute manche Ökonomen in Hochschulräten empfehlen, und ihnen jene Vielseitigkeit erschließen, die es ihnen erlaubt, in einer sich rasch durch ständig fortschreitende Innovation wandelnden Welt durch lebenslange Fort- und Weiterbildung sich immer an der Front der Entwicklungen mitzubewegen und nicht in ihrem Windschatten hängen zu bleiben.

Gewiss, die von Hochleistungsinformationsnetzwerken geprägte *Network Economy* der Zukunft wird ganz anders beschaffen sein als unsere gewohnten Verhältnisse. In wenigen Jahrzehnten wird *Computing Power* genauso in jedem Haushalt über Steckdosen aus dem Netz entnommen werden wie heute *Electric Power*, vielleicht sogar – mit Powerline-Technologie – aus demselben Netz. Was Ronald Coase schon 1937 als wesentliche Begrenzung für ökonomisch effizientes Handeln in Firmen erkannte – die Transaktionskosten für Preis-Leistungs-Informationen, für Verhandlungen, für Durchführungskontrolle (was ihm 1991 den Nobelpreis einbrachte) –, sie werden im internetbasierten Geschäftsverkehr weitgehend vermindert werden können (wobei allerdings die Erfordernisse der Datensicherheit und der Verhinderung von Verbrechen mit Hilfe des Internets ganz neue Barrieren entstehen lassen werden!). In der Netzwerkökonomie geht es bald weniger um Kommunikation mit Computern, sondern um Kommunikation zwischen Computern, und wie bei allen Netzwerken werden die Leistungen exponentiell mit der Zahl der Teilnehmer steigen und zugleich die Kosten pro Leistung sinken, vieles wird sogar kostenlos an alle Teilnehmer abgegeben werden, nur um sie zur Netzwerkverdichtung zu gewinnen. Und gleichzeitig steigen auch die Möglichkeiten des Daten- und Netzwerkmissbrauchs durch Übeltäter aller Art exponentiell an.

Der Einzelcomputer mag dabei dumm bleiben wie eine einzelne Ameise, aber das ganze Netz wird sich immer intelligenter verhalten, wie ein Ameisenvolk das auch tut. Wir gehen also gewiss in eine neue gesellschaftliche und wirtschaftliche Wirklichkeit mit unvorstellbaren neuen Möglichkeiten, aber gewiss auch Problemen. Der Mensch, der sich ihrer bedienen oder erwehren muss, wird – anthropologisch betrachtet – dagegen auch in zwanzig, fünfzig oder hundert Jahren bestimmt ganz der alte sein, mit ähnlichen Wünschen, Hoffnungen, Ängsten und Leidenschaften und denselben Geistesgaben und Lebensbedürfnissen wie eh und je. Deshalb wird auch die Bildung und Ausbildung, die ihn für diese neuen Wirklichkeiten vorbereiten soll, auf denselben Wurzeln an Einsichten und Wertvorstellungen gründen müssen, die die Menschheit seit Hunderten und Tausenden von Jahren geleitet haben; denn alte Wahrheiten veralten nicht!

So vorbereitete und ertüchtigte Menschen müssen allerdings in der Verfolgung ihrer Lebensziele auf eine *Gesellschaftsordnung* treffen, die ihnen nicht nur gnädig erlaubt, sondern sie mit allen Kräften fördert und ermuntert, von ihren Fähigkeiten in möglichst großer *Freiheit* und *Selbstverantwortung* Gebrauch zu machen. Dabei kommt es auf beides gleichermaßen an: Freiheit zur Selbstgestaltung des Lebens und normativ grenzsetzende Regulative des Gemeinwesens, damit die Freiheit zum Handeln des Einen nicht auf Kosten der gleichen Freiheit zum Handeln des Anderen unfairen Erfolg sucht, also Banken zum Beispiel ihre Zinsverluste nicht beim Staat (= Steuerzahler) abladen können. Eine gesicherte, in ihren Gründen und Maßgaben für jedermann durchschaubare und akzeptierte sowie gegen alle Bürger ohne Ansehen der Person gleichermaßen durchgesetzte Rechtsordnung, die eben eine *Freiheitsordnung* zur Sicherung der geistigen und materiellen Eigentumsrechte aller Bürger sein muss, ist eine unverzichtbare Voraussetzung nicht nur wirtschaftlicher, sondern genauso wissenschaftlicher Produktivität.

Gerade die bitteren Erfahrungen mit dem Fehlen solcher allgemein anerkannten und von Staat und Gesellschaft durchgesetzten Freiheitsordnungen für fairen Leistungswettbewerb in der Wirtschaftskrise konnten uns den hohen Wert einer wettbewerbsorientierten Rechtsordnung lehren. Obwohl wir gerade im Westen andererseits hierbei auch wieder keinen Grund zu falschen Überlegenheitsgefühlen suchen sollten, denn auch im Westen sind die wettbewerbs- und innovationsbegünstigenden Freiheitsordnungen tagtäglich und an allen Ecken und Enden durch Eigensucht (die moralisch ansehnlicher gerne in der Form der Forderung nach ständig weiter ausgeweiteten sozialen Schutzrechten daherkommt), korporativen Gruppenzwängen und ideologischer Gängelei der Mehrheit durch vorgeblich erleuchtete Minderheiten bedroht. Es lohnt also immer wieder, ohne auf andere mit Fingern zu zeigen, sehr selbstkritisch zu prüfen, was jede Gesellschaft durch Deregulation und Sicherung von Freiheitsrechten und Selbstverantwortungspflichten dazu tun kann, die Innovationspotentiale von Wissenschaft und Forschung allen zugutekommen zu lassen.

Besonders gegen neu entwickelte technologische Möglichkeiten – von Gentechnik und Bioinformatik bis zu Nanorobotik und Energietechnik – lassen sich in »alten, saturierten Gesellschaften«, zu denen jene Europas nun einmal in besonderer Weise zählen, offenbar besonders leicht Stimmungswellen von Ängsten und Ablehnung hervorrufen, die, statt das Vernünftige vom Unvernünftigen nüchtern zu trennen – denn es ist ja keineswegs alles, was als innovativ und neutechnologisch daherkommt, allein deswegen auch schon vernünftig und verantwortbar –, eher zur zitternden Abwendung von allen gesellschaftlichen und technologischen Veränderungen, die die Wissensgesellschaft mit sich bringt, führen. Wissenschaft und Forschung kann aber in einer Gesellschaft nur dann produktiv wirken, wenn sie dies nicht etwa gegen diese Gesellschaft oder streng von ihr abgeschottet tun muss, sondern wenn sie in großer Offenheit und im ständigen, gewiss auch kritisch-prüfenden Dialog mit dieser Gesellschaft handeln kann und sich dabei mit ihrer gesellschaftlichen Umwelt, von der sie lebt, in einem grundsätzlichen Einverständnis über die Wünschbarkeit innovativer, wissenschaftlich-technischer Fortentwicklung befindet. Die Wissenschaft muss ohne Frage selbst das Notwendige tun, um sich in diesem Dialog verständlich zu machen und nicht nur zu belehren. Sie muss sich aber auch – und sei es durch nachdenkliche Fragen – belehren lassen! Zu beidem muss allerdings auch die Gesellschaft in allen ihren Zweigen bereit sein. Das bekannte Bild von der »Bring- und Holschuld« trifft den Tatbestand allerdings nur teilweise, denn es handelt sich dabei für Wissenschaft und Gesellschaft eigentlich um »Bring- oder Holgewinne«!

Schwierig bleiben bei alledem jene Grenzbereiche von Wissenschaft und Ethik, für die es auch in der Gesellschaft keine einheitlich akzeptierte Position gibt oder wo sich Minderheiten der Haltung der Mehrheit aus Gewissensgründen nicht fügen wollen oder können. Dies ist uns von der Regelung des Schwangerschaftsabbruchs nur zu vertraut. Bei Fragen der Reproduktionsmedizin, Embryonen- oder Stammzellenforschung und der Diagnostik von Erbkrankheiten tun sich allenthalben ähnliche Konflikte auf, die nur für jene einfach zu lösen erscheinen, die sich den Moralvorschriften aus dem Vatikan uneingeschränkt unterwerfen.

Die dritte der genannten Grundvoraussetzungen für Innovation in Wissenschaft und Technik und durch Wissenschaft und Technik hört sich einerseits recht platt, fast trivial an: Forschung und Entwicklung benötigen die *ausreichenden finanziellen Mittel* – und das ist sicherlich nicht wenig! –, um die goldenen Eier legen zu können, für deren Produktion sie mit mehr oder weniger kraftvollem Futter versehen werden. Zwei Fragen sind dabei allerdings keineswegs ganz so einfach zu beantworten.

Zunächst die Frage danach, wie hoch denn die Investitionsquote einer Volkswirtschaft in Forschung und Entwicklung sein muss, damit ein optimaler Ertrag erreicht wird. Die einfachen Antworten –

dass gar nichts, wie bei Damenbadeanzügen, immer noch zu wenig ist, und dass hundert Prozent des Bruttosozialprodukts gewiss nicht dafür zur Verfügung gestellt werden können – sind schnell humorvoll-zynisch erschöpft. Ob die neuerdings wieder über 2,5 Prozent des Bruttoinlandsprodukts, die wir in Deutschland dafür aufwenden, genug sind – während es vor 1990 immerhin fast 2,9 Prozent waren, und während Japan und gerade einige der kleineren europäischen Länder es sogar deutlich über drei Prozent bringen –, ist vermutlich ebenso schwer zu beweisen wie der optimale Aufwand für Werbung und Vermarktung bei einer Industriefirma. Der Wert bestimmt sich sicherlich auch weniger aus abstrakt-theoretischen Kalkulationen als aus der Wirklichkeit globalen Wettbewerbs unter den wissenschaftlich-technisch führenden Nationen und aus der Notwendigkeit, von vorhandenen Humanressourcen an gut ausgebildeten Forschern und Ingenieuren besten Gebrauch zu machen. 2,5 Prozent: Das wären an die 100 Milliarden Euro, etwa zwei Drittel davon aus dem privaten Wirtschaftssektor. Das ist gewiss nicht wenig, aber weniger, als Deutsche zur Abdeckung von Versicherungsrisiken – oder für Urlaubsreisen! – aufwenden. Dabei sind Forschung und Entwicklung unbestritten die wirkungsvollsten Investitionen zur Absicherung gegen die Herausforderungen der Zukunft.

Nicht wenig, gewiss – aber auch genug? Einiges stimmt bedenklich: Erstens die reale Stagnation, ja zum Teil sogar Minderung der Ausgaben während des letzten Jahrzehnts, also seit der Wiedervereinigung. Zweitens die Tatsache, dass in dieser Zeit die wichtigsten wissenschaftlich-technisch führenden Nationen ihre Aufwendungen für Forschung und Entwicklung (F&E) zum Teil sogar sehr erheblich gesteigert haben. Galt lange, dass Japan doppelt so viel und die USA das Vierfache der deutschen F&E-Ausgaben aufbrachten, gilt heute, dass die USA schon sechs Mal so viel aufwenden wie das um zwanzig Prozent angewachsene Deutschland – also pro Kopf noch einmal deutlich mehr! Unsere Regierungen von Bund und Ländern haben das zweifellos erkannt – aber dennoch finden wir es wichtiger, auch weiterhin Arbeitsplätze zu subventionieren, hervorragend funktionierende Kernkraftwerke vorzeitig abzuschalten und dafür Solar- oder Windenergieanlagen dauerhaft mit öffentlichen Mitteln massiv zu unterstützen oder, weil der Erdölpreis so gestiegen ist, wie viele Ökoökonomen dies doch immer wollten, an Fahrradfahrer, die allenfalls die Radnaben ölen müssen, eine kräftige Entfernungspauschale aus Steuermitteln auszuschütten.

Deshalb spricht in der Tat *sehr viel* dafür, lieber die F&E-Anstrengungen in Deutschland tatkräftig weiter zu verstärken; freilich nicht durch neue Verschuldung, sondern durch stärkere Zurückhaltung bei weniger innovationsträchtigen und produktivitätsfördernden Aufwendungen. Drei Prozent des Bruttoinlandsproduktes für Forschung und Entwicklung – davon höchstens ein Drittel aus öffentlichen Mitteln, vor allem für eine Stärkung von Grundlagenforschung und für wissenschaftliche Ausbildung, während gut zwei Drittel vor allem für Produkt- und Verfahrensentwicklungsforschung im privaten Wirtschaftssektor aufgebracht und eingesetzt werden sollten –, dies sollte eine gute Zielvorgabe dafür sein, dass Deutschland sich aus dem Mittelfeld wissenschaftlich-technisch führender Nationen wieder zur Spitzengruppe vorarbeitet.

Es ist dann allerdings auch nicht unberechtigt, wenn jene, die aus Steuern oder Erträgen – also in beiden Fällen durch Verzicht auf andere Verwendung von Einkommen – diese Mittel für Forschung und Entwicklung aufbringen müssen, fragen, ob denn dadurch wirklich jene erhofften innovativen und ertragsteigernden Wirkungen für die gesamte Gesellschaft – und nicht nur zur Selbstbefriedigung des Erkenntnistriebes der Wissenschaft – zu erzielen seien. Nun genügt ein Blick auf unsere Alltagsumgebung, und zwar bei buchstäblich jedermann und jederfrau, um festzustellen, dass wir auf Schritt und Tritt tagaus und tagein von Produkten und Dienstleistungsangeboten Gebrauch machen, die ohne die Leistungen von Wissenschaft und Technik gar nicht existieren würden. Dies ist schon eine rundum überzeugende Beleglage für die geradezu überwältigende Nutzungsdichte des wissenschaftlich-technischen Fortschritts, wenn es um die Erfüllung (oder auch Erfindung!) menschlicher Bedürfnisse geht, wobei der Begriff »überwältigend« ja durchaus nicht ohne kritische Doppelbedeutung zu verwenden ist.

Wirtschaftswissenschaftler – maßgeblich seit den bahnbrechenden Arbeiten des Nobelpreisträgers Robert Solow Ende der fünfziger Jahre des letzten Jahrhunderts – haben immer wieder versucht, den Beitrag innovativer technologischer Entwicklung zur Steigerung der Produktivität und damit zum Wachstum der Leistungsfähigkeit moderner Volkswirtschaften genauer abzuschätzen. Ohne dass diese Diskussion zum Abschluss gekommen wäre oder überhaupt je zu einem Abschluss gebracht werden könnte, ergaben doch fast alle quantitativen Analysen einen zumindest sehr erheblichen Anteil innovativer wissenschaftlich-technischer Entdeckungen und Erfindungen am wirtschaftlichen Erfolg. Allein der Beitrag der modernen Informationstechnologie wurde – durch den amerikanischen Präsidenten vor kurzem sozusagen regierungsamtlich – auf etwa dreißig Prozent am seit einem Jahrzehnt anhaltenden wirtschaftlichen Aufschwung der USA geschätzt. Insgesamt dürfte der »Schub« aus Forschung und Entwicklung für die Wirtschaftsdynamik daher kaum weniger als die Hälfte des jährlich erzielten realen Wachstums betragen – ein in der Tat gewaltiger und nun schon seit mehreren Menschengenerationen anhaltender Beitrag von Forschung, Wissenschaft und Technik zum Wohlstand der Nationen.

Der vierte und letzte Hauptfaktor für eine innovative wissenschaftlich-technische Entwicklung einer modernen Gesellschaft, der, wie schon gesagt, eigentlich als allererster zu nennen gewesen wäre, sind die *menschlichen Ressourcen*. Was wären denn alles Wissen, alle guten gesellschaftlichen Organisationsformen und selbst alle finanziellen Mittel wert, wenn es an den Menschen mangelte, die davon erfolgreich Gebrauch machen können? Dies scheint wiederum eine fast schon banale Feststellung, aber in einer Gesellschaft wie der deutschen – die in solcher Hinsicht in Europa durchaus nicht sehr aus der Reihe tanzt –, in der statt der zur Erhaltung der Bevölkerungsgröße notwendigen 2,1 Kinder pro Frau gerade noch 1,3 bis 1,4 Kinder geboren werden, ist diese Tatsache dennoch alles andere als belanglos. Die Folgen eines solchen demographischen Umbruchs (oder, genauer gesagt, Absturzes!) für die Sozial- und vor allem Altersversorgungssysteme sind uns allen immer deutlicher vor Augen geführt worden, obwohl man auch hier davor zurückschreckt – alle Parteien wohlgemerkt! –, die notwendigen Konsequenzen zu ziehen. Weniger oft wird hingegen auf die nicht minder gravierenden, tatsächlich gerade auch im Hinblick auf die Rentenproblematik noch viel schwerwiegenderen Folgen für die Innovationsfähigkeit einer solchen Gesellschaft hingewiesen. Das hat seine *quantitativen* Seiten – nicht nur für Kinderwagenfabrikanten, Kinderärzte oder Lehrer –, denn von Jahr zu Jahr wird der quantitative Mangel an talentiertem und qualifiziertem Nachwuchs für *alle* Bereiche von Wirtschaft und Gesellschaft aus der eigenen Bevölkerung immer drückender empfunden werden. Kommt dazu noch eine Abwendung junger Menschen von gerade jenen Disziplinen, die für den wissenschaftlich-technischen Fortschritt unentbehrlich sind – also zum Beispiel Mathematik, Naturwissenschaften und Technikwissenschaften –, dann verschärft dies den quantitativen demographischen Mangel noch.

Aber auch die *qualitativen* Konsequenzen sind keineswegs unbeachtlich: von den Problemen der Erziehung verwöhnter Einzelkinder zu leistungswilligen und sozial integrierten Mitbürgern bis zu der alterswärtigen Verschiebung der Lebensaltersverteilungen in buchstäblich *allen* gesellschaftlichen Bereichen. Nur wer die Augen absichtsvoll vor dieser Realität verschließt, könnte die nachteiligen Folgen einer solchen Entwicklung für die Innovationsbereitschaft und Innovationskraft einer solchen Bevölkerung verkennen, ohne dass man deshalb die Leistungen von Menschen, die nicht mehr zur Jugend zählen, gering schätzen müsste. Übrigens hat Deutschland in gewisser Hinsicht in den neuen Ländern gleichsam sein künftiges gesamtdeutsches Schicksal vor Augen: Ausdünnung der Nachwuchskohorten durch massive Abwanderung gerade flexibler, mobiler und rühriger Menschen, die ihr Schicksal in die eigene Hand nehmen möchten. Dies geschah zunächst unter dem politischen

Druck der DDR-Diktatur und seit der Wiedervereinigung keineswegs weniger wirksam durch den Sog des Westens mit seinen besseren Arbeits- und Entfaltungsmöglichkeiten.

Deshalb ist es gerade für den Bereich der Innovation in Forschung und Technik unverzichtbar, dass sich die deutsche Gesellschaft mit attraktiven Ausbildungs-, Qualifikations-, Beschäftigungs- und vor allem auch *sozialen Integrationsangeboten* tüchtigen jungen Menschen aus *aller Welt* öffnet, sie willkommen heißt und alles tut, damit ihnen Deutschland nicht nur zum vorübergehenden Gastland, sondern tatsächlich zur (zweiten) Heimat werden kann. Zuwanderung wissenschaftlich-technisch aufgeschlossener, lern- und leistungswilliger Menschen tut not, zumal wir selbst ja weder verhindern wollen noch verhindern können, dass viele junge deutsche Frauen und Männer ihr Glück in aller Welt suchen (und hoffentlich oftmals wieder nach Deutschland zurückfinden). Wir sollten uns freilich dennoch bewusst sein, dass Mangel an tüchtigem Nachwuchs in der gesamten, nicht nur der westlichen Welt künftig zur Regel werden wird und dass wir daher auf diesem Gebiet wiederum wachsendem Wettbewerb ausgesetzt sein werden.

Denkt man über die Bedeutung des nachwachsenden »Humankapitals« für Innovation, Forschung und Entwicklung nach, dann darf es jedoch nicht nur darum gehen, dass auch bei uns genügend junge Menschen dafür verfügbar sind. Es ist nicht weniger wichtig, dafür zu sorgen, dass sie in unseren Universitäten und Forschungseinrichtungen unter Bedingungen arbeiten, die tatsächlich ihre kreativen Talente am besten zur Entfaltung kommen lassen. Die wichtigsten Bedingungen dafür lassen sich in wenigen Stichworten nennen.

- Am wichtigsten ist die Erfahrung von *Freiheit* zur eigenen Bewährung – unter Hinnahme der Folgen bei mangelnder Tüchtigkeit oder schlechtem Gebrauch solcher Freiheit, aber auch bei spürbarer Belohnung selbst geschaffenen Erfolges. Niemand kann unter Zwang und Kuratel besonders kreativ sein – mehr als genaue

Reproduktion des schon Gewussten kommt dabei selten heraus. Auch Not lehrt eher beten als erfinden, jedenfalls lehrt Zwang eher kuschen als entdecken. Die Freiheit des Erprobens ist eine Grundvoraussetzung jener Leistungen, die zu wirklich neuem Wissen und Können führen, und das heißt auch: die Freiheit, Fehler zu machen, ohne gleich als Versager zu gelten. Das beginnt bei der Freiheit der Studien- und Studienplatzwahl und der Freiheit der Universitäten zur qualitätsbezogenen Studentenauswahl, und es endet bei der Notwendigkeit der Einführung von Studiengebühren, damit auch die – positiven wie negativen – Folgen eines Erfolges oder Versagens spürbar werden.

– Dies führt direkt von einem eher psychologischen zu einem stärker sozialorganisatorischen Aspekt der gleichen Forderung: *Selbstständigkeit* im Handeln in eigener Verantwortung statt Abhängigkeit von Weisungen durch Vorgesetzte gehört zur wissenschaftlichlich erfolgreichen innovativen Produktivität genauso wie geistige Gedanken- und Erkundungsfreiheit. Wie schon ausgeführt, schließt beides das Erlernen von bereits bekanntem Wissen und Können keineswegs aus, ja, es setzt dies geradezu voraus – aber eben ohne dabei stehenzubleiben.

– Eine weitere wichtige – wenn auch gerade bei uns nicht immer leicht zu erfüllende – Voraussetzung kreativer Forschung ist die Schaffung eines *innovationsförderlichen Forschungsumfelds* für junge (und genauso auch ältere) Wissenschaftlerinnen und Wissenschaftler. Wenig dürfte dafür eine bessere Vorbedingung sein, als das Zusammenführen der besten erfahrenen Wissenschaftler als Lehrende mit dem begabtesten Nachwuchs als Lernende, wie das zum Beispiel die Max-Planck-Gesellschaft versucht. Eliteuniversitäten oder Eliteforschungsinstitute bringen als wissenschaftliche »Kaderanstalten« sicher nicht nur in jeder Hinsicht erwünschte Konsequenzen mit sich, aber sie sind zweifellos Systemen überlegen, in denen fast ohne Auswahl nach besonderer Qualifikation Lehrende und Lernende auf Institutionen verteilt werden (wofür das gegenwärtige Zulassungssystem zum Studium an deutschen

Hochschulen, die ihre Studenten nicht nach deren Qualität selbst auswählen dürfen, fast schon eine Garantie ist!). Tatsächlich zeigen viele gründliche Analysen der Wissenschaftsgeschichte, dass hochproduktive Forschungszentren gerade dort entstehen, wo sich die begabtesten Studenten um die besten Professoren scharen und von diesen zu herausfordernden Forschungsarbeiten angeregt werden. »Exzellenzuniversitäten« braucht man dafür vielleicht gar nicht, aber Zentren für Lehre und Forschung durchaus. Die dadurcn freigesetzten Synergien und Wettbewerbseffekte unter den Besten erzeugen eine Atmosphäre der Leistungsmotivation. Einer solchen Atmosphäre sind zwar nur besonders tüchtige Menschen gewachsen, aber bei diesen kann sie auch besonders wirkungsvoll kreative Kräfte freisetzen.

– Selbst die besten solcher Zentren der Spitzenforschung würden sich in ihrer Leistungsfähigkeit jedoch rasch erschöpfen, wenn sie nicht *weltweit eng verbunden* und im ständigen geistigen und persönlichen Austausch mit den besten internationalen Zentren auf ihrem Gebiet stünden. Internet und World Wide Web haben die Voraussetzungen dafür für alle Wissenschaftler verbessert und für jene in weniger begüterten Regionen und Ländern oft erstmals erschlossen. Dass in einem solchen weltweiten Netz kooperativ-kompetitiver Verbundenheit unter besten Forschern engstirniger Nationalismus nicht nur tödlich wirkte, sondern hoffentlich auch gar nicht mehr entstehen und gefördert werden kann, verdient nochmals betont zu werden.
– Innovative Kreativität in der Wissenschaft kann und darf aber keine gleichsam leerlaufende Selbstbestätigung bei der Suche nach Erkenntnissen um ihrer selbst willen bleiben, wenn gerade die tüchtigsten jungen Menschen davon angezogen werden sollen. Wie schon gesagt: Innovation ist mehr als nur neues Wissen und Können, sondern Wissen und Können, das zu neuartigen Problemlösungen führt, also Wissen und Können zu vernünftigen, nutzbringenden, verantwortbaren Zielen und Zwecken. Wissenschaftliche Kreativität bedarf daher immer zugleich der Leistungsförderung

und der Ausrichtung auf die Wahrnehmung von Verantwortung in einem größeren, weiterreichenden, gesellschaftlichen Zusammenhang. Eine junge Generation von Wissenschaftlern, die heranwächst, ohne zu verstehen, zu erfahren und für sich zu verinnerlichen, dass sie mit ihrem Forschen und Erfinden *Verantwortung für ihre eigene Zukunft und die Zukunft der Gemeinschaft,* in der sie lebt, übernehmen muss – und für die globale Wissensgesellschaft von heute, morgen und übermorgen ist dies die *ganze* Menschengemeinschaft in der *gesamten Biosphäre* –, würde vielleicht höchst intelligente Forschungsspezialisten, aber keine wirklichen wissenschaflichen Innovationsträger hervorbringen. Wenn es daher heute wie morgen maßgeblich darum geht, durch Wissenschaft und Forschung, durch Kreativität und Innovation die *Nachhaltigkeit* der globalen wissenschaftlich-technischen Zivilisation zu sichern, dann gehört die Erfahrung gelebter Verantwortlichkeit im Umfeld ihrer Forschungsausbildung genauso zur Erziehung junger Menschen *durch* Forschung *für* die Forschung wie hervorragende fachliche Qualifikation.

Wenn dies alles gelingt, dann besteht begründete Hoffnung, dass die Wissensgesellschaft von morgen nicht nur eine im ständig beschleunigten Wandel durch immer neues Wissen und Können in eine ungewisse Zukunft taumelnde oder sogar rasende Gesellschaft sein wird, sondern eine Gesellschaft, die ihre Möglichkeiten zu Wandel durch neue Erkenntnisse und innovatives Handeln zum Besten des Einzelnen wie des Ganzen verantwortungsbewusst zu nutzen weiß und die auch die zwingende Notwendigkeit dafür als Preis der kulturellen Fortentwicklung der Menschheit einsieht. Dann wäre dieses Wissen der wahre Wissensfortschritt der Wissensgesellschaft.

Religion und Geschichte

HANS KÜNG

Die drei abrahamischen Religionen

Geschichtliche Umbrüche – gegenwärtige Herausforderungen

10. Oktober 2006

Wir stehen heute allesamt in der Gefahr, uns von den riesigen Flüssen der Information überfluten zu lassen und dabei die Orientierung zu verlieren. Und sogar von Religionswissenschaftlern kann man bisweilen die Meinung hören, daß man im eigenen Fach vor lauter Bäumen kaum noch den Wald sieht. Und so konzentrieren sich denn manche – wie zum Beispiel in der Soziologie – auf Mikrostudien und sind nicht mehr bereit oder nicht mehr imstande, in größeren Zusammenhängen zu denken. Dabei sind auch neue Kategorien notwendig, um die Veränderungen zu erfassen.

Ich versuche Ihnen also eine gewisse Grundorientierung zu bieten über die drei abrahamischen Religionen Judentum, Christentum und Islam. Deshalb jetzt direkt hinein in die Thematik. Ich möchte drei Fragenkomplexe ansprechen:

I. Das bleibende Zentrum und Fundament:
Was unbedingt bewahrt werden soll;
II. Epochale Umbrüche: Was sich ändern kann;
III. Heutige Herausforderungen: Was sich als Aufgabe aufdrängt.

I. Das bleibende Zentrum und Fundament

Was soll in unserer je eigenen Religion bewahrt werden, unbedingt bewahrt werden? Da gibt es in allen drei prophetischen Religionen extreme Positionen: Manche sagen: »Nichts soll bewahrt werden«, die anderen aber: »Alles soll bewahrt werden«:

– »Nichts« soll bewahrt werden, sagen völlig säkularisierte Christen: Sie glauben oft weder an Gott noch an einen Sohn Gottes, sie ignorieren die Kirche und verzichten auf Predigt und Sakramente … Bestenfalls schätzen sie das kulturelle Erbe das Christentums: die Kathedralen oder Johann Sebastian Bach, die Ästhetik orthodoxer Liturgie oder auch paradoxerweise den Papst als eine Säule der etablierten Ordnung, dessen Sexualmoral und Autoritarismus sie für sich selbstverständlich völlig ablehnen.
– »Nichts« soll bewahrt werden, sagen aber auch völlig säkularisierte Juden: Sie halten nichts vom Gott Abrahams und der Väter, sie glauben nicht an dessen Verheißungen, ignorieren synagogale Gebete und Riten und lächeln über die Ultraorthodoxen.
  Für ihr religiös entleertes Judentum haben sie vielfach eine moderne Ersatzreligion gefunden: den Staat Israel und die Berufung auf den Holocaust, was auch säkularisierten Juden immerhin eine jüdische Identität und Solidarität verschafft, nicht selten aber auch den menschenverachtenden Staatsterror gegen Nichtjuden zu rechtfertigen scheint.
– »Nichts« soll bewahrt werden, sagen aber auch völlig säkularisierte Muslime: An einen Gott glauben sie nicht, den Koran lesen sie nicht, Muhammad ist für sie kein Prophet, die fünf Pfeiler des Islam spielen für sie keine Rolle, und die Scharia lehnen sie rundweg ab. Bestenfalls ist der Islam, freilich religiös entleert, zu gebrauchen als Instrument für einen politischen Islamismus oder Arabismus oder Nationalismus.

Es ist verständlich, daß als Gegenreaktion auf dieses »Nichts bewahren!« der umgekehrte Ruf laut wird: »Alles bewahren!«. Alles soll so bleiben, wie es ist und angeblich auch immer war:

– »Kein Stein des großartigen katholischen Dogmengebäudes darf herausgebrochen werden, das Ganze würde wanken«, proklamieren römische Integralisten und disqualifizieren Reformation wie Aufklärung als »Enthellenisierung«.

– »Kein Wort der Halacha darf vernachlässigt werden; hinter jedem Wort steht der Wille des Herrn (Adonaj)«, protestieren ultra-orthodoxe Juden.
– »Kein Vers des Koran darf ignoriert werden, jeder ist in gleicher Weise unmittelbar Gottes Wort«, insistieren viele islamistische Muslime.

Hier überall sind Konflikte vorprogrammiert, nicht nur zwischen den drei, sondern vor allem in den drei Religionen, wo immer diese Positionen kämpferisch oder aggressiv vertreten werden: Oft schaukeln sich die extremen Positionen gegenseitig hoch. »Les extremes se touchent!«

Doch gemach: Die Wirklichkeit sieht nicht ganz so düster aus. Denn die Extrempositionen bilden in den meisten Ländern, wenn sie nicht gerade durch politische, wirtschaftliche, soziale Faktoren aufgeladen werden, nicht die Mehrheit. Noch immer gibt es – je nach Land und Zeit verschieden groß – eine erhebliche Zahl von Juden, Christen und Muslimen, die – wiewohl in ihrer Religion oft gleichgültig, träge oder ignorant – doch keinesfalls alles in ihrem jüdischen, christlichen oder muslimischen Glauben und Leben aufgeben möchten. Die andererseits aber auch nicht bereit sind, alles zu bewahren: Sie sind nicht bereit, als Katholiken sämtliche hellenistische Dogmen und römische Morallehren zu schlucken oder als Protestanten jeden Satz der Bibel wortwörtlich zu nehmen oder als Juden sich in allem an die Halacha zu halten oder als Muslime sämtliche Gebote der Scharia streng einzuhalten.

Wie auch immer: Blickt man nicht auf irgendwelche spätere geschichtliche Ausgestaltungen und Ausprägungen, sondern besinnt sich auf die Ur-Kunden, ursprünglichen Zeugnisse, auf die »Heiligen Schriften« der jeweiligen Religion – Hebräische Bibel, Neues Testament und Koran –, so kann kein Zweifel sein, daß das »Bleibende« (was bleiben muß) in der betreffenden Religion nicht einfach identisch ist mit dem »Bestehenden« (was zur Zeit besteht) und daß das, was den »Kern«, die »Substanz«, das »Wesen« dieser Religion ausmacht, von den »Heiligen Schriften« der betreffenden Religion her bestimmt werden kann. Es geht also hier um eine ganz praktische Frage: Was soll in unseren Religionen, was soll in unserer je eigenen Religion das bleibend Gültige und ständig Verpflichtende sein? Erhalten bleiben muß nicht alles, wohl aber die Glaubenssubstanz, das Zentrum und Fundament der jeweiligen Religion, ihrer heiligen Schrift, ihres Glaubens! Jetzt aber konkret gefragt, jedoch sehr kurz prinzipiell beantwortet:

1. Was also muß im Christentum bewahrt werden, wenn es nicht die »Seele« verlieren soll?
Antwort: Eine historische, literarische oder soziologische Bibelkritik wird vieles kritisieren, interpretieren und reduzieren. Doch von den maßgeblichen und geschichtsmächtig gewordenen christlichen Glaubensurkunden her, vom Neuen Testament (gesehen im Kontext der Hebräischen Bibel) her ist der zentrale Glaubensinhalt eindeutig Jesus Christus: er als der Messias und Sohn des einen Gottes Abrahams, er, wirksam auch heute durch denselben Gottesgeist. Kein christlicher Glaube, keine christliche Religion ohne das Bekenntnis: »Jesus ist der Messias, Herr, Sohn Gottes!« Der Name Jesus Christus bezeichnet die (keineswegs statisch zu verstehende) »Mitte des Neuen Testaments«.

2. Was muß im Judentum bewahrt bleiben, wenn es nicht sein »Wesen« verlieren soll?
Antwort: Eine historische, literarische oder soziologische Kritik wird vieles kritisieren, interpretieren und reduzieren. Doch von den maßgeblichen und geschichtsmächtig gewordenen Glaubensurkunden, von der Hebräischen Bibel her sind der zentrale Glaubensinhalt eindeutig der eine Gott und das eine Volk Israel. Kein israelitischer Glaube, keine Hebräische Bibel, keine jüdische Religion ohne das Bekenntnis: »Jahwe (Adonaj) ist der Gott Israels, und Israel sein Volk! (und Land!).«

3. Und was soll schließlich im Islam bewahrt bleiben, wenn er noch »Islam« im wörtlichen Sinn der »Hingabe«, der »Unterwerfung unter Gott« bleiben soll?
   Antwort: Langwierig war der Prozeß des Sammelns, Ordnens und Edierens der verschiedenen Suren des Koran. Doch ist für alle gläubigen Muslime klar, der Koran ist Gottes Wort und Buch. Und wenn Muslime auch durchaus einen Unterschied sehen zwischen den Suren von Mekka und denen von Medina und wenn sie auch überall den Offenbarungshintergrund für die Auslegung in Betracht ziehen müssen, so ist doch die zentrale Botschaft des Koran völlig eindeutig: »Es gibt keinen Gott außer Gott, und Muhammad ist sein Prophet.«

Damit ist deutlich geworden, was das Gemeinsame und was das Unterscheidende zwischen den drei Religionen ist (manchmal ärgert man sich darüber, wie gerade diejenigen, welche die Religionen am wenigsten studiert haben, anderen vorwerfen, sie würden die Differenzen nicht erkennen).

Zusammengefaßt: Das zu bewahrende Eigentümliche der drei monotheistischen Religionen ist zugleich etwas Gemeinsames und etwas Unterscheidendes.

– Das Gemeinsame von Judentum, Christentum und Islam:
  der Glaube an den einen und einzigen Gott Abrahams, den gnädigen und barmherzigen Schöpfer, Bewahrer und Richter aller Menschen.
– Das Unterscheidende:
  Für das Judentum: Israel als Gottes Volk und Land.
  Für das Christentum: Jesus Christus als Gottes Messias und Sohn.
  Für den Islam: der Koran als Gottes Wort und Buch.

Vom konstanten Zentrum der drei Religionen aus erklärt sich des Judentums wie des Christentums wie schließlich des Islam

– Originalität seit frühester Zeit,
– Kontinuität in seiner langen Geschichte durch die Jahrhunderte,

– Identität trotz aller Verschiedenheit der Sprachen, Völker, Kulturen und Nationen.

Aber was nun die Thematik erheblich verkompliziert: Dieses Zentrum, diese Grundlage, diese Glaubenssubstanz war nie abstrakt-isoliert gegeben, sondern ist in den wechselnden Erfordernissen der Zeit immer wieder neu interpretiert und praktisch realisiert worden. Und insofern sind die systematisch-theologische und die historisch-chronologische Darstellung, ohne die erstere nicht überzeugend begründet werden kann, unbedingt zu kombinieren.

II. Epochale Umbrüche und Herausforderungen

Immer wieder werden neue epochale Konstellationen der Zeit – der Gesellschaft überhaupt, der Glaubensgemeinschaft, der Glaubensverkündigung und Glaubensreflexion – dieses eine und selbe Zentrum neu interpretieren und konkretisieren. Ungemein dramatisch ist diese Geschichte in Judentum, Christentum und Islam: Die zunächst kleine, aber dann – gerade im Fall von Christentum und Islam – rasch wachsende Glaubensgemeinschaft hat in Antwort auf immer wieder neue große welthistorische Herausforderungen eine ganze Reihe grundlegender religiöser Veränderungen, ja auf längere Sicht revolutionärer Paradigmenwechsel durchgemacht.

Ich will Sie hier nicht mit Wissenschaftstheorie belasten und belästigen! Die Paradigmentheorie, wie sie Thomas S. Kuhn in »The Structure of Scientific Revolutions« grundgelegt und wie ich sie auf die Religionsgeschichte angewendet habe, versteht man ja schon recht gut, wenn man sich über die Implikationen und Folgen der Kopernikanischen Wende im Klaren ist: Sonne, Mond und Sterne bleiben, wie sie sind, aber unsere Sicht auf sie verändert sich völlig. Es handelt sich um zwei verschiedene Bilder von Wirklichkeit, zwei verschiedene Paradigmen, definiert als »an entire constellation of beliefs, values, and technics etc. shared by a given community« (Th. S. Kuhn). Auch in den drei abrahamischen Religionen verändern sich nicht Zentrum und Konstanten, wohl aber ihre Sicht und Einschätzung.

Die Paradigmentheorie ist also für uns nur ein hermeneutischer Rahmen, und erst die material-historische wie gegenwartsanalytische Durchführung zeigt ihre ganze Leuchtkraft – was ich in umfangreichen Studien über Christentum, Judentum und Islam sowie ansatzweise in der »Spurensuche« auch über Hinduismus, Buddhismus und die chinesische Religion gezeigt habe. Die streng historische Analyse der Paradigmen einer Religion, jener Makroparadigmen oder epochalen Gesamtkonstellationen dient dem Orientierungswissen. Sie ist eine Möglichkeit, um die Auswahl für einen Gesamtüberblick der Geschichte einer Religion möglichst umfassend und doch zugleich präzis zu vollziehen. Die Paradigmenanalyse ermöglicht nämlich eine Herausarbeitung der großen historischen Strukturen und Transformationen: durch Konzentration zugleich auf die grundlegenden Konstanten wie auf die entscheidenden Variablen. So jedenfalls lassen sich jene welthistorischen Brüche und die daraus hervorgegangenen epochalen Grundmodelle der betreffenden Religion umschreiben, die bis heute deren Lage als Wahrnehmungsmuster bestimmen. Jede Religion ist also nicht eine statische Größe, wo angeblich alles schon immer so war, wie es heute ist, ist vielmehr eine lebendig sich entwickelnde Wirklichkeit, die verschiedene epochale Gesamtkonstellationen durchgemacht hat.

Vor dem Hintergrund einer so beträchtlichen Geschichte muß also eine historisch-systematische Analyse der epochalen Gesamtkonstellationen versucht werden. In meinem Buch »Das Christentum« habe ich folgende Makroparadigmen in der Geschichte des Christentums herausgearbeitet:

I. das jüdisch-apokalyptische Paradigma des Urchristentums,
II. das ökumenisch-hellenistische Paradigma des christlichen Altertums,
III. das römisch-katholische Paradigma des Mittelalters,

IV. das protestantisch-evangelische Paradigma der Reformation,
V. das Vernunft- und Fortschrittsparadigma der Moderne,
VI. das ökumenische Paradigma der Nach-Moderne?

Was das Christentum betrifft, so sind sich viele Christen nicht bewußt,

- daß das Christentum in einem judenchristlichen Paradigma entstanden ist;
- daß dieses freilich schon früh von einem griechisch-hellenistischen und später slawischen Paradigma (der östlichen Orthodoxie) überlagert wurde;
- daß aber im Westen in den Jahrhunderten nach der Konstantinischen Wende ein lateinisches, typisch römisch-katholisches Paradigma von den Päpsten durchgesetzt wurde, das, übersteigert, im 11. Jahrhundert zur Spaltung von West- und Ostkirche führte;
- daß im 16. Jahrhundert dieses mittelalterliche römisch-katholische Paradigma in einer revolutionären Umwälzung in weiten Teilen Europas, dann Amerikas abgelöst wurde durch die reformatorisch-protestantische Konstellation;
- daß aber auch dieses reformatorisch-protestantische Paradigma wie das römisch-katholische herausgefordert wurde durch das aufgeklärte Paradigma der Moderne in Philosophie, Naturwissenschaft, Staats- und Gesellschaftsauffassung;
- daß wir nach den beiden Weltkriegen und den Totalitarismen im Übergang begriffen sind in eine noch nicht eindeutig umschreibbare nach-moderne Konstellation.

Dabei zeigt sich eine erste Einsicht und Herausforderung: Paradigmen können sich (außer das allererste) bis in die Gegenwart durchhalten! Anders in den »exakten« Naturwissenschaften: Da kann das alte Paradigma (etwa das des Ptolemäus) mit Hilfe der Mathematik und des Experiments empirisch verifiziert oder falsifiziert werden; die Entscheidungen zugunsten des neuen Paradigmas (des Kopernikus) können auf längere Sicht durch Evidenz »erzwungen« werden. Im Bereich der Religion (und auch der Kunst) jedoch ist dies anders:

In Fragen des Glaubens, der Sitten und Riten kann (etwa zwischen West- und Ostrom oder zwischen Rom und Luther) nichts mathematisch-experimentell entschieden werden, und so verschwinden denn in den Religionen alte Paradigmen keineswegs notwendigerweise. Vielmehr können sie neben neuen Paradigmen durch Jahrhunderte hindurch fortbestehen: das neue (das reformatorische oder das moderne) neben dem alten (dem altkirchlichen oder dem mittelalterlichen). Zur Beurteilung der Lage der Religionen ist diese Persistenz und Konkurrenz unterschiedlicher Paradigmen von größter Bedeutung.

Ebenso habe ich in »Das Judentum« die Makroparadigmen in der Geschichte des Judentums herausgearbeitet:

I. das Stämme-Paradigma der vorstaatlichen Zeit,
II. das Reichs-Paradigma der monarchischen Zeit,
III. das Theokratie-Paradigma des nachexilischen Judentums,
IV. das rabbinisch-synagogale Paradigma des Mittelalters,
V. das Assimilationsparadigma der Moderne,
VI. das ökumenische Paradigma der Nach-Moderne?

Auch viele Juden geben sich keine Rechenschaft darüber, daß Israel nicht als Staat begonnen hat, sondern als Stammesverband (I). Ein Staat wurde erst um das Jahr 1000 v. Chr. Wirklichkeit durch König David, mit einem zentralen Tempel, erbaut durch seinen Sohn Salomon (II). Doch dieses davidische Reichsparadigma zerbrach schon nach Salomons Tod in zwei Teile: das Nordreich Israel und das Südreich Juda. Beide wurden erobert von Assyrern und Babyloniern. Nach dem babylonischen Exil kommt es zu einer neuen Konstellation ohne einen König: konzentriert auf den zweiten Tempel eine Priesterschaft mit Hohepriester, eine Hierokratie. Zugleich kam es zur Sammlung der Heiligen Schriften (Tora und Halacha) (III). Auf die persische Herrschaft folgte die römische, gegen die die Juden zwei Kriege wagten und verloren. So kam es zum Untergang des zweiten Tempels und zur Etablierung einer neuen Konstellation, die nun ohne Königtum, Tempel und Priesterschaft konzentriert war auf die Rabbinen und die Synagogen, die Zeit, in welcher die Tradition (Mischna und Talmud) ausgearbeitet wurden (IV). Dieses jüdische Mittelalter fand sein Ende durch die europäische Aufklärung und die Menschenrechtserklärung der Französischen Revolution, die dem europäischen Judentum eine Assimilation an die Moderne ermöglichte (V). Doch dieses Assimilationsparadigma fand ein jähes Ende durch die verschiedenen Pogrome und schließlich den Holocaust (V). Das Ende des Zweiten Weltkriegs und die Gründung des Staates Israel (1947) haben so etwas wie ein Paradigma der Nach-Moderne (VI) grundgelegt.

Eine zweite Einsicht und Herausforderung: Warum? Bis heute leben Menschen derselben Religion in verschiedenen Paradigmen! Sie sind von fortbestehenden Grundbedingungen geprägt und bestimmten gesellschaftlichen Mechanismen unterworfen. So gibt es zum Beispiel im Christentum noch heute Katholiken, die geistig im 13. Jahrhundert (gleichzeitig mit Thomas von Aquin, den mittelalterlichen Päpsten und der absolutistischen Kirchenordnung) leben. Es gibt manche Vertreter östlicher Orthodoxie, die geistig im 4./5. Jahrhundert geblieben sind (gleichzeitig mit den griechischen Kirchenvätern). Und für manche Protestanten ist nach wie vor die vorkopernikanische Konstellation des 16. Jahrhunderts (mit den Reformatoren vor Kopernikus, vor Darwin) maßgebend.

Manche orthodoxe Juden sehen im mittelalterlichen Judentum ihr Ideal und lehnen einen modernen Staat Israel ab. Umgekehrt sehen viele Zionisten den Staat Israel rein modern-säkular und streben zugleich einen Staat in den Grenzen des davidisch-salomonischen Reiches an. In ähnlicher Weise träumen manche Muslime noch dem großen arabischen Reich nach und wünschen sich die Vereinigung der arabischen Völker zu einer einzigen arabischen Nation (»Panarabismus«). Andere aber sehen nicht im Arabertum, sondern im Islam das Völkerverbindende und geben einem »Panislamismus« den Vorzug. Gerade dieses Andauern, diese Persistenz und Konkurrenz früherer religiöser Paradigmen im Heute dürfte eine der Hauptursachen der Konflikte innerhalb der Religionen und zwischen den Religionen sein, Hauptursache der verschiedenen Richtungen und Parteiungen, der Spannungen, Streitigkeiten und Kriege.

Deshalb lasse ich in meinem Band über Islam auch die Makroparadigmen in der Geschichte des Islam deutlich werden:

I. das ur-islamische Gemeinde-Paradigma von Mekka und Medina zur Zeit des Propheten Muhammad und der ersten vier Kalifen: Offenbarung und Sammlung des Koran;
II. das arabische Reichsparadigma der Umaiyaden in Damaskus (661–750): Einführung einer Monarchie (mit schiitischer Opposition) und Grundlegung des islamischen Rechts;
III. das klassisch-islamische Weltreligionsparadigma der Abbasiden mit Zentrum in Bagdad (750–1258: Mongolensturm): rationale Theologie, Rechtsschulen und Scharia;
IV. das Paradigma der Ulama und Sufis nach dem Mongolensturm im Zeitalter der Regionalisierung und später der drei islamischen Großreiche (der türkischen Osmanen, der persischen Safawiden und der indischen Großmogule): islamische Volksbewegungen und Sufi-Bruderschaften;
V. das islamische Modernisierungsparadigma, eingeleitet vor allem in Indien, in Ägypten und im Osmanischen Reich: Auseinandersetzungen zwischen Reformern und Traditionalisten;
VI. das ökumenische Paradigma der Nach-Moderne: Islamismus oder Menschenrechte, Frauenrechte, Minderheitenrechte.

Als dritte Einsicht und Herausforderung stellt sich heraus: Sowohl für das Judentum wie das Christentum wie den Islam erweist sich als zentrale Frage: Wie verhält sich diese Religion zu ihrem eigenen Mittelalter (zumindest in Christentum und Islam als die »große Zeit« angesehen) und wie zur Moderne, wo man sich in allen drei Religionen in die Defensive gedrängt sieht. Das Christentum hat nach der Reformation einen weiteren Paradigmenwechsel, den der Aufklärung, durchmachen müssen. Das Judentum aber machte zuerst die Aufklärung durch und erlebte im Anschluß daran zumindest im Reformjudentum eine religiöse Reformation. Der Islam aber machte keine religiöse Reformation durch und hat von daher auch mit der Moderne bis auf den heutigen Tag ganz besondere Probleme.

III. Konsequenzen für Gegenwart und Zukunft

Sie haben vermutlich alle auch die Erfahrung gemacht: Viele Juden, Christen und Muslime, die das moderne Paradigma bejahen, verstehen sich untereinander besser als mit den eigenen Glaubensgenossen, die in anderen Paradigmen leben. Umgekehrt können dem Mittelalter verhaftete Römisch-Katholische sich zum Beispiel in Fragen der Sexualmoral mit den »Mittelalterlichen« im Islam und im Judentum verbünden (UN-Bevölkerungskonferenz Kairo 1994).

Wer Versöhnung und Frieden will, wird um eine kritisch-selbstkritische Paradigmenanalyse nicht herumkommen. Nur so lassen sich Fragen beantworten wie diese: Wo sind in der Geschichte des Christentums (und natürlich auch der anderen Religionen) die Konstanten und wo die Variablen, wo Kontinuität und wo Diskontinuität, wo Übereinstimmung und wo Widerstand? Dies ist eine vierte Einsicht und Herausforderung: Zu bewahren ist vor allem das Wesen, das Fundament, der Kern einer Religion und von daher die vom Ursprung her gegebenen Konstanten. Nicht unbedingt zu bewahren ist alles das, was vom Ursprung her nicht wesentlich ist, was Schale und nicht Kern, was Ausbau und nicht Fundament ist. Aufgegeben (oder auch umgekehrt entwickelt) werden können, wenn es sich als notwendig erweist, alle die verschiedenartigen Variablen.

So verhilft denn eine Paradigmenanalyse angesichts all des religiösen Wirrwarrs gerade im Zeitalter der Globalisierung zu einer globalen Orientierung. Wir befinden uns zweifellos in einer heiklen

Schlüsselphase für die Neugestaltung der internationalen Beziehungen, des Verhältnisses Westen – Islam und auch der Beziehungen zwischen den drei abrahamischen Religionen Judentum, Christentum und Islam. Die Optionen sind deutlich geworden: entweder Rivalität der Religionen, Zusammenprall der Kulturen, Krieg der Nationen oder Dialog der Kulturen und Frieden zwischen den Religionen als eine Voraussetzung für den Frieden zwischen den Nationen! Sollten wir angesichts der tödlichen Bedrohung der Gesamtmenschheit nicht anstatt neue Dämme des Hasses, der Rache und Feindschaft aufzurichten, lieber die Mauern des Vorurteils Stein um Stein abtragen und damit Brücken des Dialogs bauen, Brücken gerade auch zum Islam?

Für diesen Brückenschlag ist von entscheidender Bedeutung, und dies ist eine fünfte Einsicht und Herausforderung: So verschieden auch die drei Religionen sind und so unterschiedlich die verschiedenen Paradigmen, die da im Lauf der Jahrhunderte und Jahrtausende wechseln: Es gibt gerade auf der ethischen Ebene Konstanten, die einen solchen Brückenschlag ermöglichen.

Seit der Mensch sich aus dem Tierreich entwickelt hat und zum Menschen wurde, hat er auch gelernt, sich menschlich und nicht unmenschlich aufzuführen. Aber die Bestie ist mit der Triebnatur des Menschen trotz des nun entwickelten Vernunftgebrauchs eine Realität im Menschen geblieben. Dies betrifft nicht nur die gemeinen Triebtäter wie Verbrecher an Kindern und Jugendlichen, sondern auch Wirtschafts- und Finanzbosse, welche Bilanzen gefälscht und andere um Millionen, ja Milliarden betrogen haben. Es betrifft auch Staatsmänner, die große Nationen mit Lügen von Orwellschem Ausmaß in einen ausweglosen Krieg getrieben haben und für den Tod von Zehntausenden und die Folter von Tausenden verantwortlich sind. Diese eklatanten Fälle machen deutlich, was auch für den Alltag gilt: Immer wieder mußte und muß sich der Mensch neu darum bemühen, sich menschlich und nicht unmenschlich zu verhalten.

So finden sich denn in allen religiösen, philosophischen und weltanschaulichen Traditionen einige einfache ethische Imperative der Menschlichkeit, die bis heute von größter Bedeutung geblieben sind. Vom Parlament der Weltreligionen wurden sie 1993 in Chicago in einer »Erklärung zum Weltethos« in unsere Gegenwart hinein übersetzt und 1997 vom InterActionCouncil früherer Staats- und Regierungschefs in dem Vorschlag einer »Allgemeinen Erklärung der Menschenpflichten« (»responsibilities«) ausgearbeitet:

- »Nicht morden – aber auch nicht foltern, quälen, verletzen« – oder positiv: »Hab Ehrfurcht vor dem Leben!«
  Die Verpflichtung auf eine Kultur der Gewaltlosigkeit und der Ehrfurcht vor allem Leben.
- »Nicht stehlen – aber auch nicht ausbeuten, bestechen, korrumpieren« – oder positiv: »Handle ehrlich und fair!«
  Die Verpflichtung auf eine Kultur der Solidarität und eine gerechte Wirtschaftsordnung.
- »Nicht lügen – aber auch nicht täuschen, fälschen, manipulieren« – oder positiv: »Rede und handle wahrhaftig!«
  Die Verpflichtung auf eine Kultur der Toleranz und ein Leben in Wahrhaftigkeit.
- Und schließlich: »Nicht Sexualität mißbrauchen – aber auch nicht den Partner überhaupt mißbrauchen, erniedrigen, entwürdigen« – oder positiv: »Respektiert und liebet einander!«
  Die Verpflichtung auf eine Kultur der Gleichberechtigung und die Partnerschaft von Mann und Frau.

Wir brauchen wieder Staatsmänner, Wirtschafts- und Gewerkschaftsführer, Medienleute und Kulturschaffende, Männer und Frauen, die sich an diese Imperative der Menschlichkeit halten und Vorbilder sind (eine Jugend ohne Vorbilder ist buchstäblich schlecht dran). Diesen vier ethischen Imperativen, die sich bei Patanjali, dem Gründer des Yoga, ebenso finden wie im buddhistischen Kanon, in der Hebräischen Bibel ebenso wie im Neuen Testament und auch im Koran, liegen zwei ethische Grundprinzipien zugrunde:

- Da ist zunächst jene schon von Konfuzius viele hundert Jahre vor

Christus geprägte und in allen großen religiösen und philosophischen Traditionen bekannte, aber keineswegs selbstverständliche Reziprozitätsregel oder Goldene Regel: »Was du selber nicht wünschest, das tue auch nicht anderen.« So elementar diese Regel ist, so hilfreich ist sie bei der Entscheidung in manchen schwierigen Situationen.
- Abgestützt wird die Goldene Regel durch die gar nicht tautologische Humanitätsregel: »Jeder Mensch – ob jung oder alt, Mann oder Frau, Behinderter oder Nichtbehinderter, Christ, Jude oder Muslim – soll menschlich und nicht unmenschlich behandelt werden. Menschlichkeit, das Humanum, ist unteilbar!

Aus alldem wird klar, mit einem gemeinsamen Menschheitsethos oder Weltethos ist nicht ein ethisches System à la Aristoteles, Thomas von Aquin oder Kant gemeint (»ethics«), sondern einige im Grunde selbstverständliche elementare ethische Werte, Maßstäbe und Haltungen, welche die persönliche sittliche Überzeugung der menschlichen Person und Gesellschaft bilden sollen (»ethic«).

Dieses Ethos ist natürlich immer kontrafaktisch und wird nirgendwo und von niemandem perfekt gelebt. Diese Imperative der Menschlichkeit werden nicht von vornherein erfüllt, sie müssen immer wieder neu in Erinnerung gerufen und realisiert werden. Ich möchte Sie herzlich bitten, sich für ein solches Menschheitsethos in Ihrem Bereich zu engagieren. Denn wie es Kofi Annan bei seiner Weltethos-Rede in Tübingen 2003 gesagt hat: »Wenn es aber falsch ist, einen bestimmten Glauben oder ein bestimmtes Wertsystem wegen der Handlungen oder Aussagen einiger seiner Anhänger zu verurteilen, dann muss es ebenso falsch sein, den Gedanken, dass gewisse Werte *universell* sind, aufzugeben, nur weil einige Menschen diese Werte nicht zu akzeptieren scheinen.«

Lassen Sie mich deshalb schließen mit denselben Worten, mit denen auch der Generalsekretär der Vereinten Nationen seine Rede beschlossen hat: »Gibt es noch universelle Werte? Ja, es gibt sie, aber wir dürfen sie nicht für selbstverständlich halten.

Sie müssen sorgfältig durchdacht,
sie müssen verteidigt,
und sie müssen gestärkt werden.

Und wir müssen in uns selbst den Willen finden, nach den Werten zu leben, die wir verkünden – in unserem Privatleben, in unseren lokalen und nationalen Gemeinwesen und in der Welt.«

Zur Vertiefung

Hans Küng, *Das Judentum. Die religiöse Situation der Zeit,* München 1991; TB München 1999, 6. Auflage 2007.

Hans Küng, *Das Christentum. Wesen und Geschichte,* München 1994; TB Müchen 1999, 5. Auflage 2005.

Hans Küng, *Der Islam. Geschichte, Gegenwart, Zukunft,* München 2004; TB München 2006.

HANS-JOCHEN JASCHKE

Die Situation der römisch-katholischen Kirche in Deutschland und in der Welt

10. März 2000

Herr Altbundeskanzler, Frau Schmidt, es ist für mich eine große Freude und Ehre, daß ich in Ihrer Runde ein paar Worte sagen darf. Ich spreche relativ ungeschützt, nicht unvorbereitet, aber so, daß ich frei formuliere. Wenn Sie mich auf eine einzelne Formulierung festlegen wollen, müssen wir darüber diskutieren. Ich bitte Sie, im Gespräch das Weitere zu klären und zu erfragen. Ich lege Ihnen fünf Gedankenschritte vor und lade Sie ein, sie nachzuvollziehen.

1.

Wer ist die Kirche? Kirche, wenn man vom deutschen Wort ausgeht, hat zu tun mit dem griechischen Kyriakae. Über verschiedene Wortverschiebungen ist es zu dieser deutschen Bildung gekommen. Kyriakae heißt zum Kyrios gehörig. »Kyrie eleison«, sagen wir im Gottesdienst. Der Kyrios ist Christus. Kirche ist der Bereich, der zu Christus, dem Herrn, gehört, die Versammlung, die sich um ihn bildet. Nicht die Versammlung um weltliche Herren, nicht um den Kaiser herum, nicht um einen König, nicht um einen Stammesfürsten. Sie wissen, daß die frühe Kirche im römischen Staatswesen vor der Aufgabe stand, ihr Eigenes zu behaupten. Dem Kaiser gegenüber ist sie loyal in Bereichen, die ihm zugehören, aber sie ist entscheidend ihrem Herrn, ihrem Kyrios, verpflichtet. Das griechische Wort für Kirche heißt Ekklesia. Wir kennen es aus dem Lateinischen, aber dahinter steht das griechische Wort. Ekklesia kommt von »rufen«, hat mit »hören« zu tun. Kirche ist die Gemeinschaft von Menschen, die eine besondere Hörfähigkeit entwickeln, sich rufen und ansprechen lassen und so zusammenkommen.

Mir ist die Erinnerung daran, daß Kirche vom Hören kommt, sehr wertvoll. Sie zeigt uns, daß Christen in der Kirche gemeinsam unter dem Wort stehen und versuchen, es in ihrem Leben zum Ausdruck zu bringen, ihm zu entsprechen. Sie ist mir deswegen so wichtig, weil das Wort eine humane Realität, eine Dimension kennzeichnet, die zutiefst menschlich ist und uns gerade als Menschen verbindet, als Menschen guten Willens, auch wenn nicht alle eng mit der Kirche verbunden sind. Ich bin der festen Überzeugung, daß die Hörfähigkeit des Menschen, die Dialogfähigkeit, die damit zu tun hat, daß man Worte vernehmen, Worte wechseln kann, unverzichtbar für eine entwickelte Persönlichkeit und für eine humane Kultur ist.

Bei Plato, dem Lehrer des Abendlandes, begegnet uns Sokrates, eine meiner Lieblingsgestalten, mit folgenden Worten. Bevor er den Weg zum Tod geht, sagt er: »Man muß sich in den wichtigen Fragen des Lebens sein eigenes Urteil bilden. Das erreicht man, indem man sich austauscht, im Dialog über Einsichten und Meinungen. Dann soll man«, rät Sokrates pragmatisch, »dem folgen, was in einer Dialogrunde die größte Wahrscheinlichkeit für sich beanspruchen kann. Darauf soll man setzen.« Popper hat in unserer Zeit ähnliches gesagt. Sokrates fährt fort: »Wenn man sich so ein Urteil gebildet hat, dann kann man dieses Wort nehmen wie ein Floß, das einen über die unsicheren Wasser des Lebens trägt und eine Überfahrt über die Meere garantiert. Aber«, lädt Sokrates ein, »vielleicht läßt sich doch noch ein festeres Fahrzeug gewinnen, nicht nur ein wackliges Floß. Vielleicht läßt sich ein Boot, ein Nachen dadurch erreichen, daß uns ein göttliches Wort zugesprochen wird. Von ihm angerufen können wir ihm folgen und so wie in einem Boot über die Wasser des Lebens kommen.« Sokrates hat das göttliche Wort als sein Daimonion, in seinem Gewissen vernommen. Er mußte dem Anspruch des Gottes folgen. Sokrates ist eine der Lichtgestalten und humanen Persönlichkeiten, die unsere abendländische Tradition bis heute prägen. Christen haben in den Anfängen der christlichen Tradition in Sokrates eine Art Vorläufer Christi gesehen. Sie haben gespürt: Hier scheint etwas auf von der edlen Art der *humanitas*, die uns in Christus begegnet. Das Sterben des Sokrates, des Unschuldigen, deutet hin auf den Tod des schuldlosen Christus am Kreuz.

Sich rufen lassen, hören, Worte machen im Dialog, darauf bauen und offen sein für ein göttliches Wort, das mit einem anderen Anspruch auftritt und größere Sicherheit geben kann – Menschen, können Worte machen und Sätze bilden. Wir sind, so sagen die Philosophen, wahrheitsfähig. Menschen können auch ein Wort von außen hören, das ihre eigenen Worte klärt. Ich will die Erinnerung daran, daß der Mensch Hörer des Wortes ist, gerade in unserer schnellebigen Zeit wachhalten. Das Wort zählt heute nicht viel. Die Wortbeiträge in den flotten Rundfunkprogrammen, die *takes*, dürfen nur knapp bemessen sein, länger ist der moderne Hörer angeblich nicht hörfähig. Altmodische Wortsender wie das Deutschland-Radio, der Deutschlandfunk, der NDR 3 bilden die Ausnahme. Wir erleben die Zeit der schnellen, unverbindlichen Worte. Nehmen Sie den Talk, der uns in allen Kanälen des Fernsehens den ganzen Tag begleitet. Hier geht es nicht um Wahrheit, um den Versuch, sich darüber anszutauschen, sondern um Reize, um das Interessante, um die Effekte, immer natürlich um die Einschaltquoten.

Peter Handke hat in seinem Stück »Kaspar«, das mich als jungen Menschen beeindruckt hat, den Menschen zwischen die verschiedenen Einsprecher gestellt. Sie rufen ihm von allen Seiten Worte zu und sagen ihm, was er tun soll. Der Kaspar hat immer nur wiederholt: »Ich möchte ein solcher werden, wie einst mein Vater gewesen ist.« Handke will uns sensibel machen für die Einsprecher, die uns aus allen Richtungen zu beeinflussen suchen. Ich will mich daran halten, daß wir wortfähig bleiben: Jeder als einzelner in seinem Gewissen, wo er hören kann, was er zu tun habe, verbindlich, fordernd. Das gibt uns unsere Würde; aber auch als Gemeinschaft, als Gesellschaft haben wir unsere Ehre darin, Sorge zu tragen um wahre, verläßliche Worte und ihnen Raum zu geben.

Ich will für eine Kirche leben und da sein, die ein Raum des Wortes ist. Wir hören das Wort Gottes, das uns in Christus begegnet, das Wort der Bibel. Wir bringen das Gotteswort zusammen mit den Menschenworten und versuchen, im Dialog, im Kommunizieren mit den vielen Einsichten gemeinsame Wahrnehmungen zu erreichen. Wir erinnern uns daran, was eine entwickelte Humanität sein muß.

Ich bin kein Kirchenfunktionär, der etwas verkaufen und sich jeden Morgen über den Tageskurs, die Tagesmeinung schlaumachen muß. Die Kirche hat entscheidend mit der größeren Dimension des Wortes zu tun.

2.

Kirche in Deutschland, das ist die Kirche mit ihrer Tradition und ihrer Geschichte, verbunden mit menschlichen Namen. Nehmen wir Hamburg. Wir sind stolz darauf, evangelische und katholische Christen, daß Hamburg an seinem Anfang einen Namen hat: Ansgar, mit ihm beginnt Hamburg. An unserer Kirche baut ein junger Mönch aus der benediktinischen Kultur, der den Auftrag erfahren und dann von der Kirche bekommen hat, den Völkern seiner Zeit Gottes Wort zu verkünden. Er stellt sich dem Anspruch des Propheten Jesaja, bis zu den fernen Inseln die gute Nachricht von Gott zu bringen. Hamburg war ein Ausgangspunkt für den Norden, der sich dem Christentum öffnete und Missionaren ein weites Arbeitsfeld bot. Ein anderer großer Name: Bonifatius, der Apostel der Deutschen. Wie kein zweiter hat er, lange vor Ansgar, die Kirche in unserem Land aufgebaut.

Die Kirche Deutschlands ist verbunden mit Orten und Einrichtungen. Wir haben St. Michaelis Hildesheim vor Augen, diese großartige Kirche, wo weltliche und geistliche Gewalt in einem Bau zusammenkommen. Das Westwerk, der Ort des Kaisers, und der Osten, der Ort des Bischofs, bilden eine Spannungseinheit. Nehmen wir aus nachreformatorischer Zeit den Hamburger Michel, das

Symbol für die Stadt Hamburg und darüber hinaus für Deutschland. Der deutsche Michel steht unter dem Schutz des wachen und starken Erzengels Michael, dem überall in Deutschland so viele Sankt-Michaelskirchen geweiht sind.

Ein wichtiger Name für die Kirche in Deutschland ist Martin Luther, der Reformator, der mit seiner ganzen Kraft das Wort erfahren und entwickelt hat, der Mann, der als einzelner – »Hier stehe ich, ich kann nichtanders« – der Tradition der Kirche in der Kraft des Wortes widersprochen hat. Sein großer Einspruch richtete sich gegen eine Kirche, die sich zwischen den einzelnen und Gott schieben wollte. Er erhob Protest gegen eine Kirche, die dem einzelnen sein Gewissen abnehmen wollte, in der man wie in einer Art Heilanstalt alles Mögliche erwerben könnte und sich so Gott gegenüber sichern würde. Martin Luther hat mit Entschiedenheit den einzelnen in sein unmittelbares Verhältnis zu Gott gestellt.

Soll ich wahllos einige neuere Namen nennen? Was wäre Deutschland ohne einen Dietrich Bonhoeffer, ohne einen Alfred Delp? Was wären wir ohne eine Frau wie Edith Stein, die Schülerin von Edmund Husserl, die Jüdin, die den Weg in den Karmel gegangen ist und mit ihrem Volk in Auschwitz ermordet wurde? Im Nachkriegsdeutschland zählen Hanns Lilje oder Otto Dibelius, Kardinal Frings oder Kardinal Volk. An einem Europa aus christlichem Geist haben ein Robert Schuman gebaut, ein Charles de Gaulle, ein Konrad Adenauer. Und wenn wir an lebende Persönlichkeiten in unserem Land denken, dann dürfen wir doch an unseren Bundespräsidenten erinnern, an Sie, Helmut Schmidt, und auch der Altbundeskanzler Kohl, der jetzt im Büßergewand auftritt, steht immer auch in kirchlichen Kontexten.

Kirche in Deutschland, das sind auch Zahlen. Wir haben rund 27 Millionen Katholiken, 33,4 Prozent, und etwa genauso viele Protestanten. Die neuesten Zahlen geben den Katholiken wieder einen leichten Vorsprung. Im ganzen teilen sich die beiden Kirchen die große Zahl der Christen. Vor der Wiedervereinigung sah es etwas anders aus, die Katholiken besaßen zahlenmäßig ein leichtes Übergewicht. Im neuen Deutschland also gehören 67, fast 70 Prozent der Bevölkerung entweder der katholischen oder der evangelischen Kirche an. Bei solchen Zahlenverhältnissen ist Deutschland durchaus ein christliches Land. Die Kirchen sind nicht eine *quantité négligeable*. Sie bilden nicht eine Religionsgemeinschaft unter vielen gleichen, mit denen sie konkurrieren müßten.

Besonders interessieren uns die Kirchenaustritte. 1998 haben wir sichere, klar ermittelte Zahlen. 120 000 Katholiken sind aus der Kirche ausgetreten, 196 000 evangelische Christen. Im Jahr 1999 hat es wohl eine Zunahme um drei oder vier Prozent gegeben; die genauen Angaben liegen noch nicht vor. Ich greife wahllos noch eine Zahl heraus: 1992 sind 192 000 Katholiken ausgetreten und 361 000 Protestanten. Die Zahlen schwanken auf einem beängstigend hohen Niveau. Die Katholiken liegen nach wie vor unter den evangelischen Christen. Traditionsgemäß ist ihre Kirchenbindung stärker, aber Katholiken haben gut aufgeholt und sind bestens dabei, die ökumenische Eintracht auch auf diesem Feld herzustellen.

Wahrscheinlich werden wir auf diesem Niveau bleiben, und das muß uns schwer zu schaffen machen. Wir verlieren Menschen, und das ist viel mehr als Geld. Für den Osten habe ich keine präzisen Angaben. Von der Tendenz her scheinen die Zahlen im letzten Jahr leicht zurückgegangen zu sein. Nach der Wiedervereinigung gab es einen gewissen Anstieg, weil Listen bereinigt wurden und Leute auf einmal staunten, daß ihnen soviel Kirchensteuern abgezogen wurden.

Der Osten hat nur eine kleine Zahl von Christen. Wir liegen bei knapp zwanzig Prozent, Katholiken unter fünf, Protestanten unter zwanzig Prozent. So ist im Osten weitgehend eine Entkirchlichung gelungen – fünfzig Jahre Sozialismus, zum Teil schon vorbereitet durch die braune Ideologie. Die Entchristianisierung hat eine lange Tradition.

Zur Zeit bin ich in Mecklenburg dabei, die Firmung zu spenden. In der Regel kommen aus den kleinen Gemeinden sechs bis fünfzehn Jugendliche zur Firmung. Größere Ortsgemeinden können schon mal sechzig Jugendliche stellen. Die Konfirmandenzahlen der evangelischen Gemeinden sollen sich nicht wesentlich unterscheiden.

Zahlen sind trocken, aber doch interessant: Im Jahre 1997 sind jeden Sonntag 4,8 Millionen katholische Christen zur Kirche gegangen, nicht so wenige, wenn man sie auf einen Platz stellt. Bei den Evangelischen kann ich das nicht ermitteln, die Zahlen sind wesentlich geringer. Aber wenn man evangelische und katholische Christen, die in Hamburg jeden Sonntag zur Kirche kommen, auf den Rathausmarkt stellt, kommt schon eine erhebliche Zahl zusammen, Sonntag für Sonntag.

Wir zählen in Deutschland 17931 Geistliche, katholische Priester. Der Anstoß weiter Kreise unserer Gesellschaft am Zölibat richtet sich also gegen rund 18000 zölibatäre Männerexistenzen in Deutschland. Große Probleme haben wir beim Priesternachwuchs. Jungen Leuten ist die priesterliche Lebensform heute nur schwer zu vermitteln. Sie ist kaum attraktiv und widerspricht vielfach dem Lebensgefühl der jungen Männer. Unsere Kirche nimmt damit jetzt und auf Dauer großen Schaden.

Zur Kirche in Deutschland gehören die historischen Gegebenheiten. Wir haben ein Ineinander von Kirche und Gesellschaft, keine strenge Trennung von Kirche und Staat. In vielen Bereichen halten wir gute und wichtige Kontakte miteinander. Die Kirche übernimmt Aufgaben der Gesellschaft: im Krankenhausbereich, in der Sorge für Kinder, in Schule und Erziehung, in sozialen Bereichen. Kirche ist also durchaus eine gesellschaftliche Größe, anders etwa als in Frankreich, anders auch als in den USA, wo gesellschaftliche Aufgaben der Kirche vor allem auf privater Basis wahrgenommen werden. In Deutschland werden sie durch finanzielle Förderung des Staates in Form entsprechender Alimentation ermöglicht. Sicher sparen Gesellschaft und Staat damit auch Gelder. Mit der Unterstützung einzelner Gruppen sind öffentliche Gelder gut eingesetzt. Aber die Kirche ist im Vergleich zu anderen Ländern der Welt in Deutschland gut ausgestattet.

Tendenzen und aktuelle Entwicklungen: Auch die katholische

Kirche erfährt sich als partikularisiert. Sie soll als eine Gruppe unter vielen gelten: Religion wird zur Privatsache. Wir erleben Unsicherheiten und Streit über den richtigen Weg. Eine starke Tendenz läuft seit Jahren auf die Forderung hinaus, wir müßten uns aus gesellschaftlichen Pflichten zurückziehen und stärker auf den religiösen Bereich und auf eine intensive Gemeindearbeit konzentrieren.

Nach meiner Überzeugung muß die Kirche in der Gesellschaft unbedingt Motor für bestimmte Aufgaben bleiben. Wir dürfen das Feld nicht den anderen überlassen. Ich gehöre zu denen, die immer wieder leidenschaftlich für die Volkskirche plädieren. Wir dürfen das Volk nicht verlieren und anderen Kräften überlassen. Kirchenvertreter müssen auch in der Öffentlichkeit ihr Wort machen. Sie können bei bestimmten Gelegenheiten eine stellvertretende Funktion in der Gesellschaft ausüben. Ich halte es für eine gute Sache, wenn Hamburg öffentlich Trauer im Michel begeht, auch für Menschen, die der Kirche nicht mehr eng verbunden sind. Der Michel kann ein Ort sein, an dem symbolisch deutlich wird, daß wir die Worte, die wir suchen und auch verlieren, neu gewinnen und klären lassen durch Gottes Wort, das von außen zu uns kommt.

Andere sind eher der Meinung, wir müßten uns in Deutschland von manchem trennen, was die Kirche mitschleppt, von gesellschaftlichen Zwängen und Belastungen. Im Bild gesprochen: Unser Mantel ist zu groß und auch zu schwer geworden. Wir können mit ihm nicht mehr all das sinnvoll abdecken, was darunter steckt. Wir haben Krankenhäuser, die vom Titel her christlich sind, aber Mangel an christlichem Geist leiden. Immer weniger Ordensfrauen oder Ordensbrüder wirken in unseren Häusern. Wir stehen mehr und mehr unter den gesundheitspolitischen Zwängen, die für alle gelten. Ich will so viel wie möglich festhalten und setze auf die positiven Möglichkeiten. Aber man kann darüber diskutieren, ob wir uns nicht stärker und wirkungsvoller konzentrieren müssen.

Sollen wir uns im Schulbereich – wir haben in Hamburg mehr als zwanzig katholische Schulen, Privatschulen, davon zwei große Gymnasien mit über tausend Jugendlichen jeweils – dieses Engagement noch leisten, oder ist das nicht eine Aufgabe des Staates? Manche raten zur Konzentration auf die Gemeinde und zu einem sinnvolleren Einsatz der Mittel und Ressourcen. Sollen wir an den öffentlichen Schulen weiter um den Religionsunterricht kämpfen? Die meisten von uns treten massiv dafür ein. Aber wie wird es auf Dauer weitergehen? Wie werden wir den ökumenischen Herausforderungen an den Schulen und den Realitäten im Osten gerecht?

3.

Ich nenne ungeschützt einige Themen zur aktuellen Verantwortung der Kirche in der Gesellschaft.

Wir haben vor wenigen Jahren, evangelisch-katholisch, das gemeinsame Wort zur wirtschaftlichen und sozialen Lage verfaßt. Wir haben viele gesellschaftlich relevante Gruppen zum Dialog eingeladen und im Gespräch mit ihnen eine Plattform erarbeitet. Die Kirche soll nicht Politik machen, aber Politik möglich machen: »Wir haben versucht, Voraussetzungen für eine Politik zu schaffen, die sozial und marktwirtschaftlich zugleich ist. Wir haben an die grundlegenden Bedingungen erinnert, die unsere soziale Marktwirtschaft in der Bundesrepublik geprägt haben, und sie im Blick auf die neuen Gegebenheiten – auch in der globalen Welt – fortgeschrieben. Manche, besonders Wirtschaftsfachleute, sagen, das sei zu allgemein geraten, es bilde vor allem ein Sammelsurium wohlmeinender Absichten ohne den packenden Zugriff. Immerhin stellt es einen wichtigen Versuch dar, eine gemeinsame Orientierung zu gewinnen.

Die katholische Kirche hat in einer Arbeitsgruppe später einen Text unter dem Stichwort »Beteiligungsgerechtigkeit« nachgeliefert. Ein weiterführendes Modell von Gerechtigkeit muß so aussehen, daß es nicht vor allem eine Verteilungsgerechtigkeit fördert, von oben nach dem Gießkannenprinzip oder nach anderen Kriterien, sondern wir brauchen eine Form von Gerechtigkeit, die den einzelnen in die Pflicht nimmt. Sie muß es ihm möglich machen, sich mit seinen Gaben und Begabungen einzusetzen, sich an einem umfassenden gesellschaftlichen Prozeß zu beteiligen. Ich halte ein solches Leitbild für eine herausfordernde Vision, mit der die Menschen ermutigt und zugleich ernst genommen werden. Roman Herzog hat sich eine Gesellschaft der Selbständigen gewünscht und von dem berühmten »Ruck« gesprochen, der uns in Bewegung bringen muß.

Zu den aktuellen Affären und den Fragen um die öffentliche Moral: Was sollen die Kirchen tun? Ich persönlich war froh, daß Kirchenvertreter der Versuchung widerstanden haben, ihrerseits Moralpredigten zu halten oder moralische Appelle von sich zu geben. Ich habe als politisch, nicht parteipolitisch Engagierter aufmerksam festgestellt, wie sehr wir es zur Zeit mit moralischen Kategorien zu tun haben. Abgesehen von Gesetzesverstoß und Rechtsbruch ist die Rede von Lüge, von Fälschung, von Betrug. Wir hören von Umkehr und Neuanfang, von Reue und Buße, vor allem von mangelnder Bußfertigkeit.

Eigentlich ist es nicht schlecht, wenn eine Gesellschaft auf einmal eine hohe Moral zum Thema hat und wenn sich alle an diesen Maßstäben messen müssen. Für mich besteht aber bei einer zu steil geäußerten Moral schon das Problem, wie sie sich mit politischen Angängen vermischt. Wenn Moral mit handfesten parteipolitischen Interessen verbunden ist, bin ich als erfahrener Seelsorger und Beichtvater methodisch prinzipiell mißtrauisch. Kirchliche Appelle müssen das allgemeine Bewußtsein prägen, sie sollen für alle gelten und nicht zur öffentlichen Verurteilung einzelner beitragen. Selbstverständlich muß eine Gesellschaft ermutigt werden, Vorgänge aufzuklären, die nicht in Ordnung sind. Die Wahrheit zu sagen, muß ein moralischer Appell für die ganze Gesellschaft sein. Aber umgekehrt gehört es zur öffentlichen Moral, keine Vor- und keine Pauschalverurteilungen vorzunehmen. Verdächtigungen und Halbwahrheiten können schlimmer als die Unwahrheit sein. Solche Herausforderungen wünsche ich mir von der Kirche öffentlich hochgehalten.

Moral und Anstand verlangen, daß eine Gesellschaft sich keine Sündenböcke macht. Es ist unmoralisch, wenn Opfer gefordert und öffentliche »Hinrichtungen« vorgenommen werden. In einem Verdächtigungsklima kann kein gutes Zusammenleben gedeihen. Ich wünsche mir eine Gesellschaft mit Augenmaß, auch mit einem gnädigen Nachsehen.

Moral muß im letzten etwas sehr Persönliches bleiben. Natürlich gibt es objektive Tatbestände wie kapitale Verbrechen und ähnliches. Aber jenseits davon möchte ich mich in einem öffentlichen Urteil über die persönliche Moral und Integrität eines einzelnen zurückhalten. Ich kann und muß sagen: Er hat sich falsch verhalten, er muß die Folgen dafür aushalten. Aber ihn moralisch öffentlich anzuzählen, halte ich für nicht anständig. Kann die Kirche im Abwägen und richtigen Einschätzen dieser Fragen eine Rolle für die öffentliche Moral unserer Gesellschaft spielen?

4.

In der heutigen geistesgeschichtlichen Situation ist es eine bedeutsame Herausforderung für die Kirche, eine Anwältin für Objektivität und Wahrheit zu sein. Wir leben im Zeitalter der Soziologie. Sie stellt fest, was ist. Soziologen können uns sagen, was die Mehrheiten denken. Aber ist das schon richtig und wahr, so sehr es interessant sein muß, zu ermitteln, wie Einsichten und Meinungen zustande kommen? Menschen müssen mit Sokrates und Plato fragen. Gibt es einen Grund für das, was wahr ist, für das Gute, für unsere Urteile und Begriffe, für das Schöne? Wir alle sind geprägt vom Subjektivismus, der sich als die geistesgeschichtliche Kraft der Neuzeit entfaltet. Aber kann es wirklich dabei bleiben, daß jeder meinen muß, was er eben meint, jeder auf seine Weise, und sich damit zufriedengibt? Der bürgerliche Subjektivismus bedarf ebenso wie die bürgerliche Vernunft der entschiedenen Kritik und Korrektur.

In solchen Kontexten sehe ich die Kirche als eine Hüterin von Objektivität und Wahrheit. Lassen wir uns auch von ihr fragen und in grundlegenden Bereichen sagen, was gültig bleibt! Einfacher ausgedrückt: In der Bibel sind Menschheitseinsichten gefunden worden, die in sich bleibend wahr sind. Wir nehmen Schaden, wenn wir sie aufs Spiel setzen. Natürlich kann man aus der Bibel nicht alles ablesen; sie enthält nicht Lösungen für jede Problemsituation; ein fundamentalistischer Umgang mit ihr verbietet sich. Aber bestimmte menschliche Grundtatsachen, wie sie die Zehn Gebote ausdrücken, Wahrheiten über den Menschen und die Welt sind in der Bibel festgehalten. Besonders die katholische Kirche ist der Ansicht, daß der Mensch wahrheitsfähig ist. Er kann mit seiner Vernunft den *splendor veritatis*, den Glanz der Wahrheit, wahrnehmen und über einen klaren und guten Gebrauch der Vernunft zu Einsichten gelangen, die ihn tragen und alle verbinden.

5.

Die alten Kirchenväter haben von der *ecclesia ab Abel* gesprochen. Die Kirche existiert vom unschuldigen Abel an. Damit wollten sie sagen, daß die Kirche immer mit der ganzen Menschheit zu tun hat. In der neueren Theologie heißt es, die Kirche ist jedem Menschen verbunden, der die Hörfähigkeit über sich hinaus entwickelt und als Hörer des Wortes seine Ansprechbarkeit wachhält. So gibt es keine engen Grenzen für die Kirche. Auch wer sich sichtbar von ihr gelöst hat, kann auf seine Weise mit ihr zu tun haben. Damit unterscheiden wir uns von Parteien und Verbänden, von Gewerkschaften und Vereinigungen. Kirchenvertreter, Bischöfe und Priester sind nicht Funktionäre eines Systems, sondern Anwälte für ein Menschsein, das hörfähig bleibt, offen für den größeren Gott.

Als der gegenwärtige Papst einmal gefragt wurde, wie viele Wege es zu Gott gebe, hat er geantwortet: »So viele, wie es Menschen gibt.« Diesen Menschen dient die Kirche. Ihr Weg muß der Mensch sein. Bleiben wir sensibel und wach für Menschen, wo auch immer sie uns begegnen.

MANFRED LAHNSTEIN

Antisemitismus – zur Geschichte eines Vorurteils

10. März 2006

Unlängst haben übereifrige Juden in den USA das National Holocaust Memorial Museum in Washington scharf kritisiert, weil es nach ihrer Meinung zu wenig auf den arabischen Antisemitismus einginge. Das macht wieder einmal klar, wie schwer man sich mit dem Begriff »Antisemitismus« tut. Denn arabischer Antisemitismus, das wäre dann ja semitischer Antisemitismus, ein Widerspruch in sich! Er erklärt sich aber leicht, wenn man weiß, dass dieser Begriff nie logisch, sondern immer ideologisch genutzt worden ist. Ich kenne deshalb auch kein Beispiel dafür, dass er sich jemals gegen nichtjüdische Semiten gerichtet hätte. Deshalb liegt für mich Antisemitismus immer dann vor, wenn es gegen »die Juden« (in ihrer Allgemeinheit) oder gegen »den Juden« schlechthin geht.

Also Antisemitismus – das älteste Vorurteil der Menschheitsgeschichte und leider bis heute auch das wirksamste, soweit ich das beurteilen kann. Den damit verbundenen, recht komplizierten individual- und sozialpsychologischen Fragen kann ich leider nicht nachgehen, obwohl auch das sehr lohnend sein würde.

Insgesamt habe ich die Überzeugung gewonnen, dass sich eine geschlossene Theorie des Antisemitismus nicht konstruieren lässt. Und die Vielschichtigkeit dieses Vorurteils macht eben auch seine Bekämpfung so ungemein schwierig. Für heute abend aber reicht die Feststellung, dass es den Antisemitismus gibt. Wie er sich historisch entwickelt hat, das soll der Gegenstand meines Vortrags sein.

Im Wesentlichen können wir von einer
– christlichen Wurzel
– säkularen Wurzel (mitsamt ihrer rassistischen Variante)

– islamischen Wurzel und
– »antizionistischen« Wurzel

des Antisemitismus sprechen. Dass ich das nur in krasser Verkürzung darlegen kann, bitte ich nun zu entschuldigen.

Christlicher Antisemitismus

Paulus

Der Jude Paulus erkennt mit äußerster Klarsicht, dass eine Koexistenz von jüdischem »Gesetz« und dem christlichen Messias unmöglich ist. Paulus wird zu einem der ersten Christenverfolger. Nach Damaskus dreht Paulus den Spieß um – ebenso kompromisslos. Wenn Christus wirklich der Messias war, dann war die Zeit des jüdischen »Gesetzes« vorüber. Der Messias war der Herr der Welt.

Noch Paulus selbst formuliert dann den Unterschied zwischen dem von Gott gegebenen »Gesetz« und dem, was die Juden daraus gemacht hatten. In der Folgezeit werden sie als »verstockt« hingestellt, weil sie die »wahre Botschaft« nicht annehmen wollten. Und in seiner Zeit wird auch die These der Juden als »Gottesmörder« entwickelt. Damit sind zwei der Hauptargumente des christlichen Antisemitismus in der Welt.

Die Zeit der Kirchenväter

Zu Beginn des vierten Jahrhunderts erklärt Kaiser Konstantin das Christentum zur Staatsreligion. Und rasch macht die frühe Kirche daraus die Alleingültigkeit der christlichen Lehre.

In seiner Schrift vom »Gottesstaat« vollendet dann Augustinus die theologische Fundierung des christlichen Antisemitismus. Er fordert, alle zwischenmenschlichen Institutionen und Beziehungen unter die Gebote des Christentums zu stellen. In dieser Welt war für die Juden kein Platz. In einer Kampfschrift »Wider die Juden« erklärt er sie »des ungeheuren Vergehens der Gottlosigkeit schuldig«.

Und als erster Theologe legt er dann auch den Juden seiner Zeit den Tod Jesu zur Last, was ihre ewige Knechtschaft bedinge (perpetua servitus).

Die Zeit der Kreuzzüge und das Mittelalter

Nach einer Zeit der relativ ruhigen Koexistenz im karolingischen und ottonischen Reich sowie einer Blütezeit jüdischer Kultur bricht zur Zeit der Kreuzzüge der Judenhass voll aus. Als Papst Urban II. im November 1085 den ersten Kreuzzug »gegen die Ungläubigen« und zur »Befreiung des Heiligen Landes« ausruft, schwappt eine Welle der kollektiven Hysterie über Deutschland und Frankreich. Waren die Juden etwa keine »Ungläubigen«? Hatten sie etwa keine Kontakte zu den Muslimen? Und woher sie wohl ihren Reichtum haben? Hier macht sich der Sozialneid christlicher Kaufleute die kollektive Hysterie der Zeit bewusst zunutze. Die Antwort: Massaker und Massenmord, eine ungehemmte Ausbeutung der Juden durch ihre christlichen Schutzherren, wobei das »kanonische Zinsverbot« eine unheilvolle Rolle spielt.

Im Hohen Mittelalter kommt es noch schlimmer. 1215 fordert das Vierte Lateranskonzil für Juden eine besondere Kleidung. 1240 wird in Paris der Talmud, ein Buch also!, in öffentlicher Gerichtsverhandlung verurteilt. 1290 werden die Juden aus England, 1306 aus Frankreich verbannt. Die »Macht der Bilder« wird gezielt gegen die Juden eingesetzt – in Flugschriften, Passionsspielen und Kathedralskulpturen. Nachdem dann die katholische Kirche die »Transsubstantionslehre« verkündet hatte, kommen rasch die Ritualmord- und Hostienlüge dazu, die, zumal in der fürchterlichen Periode des »Schwarzen Todes«, erneut zur schrecklichen Verfolgung führen. Ghettos entstehen, und in weiten Bereichen des Reiches werden die Juden vogelfrei.

Die düstere Geschichte der spanischen Inquisition und die darauf folgende Massenflucht der ruhmreichen sephardischen Gemeinde ist Ihnen wohl vertraut, so dass ich sie nicht weiter erwähnen muss.

Reformation

Es folgt die Reformation; es folgt Martin Luther. Bei ihm hat sich eine zwar komplizierte, dem Grunde nach aber klare Entwicklung vollzogen. Lange Zeit hat der Reformator wohl gehofft, die Juden für den christlichen Glauben gewinnen zu können. Der Jude ist also ein Menschenbruder, den es zur Gnade Jesu zu rufen gilt. Die Juden aber dachten gar nicht daran, sich von ihrem Glauben zu trennen. Und da schwenkt Luther um, in Positionen, die man durchaus mit dem Etikett »Judenhass« versehen kann. Originalzitate des Reformators aus seiner 1542 veröffentlichten Streitschrift »Von den Juden und ihren Lügen«: »Du siehest nun wohl, dass sie blutdürstige Hunde und Mörder der ganzen Christenheit sind – und zwar mit vollem Willen … Uns lassen sie in der Nässe des Schweißes arbeiten, während sie unterdessen hinter dem Ofen sitzen, faulenzen, prahlen, fressen, saufen und von unserem erarbeiteten Gut gemütlich und wohl leben.« Drastischer ist Sozialneid als Triebfeder für Antisemitismus kaum jemals formuliert worden.

Aufklärung und Neuzeit

Die Aufklärung hat den traditionellen christlichen Antisemitismus in die Defensive gedrängt, aber auch das Nachdenken innerhalb der Kirchen wirksam befördert. Dennoch hat er unter der Oberfläche weiter gewirkt. Nur unter der Oberfläche? Nun – noch im ausgehenden 19. Jahrhundert hat es in Deutschland Gerichtsverfahren gegeben, die angeblichen jüdischen »Ritualmord« oder jüdisches »Blutopfer« zum Gegenstand hatten. Und in der Nazi-Zeit ist er besonders über die »Deutschen Christen« auf widerliche Weise wiederbelebt worden. Nach 1945 haben sich dann beide großen Kirchen und so gut wie alle ihre Sprecher deutlich und endgültig von jeder Form des Antisemitismus losgesagt. Wo immer sich die Reihen gegen den Antisemitismus schließen, sind gläubige Christen heute in vorderster Reihe zu finden. So kann man – mit ganz leisen Vorbehalten – sagen, dass der christliche Antisemitismus nach anderthalb Jahrtausenden endgültig der Vergangenheit angehört.

Säkularer Antisemitismus

Aufklärung und Französische Revolution

Die Wurzeln des säkularen Antisemitismus sind, so erstaunlich das zunächst auch klingen mag, in der Aufklärung und in den Gedanken der Französischen Revolution zu finden. Zu spät wurde erkannt, dass diese Ideen eine – allerdings großartige – »Kopfgeburt« waren. In der gesellschaftlichen Wirklichkeit, aber auch in der Vorstellungskraft der allermeisten Zeitgenossen waren sie weder verankert, noch waren jene im Geringsten auf sie gefasst – Juden eingeschlossen. Als Napoleon sich dann wenig später zu seinen Eroberungszügen aufmachte, waren die Ideen der Französischen Revolution zusätzlich diskreditiert. Für die unterworfenen Völker Europas lag es nahe, Napoleon und die Gedanken der Revolution in einen Topf zu werfen.

Öffnung ja – Aufgabe der jüdischen Identität nein!

Gewiss, es hat damals eine beeindruckende jüdische Minderheit gegeben, die bereit war, sich den Postulaten von Aufklärung und Französischer Revolution beinahe uneingeschränkt zu stellen. Aber die jüdische Welt jener Zeit bestand nicht nur aus dem Salon der Rahel Varnhagen. In ihrer Mehrheit waren die Juden zwar zur Öffnung bereit, nicht aber zur Aufgabe ihrer kulturellen und historisch geprägten Identität. Damit waren Emanzipation und Integration Grenzen gesetzt.

Ökonomische und soziale Ursachen für den Widerstand gegen die jüdische Emanzipation

Der Emanzipationsansatz ist aber nicht nur im Kulturellen stecken geblieben, sondern auch im Ökonomischen und Sozialen. Im 19. Jahrhundert nutzten auch die Juden eine Entwicklung, in der soziale Stellung nicht mehr nur vererbt oder überliefert, sondern zunehmend auch durch persönliche Leistung und Verdienste bestimmt wurde. Das wiederum hat zu einem raschen wirtschaftlichen und sozialen Aufstieg geführt. Unausweichliche Konsequenz: Konkurrenzdruck und gesellschaftliche Spannungen. Damit war eine weitere Ursache für den verbreiteten Widerstand gegen die Judenemanzipation gegeben.

Ideengeschichtliche Entwicklung

Dem Grunde nach waren die Gedanken der Aufklärung, aber auch die Ideen der Französischen Revolution universell angelegt und anders auch gar nicht zu verstehen. Der Kampf gegen Napoleon, den Vertreter der »Grande Nation«, führte dann allerdings dazu, dass die Dimension der »Nation« insgesamt eine erhebliche Bedeutung gewann. Mit dem Wiener Kongress 1815 erfolgte nicht nur die Restauration der alten Dynastien, sondern auch deren Verknüpfung mit dem Nationenbegriff. Es kam noch eine sehr geschärfte Vorstellung vom Staate hinzu. Diese Kombination »Herrscherhaus, Staat, Nation« musste sich restaurativ, ja reaktionär auswirken. In diese Kästen »Herrscherhaus, Nation, Staat« wollten die Juden nicht hineinpassen. Das hat dann zum Vorwurf der »Exklusivität«, später zu dem Gespenst der »Jüdischen Internationale« geführt.

Zu den alten religiösen, sozialen und ökonomischen Vorbehalten treten jetzt also nationalistische und dann auch erste rassistische Argumente hinzu. Die Grundlagen für einen säkularen Antisemitismus waren damit gelegt.

Der Blick auf Deutschland

Noch in der Mitte des 19. Jahrhunderts war »Deutschland« lediglich eine Fiktion, ein Traum, ein fernes Ziel. Denken wir nur daran, dass der letzte »Deutsche Krieg« noch 1866 stattgefunden hat! Damals hat Preußen ja auch gegen Bayern, Württemberg, Hessen und Hannover gekämpft. Deutschland war also alles andere als eine Nation. Goethe hatte in den Xenien gedichtet: »Zur Nation euch zu bilden, ihr hoffet es, Deutsche, vergebens; bildet, ihr könnt es, dafür freier zu Menschen euch aus.« Das war groß gedacht, ging aber an dem verständlichen Wunsch vorbei, eben auch eine Nation werden zu wollen. Und wenn man schon keine Nation hatte, dann wollte man zumindest genau wissen und beschreiben, wie sie denn auszusehen hätte.

Nun: Zunächst einmal musste dieses erträumte Deutschland christlich sein. Die romantische Ader der Zeit machte sodann Märchen und Mythen erforderlich. Rasch aber beriefen sich Männer wie Fichte oder Arndt auch auf die »deutsche« Abstammungs- und Blutgemeinschaft. Diese setzte die Werte- und Gesinnungsgemeinschaft der Aufklärer zunehmend außer Kraft. Es ging mehr und mehr um die »überlegene deutsche Sittlichkeit«. In diesem Bild der idealen Nation war für universelle Ideale kein Platz. Es gab keinen Platz für Liberale oder Sozialisten. Und es gab keinen Platz für die Juden. Und wenn auch die reale gesellschaftliche Entwicklung die formale ökonomische und seit 1869 im Deutschen Bund die politische Gleichstellung erzwang – das antijüdische Stereotyp blieb, und zwar weitgehend unangefochten, fester Bestandteil der deutschen »Leitkultur«.

Der Nationalismus verkommt zum Chauvinismus

Parallel dazu verkommt – und durchaus nicht nur in Deutschland – der einigermaßen aufgeklärte Nationalismus der Jahrhundertmitte zunehmend zu seinem Zerrbild, dem Chauvinismus. Der grassierende Irrglaube an die Überlegenheit der eigenen Nation verband sich mit einer ausgeprägten Fremdenfeindlichkeit, in die die Juden zunehmend einbezogen wurden.

Säkularer Antisemitismus in anderen europäischen Ländern

Diesen Antisemitismus hat es beileibe nicht nur in Deutschland gegeben. Ich erinnere nur an die »Dreyfus-Affäre« in Frankreich. Ich erinnere an die zaristischen Pogrome, denen Zehntausende Juden zum Opfer gefallen sind und die sowohl eine gewaltige Welle der Auswanderung als auch erste zionistische Überlegungen zur Folge gehabt haben.

Drei üble Produkte des internationalen Antisemitismus

Wie international der Antisemitismus damals war, belegen drei seiner übelsten Produkte.

- Da sind die »Protokolle der Weisen von Zion«, um 1898 unter aktiver Mitwirkung der zaristischen Geheimpolizei Ochrana zusammengekocht, von 1929 an dann im Parteiverlag der NSDAP erschienen. 1934 werden sie offizieller Lehrstoff an den deutschen Schulen. Bis heute sind sie in der arabischen Welt geradezu ein Bestseller geblieben.
- Da ist der »Bäder-Antisemitismus« oder seine amerikanische Variante, der »resort antisemitism«. Nirgendwo sonst sahen sich »staatstragende« Bourgeois und der Kleinadel in ihrem hergebrachten Status so bedroht wie in der kleinen Welt der Urlaubsorte. Kein Wunder also, dass im letzten Drittel des 19. Jahrhunderts die Zahl der Kurorte und Seebäder zunahm, die sich als »judenfrei« definierten und das in ihren Prospekten und Anzeigen schamlos kundtaten.Und auch aus den USA des 19. und frühen 20. Jahrhunderts kennen wir Annoncen, in denen es hieß »Keine Mosquitos, keine Malaria, keine Juden« oder »Keine Juden, Hunde oder Schwindsüchtige« (man beachte die Reihenfolge!).
- Und da ist schließlich die üble These vom »Juden als Bolschewisten«. Diese antisemitische Vermanschung von Judentum und Sozialismus griff gerne auf Karl Marx zurück, der 1848 zusammen mit Friedrich Engels das »Kommunistische Manifest« veröffentlicht hatte. Da war es – das Schreckgespenst einer Revolution, der Generalangriff auf das konservative Bürgertum! Das konnte doch nur von den Juden kommen, jenen Feinden alles Bestehenden! Auch diese These ist immer wieder aufgekocht worden, nach der Oktoberrevolution und in der Nazi-Zeit mit besonderer Heftigkeit.

Rassenlehre und Rassenwahn

Frühere Rassenlehren

1853 veröffentlicht Arthur Graf von Gobineau seinen Essay über die »Ungleichheit der menschlichen Rassen«. Weltgeschichte wird als eine Geschichte von Rassenkämpfen definiert. Alte religiöse Vorurteile können von da an in »biologischen« oder »rassischen« Formeln neu aufgegossen werden. Und dann Charles Darwin. Sein bahnbrechendes Werk über den »Über die Entstehung der Arten« (1859) hat, wie wir wissen, gewaltige Folgen gehabt. Rasch ist es insbesondere von deutschen »Sozialdarwinisten« wie Ploetz und Schallmayer rassistisch umgedeutet worden. Auf derartigen Grundlagen entwickelte sich dann in mehreren Ländern eine neue wissenschaftliche Disziplin, die »Rassenhygiene«. 1907 wird die »Internationale Gesellschaft für Rassenhygiene« gegründet.

Diese Rassenlehren sind wissenschaftlich und ethisch mehr als angreifbar. »Rassistisch antisemitisch« in meinem Wortsinn aber sind sie noch nicht gewesen. Ploetz zum Beispiel hat Arier und Juden als die beiden herausragenden Kulturrassen bezeichnet.

Der Kult des »Nordischen«

Andere »Rassenforscher« sind von Anfang an einen anderen Weg gegangen. Hier ist besonders der berüchtigte Houston Stewart Chamberlain mit seinem Kult des »Nordischen« zu nennen. Wen wundert es da, dass Hitler 1934 das Arbeiterproblem kurzerhand nicht als Klassen-, sondern als Rassenproblem bezeichnet hat?

Insgesamt war also der säkulare Antisemitismus durchaus ein europäisches, ja ein internationales Phänomen. Nirgendwo sonst aber hat er sich so konsequent, so bedrohlich entwickelt wie im Deutschland des 19.und frühen 20. Jahrhunderts.

Die deutsche Variante

Es gibt für mich keinen Zweifel daran, dass der Antisemitismus in Deutschland eine ganz besondere Ausprägung erfahren hat. Sie unterscheidet sich von der in anderen Ländern und – sie war bereits vor 1933 weitestgehend vorhanden, ist also kein Produkt der Nazi-Zeit.Nur in Deutschland (und vielleicht noch in Österreich) ist der Antisemitismus für weite Teile der Bevölkerung fester Bestandteil der täglichen Weltsicht gewesen. Nirgendwo so wie bei uns hat er die ideologische und politische Debatte bestimmt. Und nur in Deutschland hat er den Charakter einer verquasten »Weltanschauung« angenommen, auf der Hitler und seine Anhänger mühelos aufbauen konnten.

Diese Erkenntnis ist nicht nur wichtig, sondern auch schmerzlich. Immer wieder wird versucht, die Zeit der Nazis aus der »Kontinuität der deutschen Geschichte« herauszulösen, so als habe es sich gleichsam um einen Betriebsunfall gehandelt. Und die »Zeit vor Hitler« (und vor der Weimarer Republik) wird dann zuweilen in verklärender Nostalgie betrachtet. Der historischen Wahrheit entspricht dies nicht.

Was den deutschen Antisemitismus angeht, so müssen wir uns nicht nur mit der Nazi-Zeit kritisch auseinandersetzen, sondern auch mit den langen Jahrzehnten zuvor. Anders werden wir den Tatsachen nicht gerecht werden können.

Zu diesen kritischen Tatsachen gehörte auch eine deutsche Geisteswelt, die sich um ihren Antisemitismus zumindest keine Gedanken gemacht hat, um es milde auszudrücken. Theodor Fontane, Wilhelm Busch, Ludwig Thoma und Richard Wagner – über sie alle ist genug geschrieben worden.

Noch nachhaltiger aber wird ein »Quintetto infernale« die Weltanschauung des deutschen Normalbürgers geprägt haben:

– Wilhelm Marr – der um 1879 den Begriff des »Antisemitismus« und damit einen Schlüsselbegriff für eine einheitliche Weltanschauung geliefert hat.

– Otto Glagau – der als Chefredakteur der viel gelesenen *Gartenlaube* den Juden den Börsencrash des Jahres 1873 anlastet und gleich den ganzen Kapitalismus als jüdische Erfindung verteufelt. 1879 formuliert er: »Die soziale Frage ist die Judenfrage.«
– Heinrich von Treitschke – die damals führende historische Autorität in Deutschland, der sich zu der Aussage versteigt: »Die Juden sind unser Unglück!«
– Adolf Stoecker – der als Hof- und Domprediger in Berlin den Antisemitismus für Protestanten hoffähig gemacht hat.
– Karl Eugen Dühring – der bereits 1887 Forderungen aufgestellt hat, wie sie fast wortgleich auch im ersten Parteiprogramm der NSDAP zu finden sind.

Von diesen Männern führt eine ununterbrochene Linie bis zu Adolf Hitler. Sie und andere haben entscheidend dazu beigetragen, dass der Antisemitismus in Deutschland zu einem integralen Bestandteil der Welt- und Zeitsicht »staatstragender« Bevölkerungskreise wurde. Er war zum »kulturellen Code« geworden.

Die Frage ist: Was hat zum Entstehen eines derart radikalen Antisemitismus in seiner »deutschen Variante« beigetragen?

Rassentheorien

Da war zunächst die verdummende Wirkung der »Rassentheorien«. Für die Antisemiten war der Fall klar. Jetzt war es wissenschaftlich bewiesen: Es lag an der »Rasse«, der jüdischen! Rassen, das sind eben »fertige Produkte«, die sich nicht mehr ändern lassen. Der bereits erwähnte Houston Stewart Chamberlain hat dann gegen Ende des 19. Jahrhunderts die Juden kurzerhand zu einer lebensgefährlichen »Gegenrasse« erklärt. Wie wir wissen, hat gerade Hitler diesen Chamberlain genau gelesen und sehr geschätzt.

Antisemitische Bewegungen und Organisationen

Man kann sich das heute nicht vorstellen, aber von 1893 an hat im Deutschen Reichstag eine »Antisemitische Partei« mit bis zu 18 Abgeordneten gesessen. Antisemitische Parteien und Vereinigungen,

Bücher und Flugschriften, antisemitische Grundeinstellungen in Teilen der Studenten- und Professorenschaft – all das hat es damals in Hülle und Fülle gegeben.

Wirtschaftliche und soziale Beweggründe

Kaum war 1871 das Deutsche Reich gegründet, kam es zwei Jahre später schon zur ersten schweren Wirtschaftskrise. 1890 folgte ihr eine zweite. Beide waren mit dem millionenfachen Abstieg in die Armut und in die soziale Unsicherheit verbunden. Wer sucht schon die Gründe bei sich selbst? Nein, die Ursachen mussten bei jemand anderem liegen! Und da boten sich – nach dem bislang Geschilderten nicht verwunderlich – die Juden an. Sie waren für viele zum Symbol der verhassten Moderne geworden.

Auf dem Weg zu einer »Weltanschauung«

Chauvinistischer Nationalismus, »völkische« Einstellungen, rassistische Phantasien und Antisemitismus – all das hat sich in Deutschland miteinander vermischt. Und auch die für die damalige Zeit typische Untertanengesinnung hat ihre düstere Rolle gespielt. Bei alledem ist es ja nicht um Systeme rationaler Ideen gegangen. Nein, es ging um eine »Weltanschauung«, die überhaupt nur dadurch ihre Wirkung entfalten konnte, dass sie sich an der Wirklichkeit nicht mehr messen lassen wollte oder musste.

Der Erste Weltkrieg

Wie sind sie »zu den Fahnen geeilt«, all die jüdischen Männer, die die Hoffnung auf wirkliche Gleichstellung und gesellschaftliche Geltung nicht aufgegeben hatten! Jetzt war die Gelegenheit, es den anderen zu zeigen! Man wollte sich weder in Patriotismus noch in Kampfesmut übertreffen lassen. Auch an der »Heimatfront« wurden jüdische Patrioten aktiv. Albert Ballin und Walther Rathenau beispielsweise haben führende Positionen in der deutschen Kriegswirtschaft eingenommen. Dann aber wendet sich das Kriegsglück. »Im Felde unbesiegt«, setzt daheim eine wütende Kritik der Rechten an den »Schiebern« und »Kriegsgewinnlern« ein. Und da ist es wieder, das antisemitische Grundgefühl, die Verschwörungstheorie der »Dolchstoßlegende« eingeschlossen.

Es kamen der November 1918, das Ende, die Abdankung des Kaisers, die Ausrufung der Republik und die Unterschrift unter die Verträge von Versailles. Und jetzt konnten die Antisemiten den Juden auch noch die Niederlage und den »Schandfrieden« anhängen.

Die Zeit der Weimarer Republik

Von 1919 an haben sich, wie wir wissen, in Deutschland mächtige antisemitische Strukturen rasch herausgebildet. Und die deutschen Antisemiten hatten auch eine gewaltige Unterstützung aus den Medien. Allein für 1920 schätzt man, dass rund 20 Millionen Zeitschriften, Broschüren und Bücher »völkischer« und/oder antisemitischer Machart unters Volk gebracht worden sind.

1919 werden Rosa Luxemburg und Karl Liebknecht ermordet. Das antisemitische Milieu der Mörder kann ebenso wenig bestritten werden wie deren Motive. Aber erst als 1922 Walther Rathenau umgebracht wird, reagieren Politik, Medien und die breite Öffentlichkeit. Allerdings – der Weg zur Gewalt war beschritten. Und er sollte nicht mehr verlassen werden.

Hitler und die NSDAP vor 1933

Hitler und die NSDAP haben es vor 1933 immer besser verstanden, die schweren Probleme jener Zeit für ihre Ziele zu nutzen. Zu diesen Zielen gehörte von Anbeginn die »Endlösung der Judenfrage«, auch wenn dies nicht von Anfang an immer so ausgedrückt wurde. Hitler hat 1920 in einer Rede mit dem Titel »Warum sind wir Antisemiten?« in München gesagt: »Die Tat bleibt bei uns unverrückbar fest, sie heißt: Entfernung des Judentums aus unserem Volke.«

Die Nazi-Zeit

Die Jahre bis zum Kriege

Am 30. Januar 1933 wird Adolf Hitler zum Reichskanzler ernannt. Die Nationalsozialisten übernehmen die Macht in Deutschland. In diesem Augenblick geschieht in der jahrtausendealten Geschichte des Antisemitismus etwas Neues: Er wird zur offiziellen Doktrin eines Staatswesens.

Nun – die Nazis ließen sich nicht viel Zeit mit der Umsetzung ihrer antisemitischen Ideen in die Tat. Sie gingen dabei von Anfang an mehrgleisig vor. Sie setzten einen sich wechselseitig verstärkenden Prozess von antijüdischen Gewaltaktionen, staatlichen Repressionsmaßnahmen – vor denen insbesondere der Juristenstand eifrig die Fassade der Legalität aufzog – und einer systematischen Ausplünderung in Gang. Tiefster Antrieb dabei war die »biologistische« Ideologie der Nazis. »Biologie und Erbkunde sind die Wurzeln, aus denen die nationalsozialistische Weltsicht erwachsen ist« (Der Nazi-Arzt Rudolf Ramm, 1943).

Ich glaube, dass die historische Sonderstellung des Nationalsozialismus und auch des Holocaust von keinem anderen Blickwinkel her so deutlich beleuchtet werden kann wie aus dem seiner biologistischen Weltsicht, abgeleitet aus der Rassenlehre. So grauenhaft deren Thesen auch sind, für viele formal gebildete Zeitgenossen ließen sie den Antisemitismus als intellektuell akzeptabel, ja attraktiv erscheinen. Ebenso schlimm – sie verschafften den Tätern ein gutes Gewissen. Zu diesen Tätern haben schon vor dem Krieg auch Mediziner und Angehörige benachbarter Wissenschaftsdisziplinen gehört.

Zunächst kam es zur Zwangssterilisation mit etwa 300 000 Opfern. Das »medizinische Töten« war die nächste Stufe. Hierfür wird häufig, aber irreführend der Begriff »Euthanasie« verwendet. Euthanasie als gewollte und mit tiefen Gewissensgründen versehene, mit Wissen und Zustimmung des Betroffenen vorgenommene Aktion, das ist etwas ganz anderes!

Eins muss klar sein: In keinem Fall sind deutsche Ärzte angewiesen worden, Geisteskranke oder Behinderte ums Leben zu bringen. Sie wurden dazu in die Lage versetzt, und sie haben ihre Aufgabe ohne Protest, oft sogar auf eigene Initiative hin erfüllt. Elemente der »Rassenhygiene« in anderen Ländern schufen »Präzedenzfälle«, auf die man sich berufen und mit denen man sein eigenes Gewissen beruhigen konnte. Zudem gefiel es vielen Vertretern der medizinischen Profession, dass sie den Nationalsozialismus sozusagen als »angewandte Biologie« verstehen durften.

Natürlich waren medizinische Wissenschaftler und Praktiker auch dem Druck der Verhältnisse ausgesetzt. Aber es war keineswegs so, dass sie – immerhin war die Hälfte Mitglieder der NSDAP – nur gehorsam folgten. Viele von ihnen sind willige Wegbereiter einer mörderischen Ideologie gewesen.

Der Holocaust

Auch hier muss ich auf jede Schilderung der Ereignisse verzichten und deren Kenntnis voraussetzen. Mir geht es nur um die zwingende Verknüpfung zwischen Holocaust und der inneren Logik des nazistischen Antisemitismus.

Wer wie die Nazis die Juden aus dem deutsch-arischen »Volkskörper« entfernen wollte, der hatte nur begrenzte Alternativen. Die innere Ausgrenzung und Isolation reichten nicht aus, um das zuverlässig zu verhindern, was Hitler und die Nazis bereits sehr früh als »Ansteckungsgefahr« bezeichnet hatten. Das meinten sie durchaus wörtlich! So sah man zunächst die »Lösung der Judenfrage« in deren mehr oder weniger erzwungenen Auswanderung. Mit der Eroberung Polens aber war das zunehmend unrealistisch und damit obsolet geworden. Immerhin: Noch war an eine konsequente »Ghettoisierung« der Juden zu denken. Und die ist ja auch brutal in die Tat umgesetzt worden.

1941 aber lebten dann in den von Nazi-Deutschland beherrschten Teilen Europas mehrere Millionen Juden. Die »Endlösung der Judenfrage« stellte sich nunmehr im europäischen Maßstab. Es blieb nur eins – die physische Vernichtung.

Wenn man so will, hatten Hitler und der Nationalsozialismus damals zu sich selbst gefunden. Sie schauten in den Abgrund ihrer eigenen Überzeugungen. Und sie sind vor diesem Abgrund nicht zurückgeschreckt. Die eigentliche Mission war die Ausrottung der Juden im besetzten Europa. Da braucht man nur in Hitlers »politischem Testament« vom April 1945 nachzulesen.

Das war der eigentliche Gang der Dinge. Alles andere ist Durchführung, Bürokratie, Taktik, Dekor und Vernebelung gewesen (dazu »Hamburg im Dritten Reich«, Forschungsstelle für Zeitgeschichte, Göttingen 2005).

Nachkriegsdeutschland

Wir müssen zwischen der Entwicklung in der DDR und derjenigen in der Bundesrepublik unterscheiden.

Die Entwicklung in der DDR

Rasch war dort, in enger Anlehnung an Moskau, die Geschichtsschreibung in das Fahrwasser ideologischer Vorgaben gelangt. Die kommunistischen Machthaber waren an einer objektiven Auseinandersetzung mit der jüngsten Vergangenheit nicht interessiert. Deshalb setzte man voll auf die so genannte »antifaschistische Tradition«. Parallel dazu lehnte die DDR jedwede Verantwortung in der Nachfolge des »Dritten Reiches« strikt ab. Als »Arbeiter- und Bauernstaat« war man doch Erbe jener »antifaschistischen Tradition« und von daher selber auf der Opferseite! Ideologisch war das konsequent, aber doch auch auf eine widerliche Weise verlogen.

Als dann 1952 der Slansky-Prozess in Prag zur Sanktionierung des stalinistischen Antisemitismus führte, kam es auch in der DDR zu Repressalien gegen Juden, bis hin zur langjährigen Verbannung nach Sibirien. Dieses überaus düstere und unmenschliche Kapitel deutscher Politik endete mit dem Tod Stalins.

1967 aber wurde dann der »Antizionismus« offizielle Partei- und Staatsdoktrin. Der Zionismus galt nunmehr als Spielart des »kapitalistischen Imperialismus«. So gut wie jede Kritik an Israel war staatlich nicht nur sanktioniert, sondern geradezu willkommen.

Zu einem grundlegenden Wandel ist es erst gekommen, als die Zeit der DDR bereits vorbei war. Die einzige frei gewählte Volkskammer der DDR erkannte im April 1990 die Verantwortung für die deutsche Geschichte an; sie bat Juden und Israelis um Verzeihung.

Die Entwicklung in der BRD

Trotz der totalen Niederlage – der Antisemitismus stirbt nicht über Nacht! Der völlige Zusammenbruch Deutschlands im Frühjahr 1945 hatte längst nicht alle nazistischen Mythen zerstört. Von gemeinsamer Verantwortung für die jüngste Vergangenheit wollten viele Deutsche absolut nichts wissen. Und man wollte sich auch nicht alles schlecht machen lassen. Das glaubte man der eigenen Selbstachtung schuldig zu sein. Es folgte die »Entnazifizierung«, die bei manch einem Beobachter einen schalen Beigeschmack hinterlassen hat. Bei mehr als dreieinhalb Millionen Spruchkammerverfahren kamen 1667 »Hauptschuldige« und 23 060 »Schuldige Belastete« heraus, was einem Anteil von lächerlichen anderthalb Prozent entspricht.

Und der deutsche Antisemitismus blieb virulent. Noch 1952 waren rund siebzig Prozent gegen die Juden ablehnend oder reserviert eingestellt. Es kam die Restauration der Adenauer-Zeit mit Hans Globke und anderen, einem gescheiterten Putsch von Altnazis in der FDP im Jahre 1952 und dem Einzug der neonazistischen NPD in gleich mehrere Landtage im Jahre 1956.

Der Wendepunkt

Ein Wendepunkt trat erst Anfang der sechziger Jahre mit dem Eichmannprozess und den KZ-Prozessen ein. Die einmalige Ungeheuerlichkeit des Holocaust stand nunmehr wie ein Flammenzeichen über dem ganzen Land. Das konnte nicht mehr ausgewischt werden; alte Nazis und Antisemiten gerieten endlich in die Defensive und gingen zunehmend in Deckung.

Für religiös gebundene Deutsche haben aber auch die ehrlichen und selbstkritischen Denkschriften der Evangelischen Kirche in Deutschland sowie die Enzyklika »Nostra Aetate« des Zweiten Vatikanischen Konzils entscheidende Wirkung entfaltet. An den Schulen wurde das Thema »Nationalsozialismus« endlich offen und selbstkritisch angegangen. In den Parlamenten wurde der Kampf gegen den Antisemitismus zum Konsens unter den demokratischen Kräften.

All das bot zum ersten Mal in der jüngeren deutschen Geschichte die Chance, den Antisemitismus als »kulturellen Code« auszuschalten und ihn an den Rand auch traditioneller Weltbilder zu drängen. Dieser Rand blieb allerdings nach wie vor breit, zu breit.

Mittlerweile drohte aber eine neue Gefahr. Als Asher Ben Nathan, der erste Botschafter des Staates Israel, in der Frankfurter Universität die Politik seines Landes nach dem »Sechstagekrieg« von 1967 erläutern wollte, begrüßte ihn neben einem gellenden Pfeifkonzert auch ein großes Transparent, darauf war zu lesen: »Macht den Nahen Osten rot, schlagt die Zionisten tot!«

Ja, auch in Deutschland hatte ein aggressiver »Antizionismus« Einzug gehalten und begann, seine zerstörerische Wirkung in den Köpfen junger Menschen zu entfalten.

Deutscher Antisemitismus – ein harter Kern bleibt

Nach dem Abflauen dieser ersten »Antizionismus-Welle« war der Antisemitismus in Deutschland an den geistigen und gesellschaftlichen Rand geraten, war aus der *political correctness* herausgefallen. Aber, wie gesagt: Der antisemitische Rand blieb breit, zu breit. Zwei Beispiele möchte ich erwähnen:

Die »Auschwitzlüge«. Obwohl sie strafrechtlich geahndet wird, ist sie aus einigen Köpfen immer noch nicht verschwunden, von den Vorstellungen des Wahnsinnigen aus Teheran ganz zu schweigen.

Der »jüdische Bolschewismus«. Im so genannten Historikerstreit tauchte das alte Klischee wieder auf. Der Historiker Nolte stellte Massakervergleiche (ein in sich schon widerliches Unterfangen!) an, um dem Holocaust seine Einzigartigkeit zu nehmen und ihn an historische »Normalität« heranzurücken. Ebenso schlimm: Er deutet, wider alle historischen Fakten, die Judenverfolgung der Nazis als Reaktion auf ein sowjetisches »Terrorprogramm«. In jüngerer Zeit hat dann dieses Stereotyp über den damaligen CDU-Abgeordneten Martin Homann einen müden und hoffentlich letzten Aufguss erfahren.

Insgesamt aber hat sich in all diesen Jahren eine lebhafte und ernsthafte Diskussion über den richtigen Umgang mit der deutschen Vergangenheit und auch über den Antisemitismus entwickelt. Besonders wichtig dabei ist die Rede gewesen, die der damalige Bundespräsident Richard von Weizsäcker zum vierzigsten Jahrestag der Befreiung Deutschlands von der Nazi-Herrschaft 1985 gehalten hat. Er hat Klartext geredet, die Zusammenhänge geradegerückt und einen Maßstab gesetzt, auf den sich seither alle wichtigen politischen und gesellschaftlichen Kräfte im Lande bezogen und berufen haben.

Antisemitismus im vereinigten Deutschland

Bereits 1989 hatten die »Republikaner« durch überraschende Wahlerfolge Aufsehen erregt. Und die Bereitschaft der Rechtsextremen, sich wieder deutlicher zu artikulieren, zeigte sich nicht nur bei ihnen, sondern auch bei Parteien wie der NPD und der DVU. Parallel dazu entwickelten sich »Netzwerke« und »Kameradschaften« mit eindeutig rechtsextremer und antisemitischer Zielsetzung. Sie stellten sich als besonders bedrohlich heraus, weil sie sich gewaltbereit zeigten und mit herkömmlichen Maßnahmen nicht wirksam zu bekämpfen waren.

Nach der Wiedervereinigung häufen sich militante Übergriffe, Brandanschläge auf jüdische Einrichtungen sowie eine rüde Hetze der rechten Publizistik gegen führende Vertreter der deutschen Juden. Aufmärsche der NPD, »Heß-Gedenkfeiern«, verbrecherische Videospiele und dann auch antisemitische Internetauftritte komplettierten ein düsteres Bild. Einen größeren Einbruch in das Denken und Fühlen der Bevölkerung hat all das allerdings nicht erzielt.

Schwieriger war und bleibt die Situation in den »neuen Bundesländern«. Hier sind Millionen einer radikalen und überaus raschen Umstellung ausgesetzt gewesen, für die zuweilen die Leitplanken fehlten. Das mag erklären, warum das Klima in den »neuen Bundesländern« zunächst durch Intoleranz und Fremdenhass gekennzeichnet war in einer Art, die im übrigen Deutschland auf Unverständnis und Entsetzen stieß. Und auch Antisemitismus machte sich im Windschatten dieser Einstellungen breit.

Der »neue Antizionismus«

In den letzten Jahren hat auch in Deutschland mit dem Zusammenbruch des Oslo-Friedensprozesses und der so genannten »Al Aqsa Intifada« ein »neuer Antizionismus« Raum gewonnen, der wie seine Vorgänger ganz eindeutig antisemitische Züge trägt. Verwandt damit war die »Möllemann-Debatte«, die die Gefahr eines »aufgeklärten Antisemitismus« beschwor, wie Hendryk Broder zutreffend bemerkt hat.

Wir dürfen das Buch noch nicht schließen

Insgesamt fällt mein Urteil zur Überwindung des Antisemitismus in Deutschland aber bei aller Vorsicht positiv aus. Über die Jahrzehnte hinweg hat sich ein breiter gesellschaftlicher Konsens herausgebildet, der den Antisemitismus als Regelverstoß begreift und zu ahnden bereit ist. In den einschlägigen Umfragen gehören Antisemiten und Rechtsextreme regelmäßig zu den Personenkreisen, die als besonders unsympathisch eingestuft werden. Zu diesem Prozess hat ein klareres und selbstkritischeres Geschichtsbild vieler Deutscher ebenso beigetragen wie dessen Begleitung durch die Medien und die weltweite Öffentlichkeit.

Die Auseinandersetzung ist aber längst noch nicht bestanden. Internetseiten, Videospiele und Liedertexte, in denen die KZs verherrlicht werden und zum Judenmord aufgerufen wird, sind ebenso wenig nur ein Fall für den Staatsanwalt wie andere Erscheinungsformen des heutigen Antisemitismus. Eins aber ist fürs Erste geschafft: Der Antisemitismus ist bei uns zu einer Randerscheinung geworden.

Allerdings: Unter für sie günstigen Rahmenbedingungen sind Randerscheinungen schon oft genug wieder in die Mitte des Denkens vorgedrungen! Was diese Rahmenbedingungen angeht, wird dem islamischen Antisemitismus besondere Aufmerksamkeit geschenkt werden müssen. Ihm sollen wenige und kurze abschließende Bemerkungen gelten.

Islamischer Antisemitismus

Hier muss ich mich noch mehr als zuvor auf eine brutale Verkürzung einlassen (ausführlicher Text verfügbar).

Der Koran gilt unbedingt

Die im Koran niedergelegte Offenbarung gilt für den gläubigen Muslim unmittelbar und in allen Einzelheiten. Der modifizierenden Auslegung steht er nur sehr begrenzt offen, dem Zweifel schon gar nicht. Alle Lebensbereiche sind unter diese Offenbarung zu stellen.

Im Koran spielt die Auseinandersetzung mit christlichen und jüdischen Glaubensauffassungen eine große Rolle, was historisch sehr verständlich ist

Ganz im Unterschied zum jüdischen Glauben tritt der Islam mit einem universellen und endgültigen Anspruch auf. Der Koran gilt weltweit.

Der Koran und die Juden

Der Koran setzt sich an mehreren Stellen mit den Juden auseinander. Ich will es bei zwei Zitaten belassen.

– »Verfälscher der Schrift« (Sura 4:46)
– »Ihre Strafe: Verwandlung in Affen, Schweine und Götzenanbeter« (Sura 5:60)

In der »Hadith«, der geheiligten mündlichen Tradition, wird bereits die erste Verschwörungstheorie ausgebreitet. Dort wird nämlich behauptet, dass die Juden Mohammeds schmerzhaften, langsamen Tod durch Gift bewusst herbeigeführt hätten.

Zum Verständnis des islamischen Antisemitismus müssen ferner drei Prinzipien herangezogen werden, die das Denken und Handeln von Millionen Muslimen bis heute bestimmen: Scharia, Jihad und Dhimma. Durch die »Scharia« wird das Gesetz als göttliches Gebot begriffen. Islamisches Recht stützt sich immer in erster Linie auf den Koran sowie auf die mündliche Tradition der »Hadith« ab. Eine Trennung zwischen Staat und Religion ist unvorstellbar.

Über den »Jihad« ist viel geschrieben und spekuliert worden. Es ist unmöglich, hierzu eine verbindliche Interpretation zu finden. In ägyptischen Schulbüchern wird Kindern und Jugendlichen bis heute folgende Interpretation vorgesetzt: »Der Jihad ist die Pflicht, die Ungläubigen mit äußerster Energie und Kraft zu bekämpfen, bis sie schwach werden, ihre Staaten verschwinden und sie sich dem islamischen Gesetz unterwerfen.« Logischerweise heißt es dann: »Das palästinensische Volk kämpft den Jihad, um all seine Rechte wiederzuerlangen, seinen Staat auf seinem Land zu errichten und das edle Jerusalem zu dessen Hauptstadt zu machen.«

Die »Dhimma« schließlich regelt für den islamischen Herrschaftsbereich das Verhältnis zwischen Muslimen einerseits, Christen und Juden (»Dhimmi«) andererseits. Juden (und Christen) gehören nach muslimischem Verständnis zu den »Völkern der Schrift«. Sie stehen deshalb unter dem besonderen Schutz muslimischer Herrscher. Allerdings – der Preis hierfür war und bleibt die Unterwerfung unter islamische Oberhoheit.

Wenn wir alles zusammennehmen, dann ist eine antijüdische, ich würde also sagen antisemitische Stoßrichtung von Anfang an im Islam angelegt. Und das ist sie bis heute.

Die islamische Welt verabschiedet sich aus dem Weltkonzert

Ich mache einen großen Sprung ins 19. Jahrhundert. Seit den Niederlagen der Türken vor Wien wurde die Welt des Islam von immer schwereren Schwächeanfällen heimgesucht. Der starre Blick auf das völlig unbewegliche Gesetz des Koran hat dazu geführt, dass die wahren Ursachen dieser Schwäche nicht erkannt oder verdrängt wurden. Die Schuld wurde prinzipiell bei »den anderen«, also im »ungläubigen Europa«, später aber zunehmend auch bei den Juden gesucht. Die Auswirkungen dieser unseligen Entwicklung sind bis heute an allen Ecken und Kanten zu spüren. Bei allem schuldigen Respekt: Der Islam hat seine »Aufklärung« noch vor sich.

Im späten 19. Jahrhundert geht die Schwäche des Osmanischen Reiches in einen langsamen, quälenden Todeskampf über. Als Schutzmacht für den arabischen Raum fällt es zunehmend aus. Hier treiben der britische und französische Kolonialismus seine Blüten. Die durch sie gestützten lokalen Herrscher werden zu Symbolen der Unterwerfung unter die »Ungläubigen«. Hiergegen richtet sich vom frühen 20. Jahrhundert an der politische Widerstand des modernen, panarabischen Nationalismus, während sich im Osmanischen Reich selber die »Jungtürken« regen. Schon vor hundert Jahren also wird der – aus heutiger Sicht verständliche – Kampf gegen die Kolonialmächte zum Kampf gegen den »Westen« und dann auch gegen die Juden und später die Israelis, die man als mit dem Westen in einer großen anti-islamischen Verschwörung verbündet sieht.

Islamischer Widerstand

Unter den Wortführern dieses Widerstandes bricht ein tiefgehender Meinungsstreit aus. Wie soll man auf die rasche Entwicklung der westlichen Zivilisation und auf die eigene Ohnmacht reagieren?

Auf der einen Seite steht die große Gruppe derjenigen, die in einer kontrollierten Öffnung die Lösung sehen. In ganz unterschiedlichen Spielarten ist diese Lösung realisiert worden, wobei in einigen arabischen Staaten Faschismus und Nationalsozialismus eine erhebliche Anziehungskraft ausgeübt haben.

Eine zweite Gruppe aber sah und sieht die Lösung in einer radikalen Rückbesinnung auf die »wahren Werte des Islam« und den Koran. Wir bezeichnen sie als Islamisten. Diese Fundamentalisten sind vor allem deshalb antiwestlich, weil sie den Westen als Ursprung allen Übels sehen.

Der Islamismus ist nun kein Kind von heute oder gar von al Qaida. Begonnen hat vielmehr alles mit den saudischen Wahabiten des 18. Jahrhunderts und mit der »Moslembrüderschaft«, die seit 1928 von Ägypten aus ihren Weg beschritten hat und noch heute wirksam ist.

Alle Islamisten aber, und zwar bis heute!, haben ein klares Programm:

- Kampf gegen die heimischen Herrscher, die als Lakaien des Westens angesehen werden.
- Ein wütender Antisemitismus, der sich nicht nur gegen die Existenz Israels richtet. Für viele Islamisten sind die Juden die eigentlich Bösen.
- Was Israel angeht, so will ich es bei einem Zitat aus der »Charta« der Hamas belassen, mit der wir uns jetzt wieder herumschlagen müssen. Es heißt dort: »Der finstere Plan der Zionisten ist in den ›Protokollen der Weisen von Zion‹ niedergelegt worden, und ihr heutiges Betragen ist dafür der beste Beweis.« Laut Hamas haben die Juden die Französische und die amerikanische Revolution, die Rotary- und die Lions Clubs, die Freimaurerei und die UNO ausgeheckt, »um die Welt über Mittelsmänner regieren zu können«.
- Diesen Verschwörungsphantasien der Islamisten entspricht es auch, dass der Holocaust in aller Regel schlichtweg geleugnet wird. Auch der unberechenbare Präsident des Iran hat also seine Vorläufer und Gesinnungsgenossen.

Nun ist es sicherlich richtig und notwendig, den Islamismus nicht mit dem Islam insgesamt gleichzusetzen. Ohne die geradezu inbrünstige Berufung auf die »einzig wahre« Religion aber wäre er nicht wirksam, ja nicht einmal denkbar.

Diese sicherlich vergröberten Hinweise habe ich an den Schluss gesetzt, um eins klarzumachen: Für den Kampf gegen den Antisemitismus reichen die Reden von »Gutmenschen« oder Feier- und Gedenktage nicht aus. Wir haben es hier mit einem komplizierten und hartnäckigen Phänomen zu tun. Ich lasse mich allerdings nicht von der Überzeugung abbringen, dass wir diesen Kampf gewinnen können.

RICHARD VON WEIZSÄCKER

Nach 200 Jahren Lösung der offenen deutschen Frage am 1. Mai 2004

9. Februar 2007

Nach 200 Jahren keine offene deutsche Frage mehr – was ist damit gemeint? Was hat das Datum des 1. Mai 2004 mit der Beantwortung der deutschen Frage zu tun?

Mein Referat ist nichts anderes als ein Rückblick auf die Geschichte, die uns allen bekannt ist. Neues weiß ich darüber natürlich nicht. Dennoch lohnt es sich nach meiner Überzeugung, unsere Geschichte gelegentlich zu rekapitulieren. Sie unterscheidet sich gründlich von der Geschichte aller unserer Nachbarn. In unserer Lebenszeit haben sich fundamentale historische Veränderungen entwickelt. Man vergisst sie leicht.

Eine entscheidende Antwort auf die deutsche Frage gibt Heinrich August Winkler in seiner zweibändigen deutschen Geschichte der neueren Zeit. Sein Titel »Der lange Weg nach Westen«. Er legt dar, dass es keine europäischen, sondern westliche Werte sind, denen wir uns verpflichtet fühlen. Die Verwestlichung des Westens nennt er einen langwierigen Prozess voller Ungleichzeitigkeit: Von der ersten Menschenrechtserklärung aus Virginia vom 12. Juni 1776 führt ein Weg zur Erklärung der Menschen- und Bürgerrechte 1789 in Paris. Ein transatlantisches Zusammenwirken. Dazu die Gedanken von der »rule of law«, der repräsentativen Demokratie und der »checks and balances«. Winkler spricht von einer quasi konservativen Revolution gegen das koloniale Mutterland Großbritannien, aber nicht gegen dessen Prinzipien, sondern gegen die dortige Verletzung seiner Grundsätze.

Jedes Land ging seinen eigenen Weg. Auf deutschem Boden gab es in der zweiten Hälfte des 18. Jahrhunderts einen aufgeklärten

Absolutismus ohne demokratische Wahlrechte, aber mit einem beginnenden Rechtsstaat. Auch das gehörte zum westlichen Weg. Der preußische König Friedrich war der Erste, mit dem deshalb die USA einen völkerrechtlichen Vertrag geschlossen haben. Dazu schreibt später der Historiker Stadelmann: »Nicht die deutsche Reaktion, sondern der deutsche Fortschritt hat die Deutschen gegenüber dem Westen zurückgeworfen.«

Zur Begründung seines Buchtitels zitiert Winkler auch meine Rede am Tag der deutschen Wiedervereinigung, am 3. Oktober 1990 in der Philharmonie in Berlin: »Der Tag ist gekommen, an dem zum ersten Mal in der Geschichte das ganze Deutschland seinen dauerhaften Platz im Kreis der westlichen Demokratien findet.«

Deutschland, so Winkler, hat historisch immer zum Westen gehört und diesen auch mit geprägt. Zugleich ist aber immer vom »deutschen Sonderweg« die Rede, als eine Abweichung Deutschlands vom Westen. Dahinter steht aber noch ein anderer Grund, nicht allein ein Sonderweg von aufgeklärten westlichen Verfassungswerten, sondern die besondere außenpolitische Mittellage der werdenden deutschen Nation. Die offene deutsche Frage hat sich daher in Wahrheit erst am 1. Mai 2004 erledigt, weil es der Tag ist, an dem Deutschland seinen friedlichen Platz in der Mitte Europas findet, zum ersten Mal in seiner Geschichte. Daran hat es jahrhundertelang gefehlt. Das sollten wir nicht vergessen.

Unlängst berichtete ich in der Oberstufe eines Ostberliner Gymnasiums über den sechzehn Jahre zurückliegenden Fall der Mauer. Aus den Fragen der Schüler musste ich beinah den Eindruck gewinnen, als gehöre dieses Ereignis weniger in den Zusammenhang unserer Gegenwart als in einen Geschichtsunterricht über die Krönung Karls des Großen. Hier will ich aber keinen falschen Ton anschlagen: in einem Westberliner Gymnasium hätte dies auch passieren können.

Die Offenheit einer deutschen Frage ist ein Kennzeichen und in Wahrheit eine Last unserer Geschichte gewesen, solange überhaupt sinnvollerweise von einer deutschen Geschichte gesprochen werden kann. Dies geht weit über 200 Jahre zurück, im Grunde beinahe bis in die Zeit der Karolinger.

In der Tat, ein erster Blick ins beinahe frühe Mittelalter ist notwendig. Es war der sächsische König Heinrich I., der sich der Gründung eines Deutschen Reiches gewidmet hatte. Franken und Sachsen hatten ihn gewählt. Lothringen wurde für das Ostreich gewonnen. Zusammen mit Schwaben und Bayern reichte seine Kraft über die Elbe hinüber nach Brandenburg und Böhmen. Sein Sohn Otto I. machte gegen heftige Widerstände seine stolzen Herzöge zu Oberbeamten seines Reichs und wurde in der zweiten Hälfte des 10. Jahrhunderts zum unbestrittenen Herrn zwischen Alpen und Nordsee, Maas und Elbe. Da fand sich quasi die Wurzel zur ersten Strophe jenes Gedichtes von Hoffmann von Fallersleben, dessen dritte Strophe heute unsere Nationalhymne ist.

Doch es zog Otto I. aus Magdeburg hinunter nach Süden zu einer universalen Herrschaft. Mit der Kaiserkrönung in Rom befestigte er den Grundstein für das umfassende mittelalterliche Reich. Den Respekt des Ostreichs erwarb er sich durch die Ehe seines Sohnes mit der Prinzessin Theophanu aus Byzanz. Dies wurde der Ausgangspunkt zu jener Kaisertradition, die nur in eingeschränktem Sinne deutsch genannt werden konnte und nördlich der Alpen sich mit ihrem föderalen, nie besonders integrierten Charakter – von Zwangsintervallen abgesehen – bis heute erhalten hat. Die deutsche Frage verlief anders als bei den Nachbarn, eben offen.

Was war es, was Deutsche miteinander verband? Ein entscheidender Schritt zur Einheit erfolgte mit Hilfe der Buchdruckerkunst durch die erste Übersetzung der Bibel in unsere Sprache. Unabhängig von der Konfession entwickelte sich der Text von Luther und Melanchthon zu einer Art »Grundbuch deutscher Kultur« (F. Dieckmann). Sprache ist Kernstück der Kultur. Als ich einmal den früheren französischen Präsidenten François Mitterrand an einem Tag auf die Wartburg und nach Weimar geleitete, bedankte er sich dafür, endlich die deutsche Kultur an den Pulten von Luther und Goethe, den Schöpfern der deutschen Sprache und damit unserer Kultur, kennengelernt zu haben. Das sei ihm wichtig. Bisher hätten wir ihn ja immer nur den Rhein hinauf und hinunter geführt, und das sei schließlich im hohen Maße auch französische Kultur.

Doch mit der Reformation kam es zu jenem tiefen Konflikt für uns Deutsche, der nun unsere Geschichte jahrhundertelang prägte. Zunächst gab es das Prinzip »Cuius regio – eius religio«. Der jeweiligen politischen Macht fiel die Bestimmung über die Konfession ihrer Einwohner zu. Dies hatte Folgen bis tief in das späte 19. Jahrhundert hinein, als man zum Beispiel im protestantischen Teil Deutschlands von jenem »Thron und Altar«-Zustand sprach, dessen böse Auswüchse sich zum Teil bis in die Zeit des Nationalsozialismus mit den »Deutschen Christen« bemerkbar gemacht haben.

Vor allem aber hatte sich seit dem 16. Jahrhundert der konfessionelle Konflikt mit der stets besonders prekären kontinentalen deutschen Mittellage verhängnisvoll verbunden mit diesem schweren, ungelösten Problem europäischer Geschichte. Nun gab es erst recht keinen erkennbaren Weg zur Antwort auf eine offene Frage, also danach, in welcher Form und ob überhaupt ein politisches Deutschland zu erwarten und ringsherum hinnehmbar sei.

Mit seinen grauenhaften Zerstörungen warf der Dreißigjährige Krieg die kontinentale Mitte fast unheilbar zurück. Großbritannen und Frankreich konnten sich als Nationen mit einem Vorsprung von über 100 Jahren gegenüber uns Deutschen entwickeln. Noch immer bestand das Heilige Römische Reich fort. Zwischen Kaiser und den Reichsfürsten gab es nach wie vor eine Art kleinerer europäischer Friedensordnung, so undurchschaubar sie in ihren Verästelungen auch war. Der Partikularismus war das vorherrschende Element auf deutschem Boden.

Dann suchte der französische Sonnenkönig den Rhein als natürliche Grenze seines Reiches, unter Einschluss mächtiger östlicher Brückenköpfe. Er stieß auf schwachen Widerstand. In Wien war der türkische Vormarsch zum Stehen gebracht worden. Die Kaisermacht konzentrierte sich indessen weniger auf das Reich als auf die Stärkung des Hauses Österreich. Im nördlichen Vakuum des deutschen

Sprachraums stieg Brandenburg-Preußen auf. Das Reich verlor fast jede Realität eines politisch handlungsfähigen Gebildes. Der Gegensatz zwischen Österreich und Preußen entwickelte sich unaufhaltsam. Er wurde nur noch vorübergehend durch gemeinsame Gegnerschaft gegen Napoleon überdeckt. Doch dieser war es, der den Spuk des Reiches schließlich beendete. Der Reichsdeputationshauptschluss machte Schluss mit der völligen Unübersichtlichkeit der unzähligen Herrschaften, Territorien und Städte. Die größer gewordenen deutschen Mittelstaaten entwickelten sich unter der Patenschaft Frankreichs. Der Wiener Monarch trug nun nur noch Österreichs Kaiserkrone. Die römische Krone legte er 1806 nieder. Napoleon hatte, mit einer gewissen Assistenz des russischen Zaren, über das alte Reich verfügt.

Also was begehen, was feiern wir in Verbindung mit 1806? Die neugekrönten Könige von Bayern? Von Württemberg? Das neue Königreich Westfalen? Das alles war nichts weniger als eine Lösung einer offenen deutschen Frage. Sie existierte kaum als bewusste Frage, solange sie im Wesentlichen das strategische Konzept des imperialen Frankreichs darstellte. Aber alle die vielen Fürstentümer und Souveränitäten, die Reichsabteien und Reichsstädte verloren ihren Rang. Das Heilige Römische Reich Deutscher Nation hörte einfach auf zu bestehen. Dabei hat es durchaus nicht nur aus Zwietracht bestanden oder Schwäche verkörpert. Das Alte Reich war ein Rechts- und Friedensverband, unfähig zum Angriff, aber durchaus machtvoll in der Verteidigung. Es war weit weg von einer deutschen Frage als Nation. Zugleich bedeutete es aber eine relative Ruhigstellung der europäischen Mitte. Deutschland war ein geographischer, kultureller Begriff ohne klare politische Form.

In gewisser Weise lag darin mehr Stärke als Schwäche. Es erlaubte, ja es zwang die Deutschen geradezu, die europäischsten unter den Europäern zu sein, quasi als Ausdruck des Westfälischen Friedens, ein früher Vorläufer dessen, was dann weit später und in ganz anderer Form, nämlich nach 1945, zu neuem Leben erwachte. Die große Friedensformel von 1648, die *oblivio perpetua et amnestia*, das immerwährende Vergeben und Vergessen, darauf versuchten die Deutschen sich um des eigenen Überlebens willen einzulassen.

Doch nun, nach 1806, stieg die offene deutsche Frage heran: Was ist Deutschland? Auch wenn das Heilige Römische Reich zuletzt nur noch eine Hülle gewesen war, so eröffnete doch sein Untergang ein neues langes Vakuum ohne Antworten.

Die Rheinbundstaaten modernisierten sich nach französischem Vorbild. Auch für die beiden großen deutschen Staaten Österreich und Preußen begann die Zeit der Reformen, vor allem in Preußen mit Stein und Hardenberg. Fichte hielt im noch französisch besetzten Berlin seine »Reden an die deutsche Nation«. Nach dem Rückzug aus Russland ging es mit Macht dem Ende Napoleons entgegen. Die Freiheitskriege wurden zum Volkskrieg. Der Wiener Kongress beendete den ersten großen Versuch, Europa mit Gewalt zu einigen.

Österreich konzentrierte sich nun auf den Balkan und Italien. Preußen erhielt auf dem Wiener Kongress nicht Sachsen, was es wollte. Vielmehr kam es auf Londons Druck hin ins Rheinland – zum Kummer der Kölner bis heute. In der Mitte Europas kam nicht mehr als der ziemlich machtlose Deutsche Bund zustande. Immerhin war er Ausdruck des allgemeinen europäischen Wunsches, in Zentraleuropa eine gewisse Ordnung entstehen zu lassen, wenn auch ohne wirkliche politische Kraft. Gleichgewicht und Interessenausgleich war die Parole.

Immer weiter offen blieb, was das ist: Deutschland.

Es folgte eine Friedensperiode mehrerer Jahrzehnte – ein bis dato ungewohnter Zustand. Unter den Deutschen waren Hoffnungen auf eine veritable Verfassung und schließlich auch auf eine Nation gemäß den Impulsen der Französischen Revolution wie auch der Freiheitskriege gegen Napoleon stark gewachsen. Aber Preußen und vor allem Österreich waren alsbald zur ziemlich absoluten Monarchie zurückgekehrt.

Allmählich begann die Industrialisierung. Eine deutliche politisch liberale Richtung wuchs heran. Die Suche nach Nation und

Einheit verstärkte sich. Vater Jahn mit der Turnbewegung und Sängerfeste traten hervor. Auf einer demokratisch republikanischen Großveranstaltung beim Hambacher Fest 1832 (süddeutscher radikaler Liberalismus, polnische Flüchtlinge! »das konföderierte republikanische Europa« – »die vereinigten Freistaaten Deutschlands«; scharfe Reaktion der Fürsten) kam es zu der lautstarken Forderung nach einem einigen Deutschland.

Schließlich trafen sich 1848 fast sechshundert Delegierte in der Frankfurter Paulskirche zur deutschen Nationalversammlung. Ihr Ziel war eine deutsche Regierung auf der Basis einer Verfassung. Aber auch dort gab es keine Einigkeit, ob man ein Großdeutschland mit einem Kaiser in Wien oder Kleindeutschland mit dem preußischen Monarchen an der Spitze wollte. Die Absicht des Berliner Königs Friedrich Wilhelm IV. war es freilich, eine Krone, wenn überhaupt, aus der Hand nicht der Delegierten der Paulskirche, sondern der Fürsten entgegenzunehmen. Auch sorgte er sich vor dem Widerspruch aus Wien und anderer Nachbarn. Das alte, immer neue Misstrauen gegen einen starken, wenn auch kleindeutschen Staat in der Mitte des Kontinents sah er mit Recht voraus und fürchtete es.

Im Ganzen überwogen 1848 die Anhänger einer kleindeutschen Lösung, nicht zuletzt aus wirtschaftlichen Gründen. Auch wenn die Paulskirche keine Antwort auf die deutsche Frage zustande brachte, lebte eine deutsche Nationalbewegung in verstärktem Maße fort. Im Jahre 1859 machten die Deutschen aus Schillers hundertstem Geburtstag ein nationales Fest ohnegleichen. Nach den Befreiungskriegen und der ebenso hoffnungsvollen wie ergebnisarmen Revolution des Jahres 1848 versammelten sich nun ungezählte Menschen auf der Suche nach einer deutschen Nation. Der Streit ging um groß- oder kleindeutsche Lösungen, um das System der Fürstenherrschaft oder die Stimme der Bürger, um Verfassung und Reform. Über allen Meinungstumult hinweg aber wollten die Festteilnehmer bezeugen: Wir sind einig im Geiste Schillers. Er hat für uns den Faden der Nationalgeschichte gesponnen mit seinen universalhistorischen Arbeiten, mit der Zuversicht seiner Erziehungsziele, mit der Kraft seines Freiheitswillens, so klang es von allen Seiten. Schiller selber freilich hatte zu Lebzeiten ganz anders als nationalstaatlich votiert, wie sich aus jenem bekannten Xenion ergibt:

> »Zur Nation Euch zu bilden, Ihr hofft es, Deutsche, vergebens;
> Bildet, Ihr könnt es, dafür freier zu Menschen Euch aus.«

Inzwischen hatte das Gewicht Preußens gegenüber Österreich zugenommen. 1862 wurde Bismarck Ministerpräsident in Berlin. Der Ruf als Anhänger einer nationalen Bewegung ging ihm nicht voraus. Er suchte eine Stärkung Preußens möglichst ohne Konflikte mit den etablierten europäischen Mächten. Beim Streit um die Herzogtümer von Schleswig-Holstein gelang ihm dies einigermaßen. Aber die alte Wiener Friedensordnung von 1815 geriet mehr und mehr in den Hintergrund. Nun ging es auf die Endrunde der Auseinandersetzungen mit Österreich zu. Italien vereinigte sich. Russland und England waren wegen des Krimkrieges zerstritten und daher von der Aufmerksamkeit für die kontinentale Mitte abgelenkt. Ein klarer Widerstand der europäischen Mächte gegen die gefürchtete staatliche Konsolidierung der Deutschen blieb daher zunächst aus. Die Entscheidung zwischen Wien und Berlin reifte heran. Sie erfolgte 1866 in Königgrätz.

Nun gehörte der Deutsche Bund der Vergangenheit an. Der Zollverein lebte fort. Im Norddeutschen Bund dominierte Preußen eindeutig. Nur Frankreich mit Napoleon III. sann auf Widerstand gegen ein erstarkendes Preußen. Als ein deutscher Prinz die spanische Krone zu übernehmen drohte, wuchsen die Pariser Sorgen vor einer deutschen Umzingelung. Mit seiner berühmten Emser Depesche ebnete Bismarck den Weg zum Krieg von 1870/71, einem Volkskrieg, getragen von einer unaufhaltsamen nationalen Stimmung.

Für die süddeutschen Staaten ergab sich keine Alternative zur Annäherung an den Norddeutschen Bund. So wurde das Deutsche Reich als kleindeutsche Lösung ohne Wien in Versailles gegründet.

Es war die verspätete Nation. Alle wichtigen Nachbarn hatten diesen Weg hinter sich.

Noch einmal hatte der Berliner König zunächst gezögert, die Kaiserkrone zu tragen. Im Norddeutschen Bund hatte er mit seinem Preußen eindeutig dominiert. Auf einen vergleichbaren preußischen Vorrang im Deutschen Reich konnte er mit Recht nicht hoffen. Die süddeutschen Länder achteten nachdrücklich auf ihre Identität und ihren Einfluss im Reich. Bekanntlich hatte Bismarck dem bayrischen König Ludwig II. die Zustimmung zur Reichsgründung durch eine höchst lukrative Zuwendung erleichtert, die dieser vor allem in den Ausbau seiner Schlösser investierte und damit einige bis heute höchst anziehungskräftige Touristenziele schuf.

War denn nun die bis dato offene deutsche Frage beantwortet? Niemand wusste genauer als Bismarck, dass es zentral darauf ankam, das Reich nicht als eine neue Gefahr für das europäische System entstehen zu lassen. Nachdem unter seiner Führung die deutsche Einigung 1871 in mehreren Kriegen zusammengekämpft worden war, galt es nun, das Reich durch Klugheit und Selbstbeschränkung zusammenzuhalten. Bismarck wollte das durch die Einigung Deutschlands ins Wanken geratene europäische Gleichgewicht – die alte Ordnung des Wiener Kongresses – auf neuer Ebene stabilisieren, um Preußen-Deutschland einen gleichgewichtigen Platz neben den anderen europäischen Mächten zu verschaffen. Er wusste, dass eine Politik der Mäßigung und des Ausgleichs hierfür notwenig war. Ihm schwebte das Deutsche Reich als Mittler oder Brücke zwischen dem Westen und dem Osten Europas vor, Drehkreuz für kulturellen und wirtschaftlichen Austausch und politische Ansprüche – Durchgangsland und Hinderungsblock zugleich. Die geopolitische Lage war bestimmend. Wenn es gelang, Auseinanderliegendes zu verbinden und Verschiedenartiges zusammenzubringen, konnte dies für Deutschland nur von Nutzen sein. Andererseits sollte jeder, der in Europa nach Macht oder gar Vorherrschaft strebte, mit Deutschland zu rechnen haben.

Rasch wuchs das neu gebildete Reich zu einer bedeutenden

Macht heran. Es war nicht stark genug für eine Vormachtrolle auf dem Kontinent, aber es hatte zuviel Gewicht für ein Bündnis unter mehr oder weniger Gleichen. Das Wichtigste war, Bündnisse gegen Deutschland zu verhindern. Bismarck sprach von einem *cauchemar des coalitions*, dem es durch eine deutsche Politik des Ausgleichs zu entgehen galt. Schon er musste sich aber im eigenen Land gegen andrängende Forderungen nach deutscher Teilhabe an Kolonien und Geltung zur See zur Wehr setzen.

Ein Glanzstück europäischer Beruhigungspolitik vollbrachte 1878 Bismarck auf dem Berliner Kongress, auf dem er entscheidend dazu beitrug, einen Ausweg aus den schweren Spannungen der Mächte um den Balkan zu finden (Bild im Roten Rathaus Berlin).

Man schloss den Zweibund mit Österreich und vor allem den Rückversicherungsvertrag mit Russland, um in der Mitte des Kontinents bestehen zu können. Mit Recht sprach Bismarck von der schwierigen Kunst eines Spiels mit fünf Kugeln. Er war ihr gewachsen, nur er. Er hatte es vermocht, dem Deutschen Reich eine Zeitlang wirklich Gewicht zu verleihen ohne Europa dadurch in ernste Unruhe zu versetzen.

Nach Wilhelm I. war dessen Sohn Friedrich Kaiser geworden; er war mit einer Tochter der britischen Queen Victoria verheiratet, galt als liberal und umsichtig. Aber er war schon bei der Thronbesteigung todkrank. Unter Wilhelm II., seinem Sohn, ging die Behutsamkeit allmählich verloren.

Nicht nur in Deutschland, allgemein in Europa heizten sich nationale Gefühle immer mehr auf. Es wurde etwas Bedeutsames, einer bestimmten Nation anzugehören. Man ging dazu über, sich anderen Nationen überlegen zu fühlen. Das Bild des eigenen Landes wurde überhöht, das Bild der Nachbarn herabgesetzt.

Auch den Deutschen schien Europa als Bezugsfeld zu eng. Sie wollten teilhaben an der Welt und in Jahren nachholen, was sie in Jahrhunderten versäumt zu haben meinten. Die von Bismarck errichteten Dämme der Mäßigung wurden brüchig. Die Deutschen des ausgehenden 19. Jahrhunderts strebten zu neuen Ufern – »mit Volldampf voraus«, wie Wilhelm II. gern zu sagen pflegte.

Das friedliche Arkadien, das Deutschland früher einmal gewesen sein mag, bestand nicht mehr. »La patrie de la pensée« – die Heimat des Denkens –, wie Madame de Staël es genannte hatte, strebte jetzt nach Macht und militärischem Glanz, auch zur See und auf anderen Kontinenten. Deutschland war nicht länger das Bleigewicht am »Stehaufmännchen Europa«, wie Bismarck es gewünscht hatte, sondern wurde mehr und mehr zu einem Staat auf der Suche nach einem Imperium, welcher den Status quo in Zweifel zog. Es wurde zu einem Unruheherd. Verbündete wurden verunsichert, Besorgte distanzierten sich, Gegner wurden zu Feinden. Zweifellos war Deutschland nicht Urheber, sondern nur verspäteter Teilhaber des Nationalismus in Europa. Doch auch indem die Deutschen in die Welt ausgriffen, führten sie schließlich die meisten ihrer Nachbarn zu einer großen Koalition gegen sich zusammen. Die zentrale Sorge Bismarcks war Wirklichkeit geworden. Der Erste Weltkrieg begann. An seinem Ende war Deutschland besiegt.

Bei unseren Nachbarn stärkte der Sieg das nationale Bewusstsein nachhaltig. Das deutsche Nationalgefühl dagegen wurde mit den Beschlüssen von Versailles gedemütigt. Die Pariser Vorortverträge brachten insgesamt nichts weniger zustande als eine Befriedung Europas. Der Kontinent blieb von schweren Spannungen erfüllt. Auf allen Seiten gab es einzelne Staatsmänner, die die Gefahren erkannten und versuchten, ihnen verantwortungsvoll entgegenzuwirken. Aber die Widerstände waren zu groß. Der Erfinder des Völkerbundes, Amerikas Präsident Woodrow Wilson, hatte sich international zurückziehen müssen. Die prägende Stimmung in den USA erzwang eine neue Phase der Isolation.

Die den Deutschen auferlegten Strafen und Pflichten erwiesen sich als neue Krisenursachen. In unserem Land herrschte von links nach rechts Übereinstimmung, dass es gelte, die Bestimmungen von Versailles zu verändern. So war es bei allen Reichskanzlern der Weimarer Republik, bei den Sozialdemokraten unter ihnen, bei Gustav

Stresemann und in den Präsidialkabinetten unter Hindenburg. Ihre Aufgabe sahen sie darin, das Spannungsfeld zwischen einer solchen Revisionspolitik und sorgfältiger Friedensbewahrung zu meistern.

Großbritannien hatte dafür deutlich mehr Verständnis als Frankreich und die kleine Entente. In Berlin wurde eine Linie ohne allzu enge Bindungen oder gar Allianzen mit dem Osten oder dem Westen angestrebt. Da war also wieder die bekannte und in Europa berüchtigte Sorge, dass Deutschland seinen Sonderweg suchte, einen nie ganz berechenbaren Bewegungsspielraum in der Balance zwischen Ost und West. Aufgrund der russischen Revolution hatten sich die europäischen Mächte weiter als früher voneinander entfernt. War das die Chance und Verführung für die Deutschen, als unabhängiges Weltkind in der Mitte seinen politischen Platz zu suchen, eine Antwort auf die Frage nach Deutschland?

In Wahrheit war dafür die Lage innerhalb Deutschlands viel zu labil. Der Übergang vom Kaiserreich zur Republik im geschlagenen Land hielt allzu viele gesellschaftliche Gruppen auf Distanz zur neuen Staatsform. Die radikalen Flügel links und rechts verstärkten sich. Entscheidend blieb aber vor allem, dass die Zahl und Kraft der die Demokratie aktiv Bejahenden viel zu lange viel zu gering und zu schwach blieb. Als es dann im Zusammenhang mit der Weltwirtschaftskrise bei uns zu schwerer sozialer und wirtschaftlicher Not kam, gelangte Hitler an sein Ziel.

Von Beginn an ging es ihm darum, die Geschichte umzuschreiben. Er bekannte sich zur einmaligen Besonderheit der deutschen Nation mit ihrer germanischen Rasse. Andere Rassen qualifizierte er als minderwertig. Sein Ziel war Lebensraum für sein Volk und rassische Weltherrschaft. Zwar begann seine Regierungszeit mit einer Reihe außenpolitischer Erfolge. Das Saarland kehrte nach Deutschland zurück. Mit London gab es ein Flottenabkommen, mit dem Vatikan ein Konkordat. Die Wiedereinführung der allgemeinen Wehrpflicht und die Besetzung des Rheinlandes erfolgten ohne fühlbaren Widerstand der Westmächte. Umso entschlossener rüstete er jedoch für den Krieg und für sein grauenhaftes Ziel, ein ganzes

Volk – die Juden – auszurotten. Die Folge war der Krieg mit der halben Welt und Völkermord im deutschen Namen. Deutschland wurde zerstört, besiegt, besetzt und geteilt. Auch wenn die meisten Deutschen die unvorstellbar schweren Verbrechen gegen die Menschlichkeit nicht gekannt und noch weniger gewollt hatten, was konnte danach das Wort deutsch noch bedeuten?

Zunächst verlor Deutschland quasi seine politische Existenz. Die Siegermächte hatten eine bedingungslose Kapitulation verlangt. Einen Friedensvertrag gab es nicht. Man hatte sich lediglich im Februar 1945 in Jalta auf eine Zerstücklung Deutschlands und Österreichs in verschiedene Besatzungszonen geeinigt. Am 8. Mai 1945 ging der deutsche Nationalstaat unter. Gleichzeitig hatten die Sieger den ganzen Kontinent in Ost und West geteilt. Für Europa schien jetzt nur noch die Funktion einer Pufferzone zwischen den beiden globalen Mächten übrig zu bleiben.

Und dennoch ging die deutsche Geschichte 1945 nicht zu Ende. Ob Deutschland als Staat überhaupt noch existierte, war unklar. Für die meisten Deutschen stand nicht diese historische Frage im Zentrum ihres Bewusstseins, vielmehr setzten sie alle Kraft ein zum Überleben und zum Wiederaufbau.

Das bestimmende Element wurde nun alsbald der Kalte Krieg zwischen den Siegermächten. Er wirkte sich nirgends so nachhaltig aus wie auf deutschem Boden. Polen war bis an Oder und Neiße nach Westen verschoben worden. Viele Millionen Deutsche wurden aus dem neuformierten Polen und aus der Tschechoslowakei vertrieben. Doch der wachsende Konflikt zwischen den vorherrschenden Mächten veränderte ihre Haltung in ihrem jeweiligen Anteil auf deutschem Boden. Nun trieben sie neue politische Lösungen in Ost- und Westdeutschland voran. Die beiden deutschen Staaten entstanden. Die Bundesrepublik Deutschland wurde der Osten des Westens, integriert im Atlantischen Bündnis und in der neu gegründeten Europäischen Gemeinschaft. Die Deutsche Demokratische Republik wurde der Westen des Ostens, bald ein wichtiges Mitglied des Warschauer-Pakt-Systems.

Aus seiner historischen Mittelposition war Deutschland nun in eine doppelte Randlage geraten. Die Grenze zwischen den antagonistischen großen Blöcken deckte sich mit derjenigen zwischen den beiden deutschen Staaten. Dennoch blieb Deutschland zugleich von den Bedingungen seiner Lage in der Mitte geprägt. Zwar war die Mitte geteilt, doch zugleich blieb sie auch Mitte. Für uns in der alten Bundesrepublik Deutschland kam es zur festen staatlichen, demokratischen, freiheitlichen Bindung an den Westen. Zugleich wuchs aber auch der Wille zum Ausgleich mit dem Osten. Die Teilung legte den Menschen schwere Lasten auf, um deren Linderung es ging. Dies wurde oft als problematisch empfunden – bei Bündnispartnern wie auch zu Hause.

Zugleich blieb wahr, dass es eine deutsche Frage gab, die offen war und unbequem. Wenn es eine Frage gibt, möchte man in der Lage sein, sie zu beantworten und damit zu erledigen. Kann man sie aber nicht beantworten, dann möchte man am liebsten ihre Existenz leugnen. Das ist menschlich verständlich. Aber Fragen verschwinden nicht einfach deshalb, weil man keine Antwort weiß. Das beweist die Geschichte immer wieder. Wir und unsere Nachbarn mussten lernen, mit der Offenheit der deutschen Frage zu leben.

Gewiss, nicht alle Deutschen lebten ständig unter dem Eindruck dieser Offenheit. Vor allem viele Westdeutsche empfanden die Zeit des Kalten Krieges als eine nach außen gesicherte Entwicklung des eigenen Fortschritts, die sie nur ungern unbequemen Antwortsversuchen auf die deutsche Frage aussetzen wollten. Vor allem die europäische Integration hatte einen Neuanfang von kapitaler Bedeutung mit sich gebracht, nicht nur wirtschaftlich und politisch, sondern gerade auch im Lebensgefühl beim Verhältnis zu den Partnerländern, zumal zu den ehemaligen Feinden unter ihnen.

Wie ein Wunder war das neue vereinigte Westeuropa entstanden, trotz der Beschlüsse von Jalta ganz freiwillig und ohne Siegereinfluss, aus tiefer historischer Einsicht. Unter dem Schutz des Atlantischen Bündnisses wuchs es heran. Mit friedlichen Mitteln und durch seinen immer stärker gewordenen wirtschaftlichen, gesellschaftlichen und damit auch politischen Erfolg wurde es schließlich zum wirkungsvollsten Magnet einer allmählichen inneren Auflösung des osteuropäischen gesellschaftlichen Systems. Mit der Gipfelkonferenz von Helsinki 1975 erhielten die Freiheitskräfte des Ostens einen entscheidenden Auftrieb, von der Solidarność-Bewegung in Polen bis hin schließlich zu den großen Demonstrationen in Leipzig und vielen anderen deutschen Städten 1989. Gorbatschow, seit 1985 am Ruder in Moskau, hatte seine Reformpläne mit der Überzeugung verbunden, weder willens noch in der Lage zu sein, die freiheitlichen Bewegungen im Osten mit Waffengewalt zu unterdrücken.

Noch ein kurzer Rückblick

Im Jahre 1987 traf ich bei einem Staatsbesuch mit Generalsekretär Michail Gorbatschow in Moskau zusammen. Zu jener Zeit war er vollauf mit seiner Reformpolitik von Perestroika und Glasnost beschäftigt. Außerdem bemühte er sich um allseitige Abrüstung. Er wollte den Kalten Krieg Schritt für Schritt in eine Entspannung zwischen Ost und West überleiten. Zugleich ging es ihm durchaus auch darum, das Herrschaftsprinzip der Konferenz von Jalta aus dem Jahr 1945, also die Aufteilung Europas und Deutschlands in zwei Hälften zwischen Ost und West, aufrechtzuerhalten (Grundlage für den Frieden). Im Gespräch fragte ich Gorbatschow nach seiner Antwort auf die offene deutsche Frage. Darauf erwiderte er, so eine Frage kenne er nicht. Im zweiten Anlauf sagte ich, sie sei so lange offen, wie das Brandenburger Tor zu sei. Er antwortete, wir sollten doch solche Fragen der Geschichte überlassen; niemand wisse, was in hundert Jahren sein werde. Er sprach dabei ohne einen Unterton der Überheblichkeit und ohne Feindschaft gegen uns.

Doch inzwischen hatten sich in den Ländern des Warschauer-Pakt-Bereiches freiheitliche Kräfte immer deutlicher Gehör verschafft. Die größte Wirkung erzielte die Solidarność-Bewegung in

Polen, die schon im Frühjahr 1989 die erste Wahl eines nichtkommunistischen Regierungschefs in der östlichen Hälfte des Kontinents seit Kriegsende erreicht hatte. In Ungarn, in Prag und auch in wachsendem Maße in der DDR wurden bürgerschaftlich-freiheitliche Demonstrationen immer spürbarer.

Also musste schließlich auch Gorbatschow einer drängenden Entwicklung der deutschen Frage immer deutlicher ins Auge blicken. Im Oktober 1989 besuchte er die DDR. Seine Reise wirkte wie eine Art Werbebesuch bei der SED für seine Reformen. Er beendete seinen Aufenthalt öffentlich mit einem Ausspruch, der zum geflügelten Wort geworden ist: »Wer zu spät kommt, den bestraft das Leben.« Später kamen wir mehrfach darauf zu sprechen. Nachdrücklich erklärte er mir, er habe mit diesem Satz nicht Honecker gemeint, sondern sich selber und uns alle. Ihm war damals am Ende des Kalten Krieges eine schwere Verantwortung damit zugefallen, den friedlichen Verlauf der großen Umwälzungen zu sichern. Hier habe er, wie er sagte, gespürt, dass es die Geschichte selbst sei, die die Dinge entscheidet, und nicht wir, auch nicht als mächtige Staatsmänner. Nicht sich zu ihrem Herrn aufzuwerfen, sondern ihren Gang rechtzeitig zu erkennen, um ihn dann so vernünftig wie möglich zu gestalten, das sei das ebenso Schwierige wie Entscheidende. Wer darauf nicht achte, werde dafür bestraft. Demgemäß sah er es als seine Verantwortung an, dem nunmehr unaufhaltsamen Anwachsen der Kräfte zur nationalen Selbstbestimmung nicht mehr mit Waffengewalt entgegenzutreten. Die hundert Jahre, von denen Gorbatschow bei meinem Besuch in Moskau gesprochen hatte, waren auf weniger als drei Jahre zusammengeschmolzen.

Für uns Deutsche war naturgemäß die Wiedervereinigung das zentrale große Ereignis. Weltpolitisch beinahe noch bedeutsamer war das Ende des ganzen Warschauer-Pakt-Systems und sein Ersatz durch das freie Selbstbestimmungsrecht der Völker. Zügig kam es zum Tragen. Weitere vierzehn Jahre später, am 1. Mai 2004, traten zehn neue Mitglieder der Europäischen Union bei, unter ihnen alle unsere ehemals von Moskau abhängigen Nachbarn im Osten und

Südosten. Das wurde und bleibt das zentrale Datum in meinen Gedanken.

Noch einmal waren die Siegermächte des Zweiten Weltkrieges am deutschen Schicksal zentral beteiligt. Allen Unterschieden ihrer Positionen im Einzelnen zum Trotz waren sie völlig einig in dem Ziel, unserer Vereinigung nur zuzustimmen, wenn jeder Ansatz zu einem erneuten isolierten deutschen Sonderweg in Europas Mitte ausgeschlossen blieb. Zu tief in der Erinnerung war bei unseren Nachbarn die Sorge vor einer deutschen Schaukelpolitik oder auch nur einer Äquidistanz zwischen Ost und West. Aber es gab nicht den geringsten Grund für solche Bedenken. Alle Kräfte in Deutschland stimmten in der Entschlossenheit überein, ein wiedervereinigtes Deutschland fest in Europa und im Atlantischen Bündnis zu integrieren. Der deutsche Sonderweg ist seither nun nur noch eine historische Reminiszenz.

Wir erhielten die Chance, unseren Nationalstaat zum zweiten Mal zu schaffen. Eine Alternative zu ihm strebt niemand an. Die berühmte Frage von Ernst Moritz Arndt »Was ist des Deutschen Vaterland?« hat eine eindeutige Antwort gefunden auf der Basis einer freiheitlichen Verfassung. Wir haben unsere Einheit unseren Nachbarn nicht aufgezwungen, sondern sie mit deren Zustimmung erreicht.

Alsbald strebten nun alle unsere östlichen und südöstlichen Nachbarn, soweit sie noch zum Warschauer-Pakt-System gehört hatten, ihre Mitgliedschaften in Europa und im Atlantischen Bündnis an. Ein zugleich schwieriger und in Wahrheit befreiender Prozess kam in Gang. Um der Berechenbarkeit der Deutschen in der Völkergemeinschaft willen war und bleibt auch für uns das Ende des Kalten Krieges für das ganze Europa die entscheidende historische Wende. Wir Deutschen waren es, die sich innerhalb der EU mit besonderem Nachdruck zur Aufnahme der neuen Mitglieder einsetzten. Am 1. Mai 2004 wurde sie vollzogen.

Wir Deutschen sind in dieser Mitte ein besonders wichtiges Land. Wir haben neun Nachbarn, mehr als alle anderen Staaten der

Welt außer Russland. Deshalb hatte im Lauf der Jahrhunderte auch unsere Geschichte uns nie alleine gehört. Stets war sie geprägt durch Einwirkungen von außen hinein und von innen hinaus. Heute fürchtet sich kein Nachbar mehr vor uns, und wir fühlen uns von keinem bedroht. Wir sind durch Bevölkerungszahl und Wirtschaftskraft ein Land von herausragender Bedeutung im gemeinsamen Europa. Wir liegen in der Mitte unseres Kontinents. Alle unsere Nachbarn wünschen uns einen guten Erfolg bei unseren internen Reformaufgaben. Denn es liegt in ihrem Interesse, dass die Europäische Union über einen kräftigen Kern verfügt. Europa war am Ende des Zweiten Weltkrieges in seiner Mitte zerrissen worden, nun soll und wird es aus seiner Mitte heraus wieder zusammenwachsen.

Das – erst das – ist die Antwort auf die offene deutsche Frage. Wir haben große Aufgaben vor uns, aber gute Aussichten, dass es nicht noch einmal eine offene deutsche Frage geben wird. Dazu wollen wir alle beitragen, vor allem die junge Generation.

HELMUT SCHMIDT

Die aufsteigende Weltmacht China

20. September 2008*

Ich muss eine Vorbemerkung machen. Ich halte mich keineswegs für einen Kenner Chinas, sondern meine Kenntnisse beruhen lediglich auf den Erfahrungen eines Weltreisenden, auf einem guten Dutzend von kurzen Besuchen in China und auf einigen Büchern. Allerdings habe ich schon in den 1960er Jahren erwartet, dass die Volksrepublik China den Weg zurück zur Weltmacht finden würde, und deshalb habe ich 1971 dem damaligen Bundeskanzler Willy Brandt geraten, alsbald diplomatische Beziehungen mit China aufzunehmen. Das hat Deutschland dann auch getan, wenn ich mich richtig erinnere, sieben Jahre bevor die Vereinigten Staaten von Amerika diplomatische Beziehungen mit China aufgenommen haben. Ich selbst bin das erste Mal 1975, also noch zu Lebzeiten von Mao Zedong, nach China gereist, und inzwischen hat sich meine Neugierde auf China eigentlich immer nur noch vertieft.

Ich werde mit ein paar Bemerkungen zur Geschichte des Reiches der Mitte beginnen, denn ich denke, dass man das heutige China nicht verstehen kann, wenn man nicht die mindestens 4000 Jahre umfassende, sehr weitgehend kontinuierlich verlaufende Geschichte in den Blick nimmt. Die ältesten auf unsere Gegenwart überkommenden chinesischen Schriftzeichen sind heute 4000 Jahre alt, also wesentlich älter als etwa das Alte Testament und die Bibel. Die wegen ihrer geschichtlichen Wirkung bis heute weit herausragenden

* Der für diesen Tag geplante Vortrag wurde wegen der am 15. September bekannt gegebenen Insolvenz von Lehman Brothers nicht gehalten; stattdessen diskutierte die Freitagsgesellschaft an diesem Tag die Folgen der Lehman-Pleite für die internationalen Finanzmärkte.

Chinesen, der eine Konfuzius, der andere Mao Zedong, sind die beiden Chinesen, die im Bewusstsein der westlichen Welt sind. Konfuzius (recte Konfu-Tse) lebte und lehrte ein halbes Jahrtausend vor Jesus von Nazareth, und Mao Zedong lebte zweieinhalb Jahrtausende nach Konfuzius.

Was dazwischen war, wissen die allermeisten Leute im Westen der Welt und auch in Deutschland nicht. Irgendwo haben sie mal gelesen, dass da eine große Chinesische Mauer gebaut wurde. Das ist so ziemlich alles, was wir über die Zwischenzeit wissen. Den westlichen Wissenschaftlern, den Sinologen insbesondere, sind zumindest alle diejenigen fünfundzwanzig Jahrhunderte chinesischer Geschichte zugänglich, die zwischen Konfuzius und Mao Zedong liegen, und die westliche Sinologie hat die chinesische Sprache, die Kultur, ihre Schriftzeichen, die Geschichte Chinas gut erforscht und gut aufgezeichnet. Jedoch ist von all diesem Wissen fast nichts in das Bewusstsein der politischen Klassen in den Staaten Europas und Nordamerikas eingedrungen. Ihr Bewusstsein beschränkt sich auf die beiden eben genannten Personen und neuerdings auf den ungeheuren ökonomischen Aufschwung, den China nach Maos Tod dank Deng Xiaoping erlebt hat.

Praktisch kennen unsere Politiker das China der letzten dreißig Jahre – aber selbst diese sehr beschränkte Kenntnis ist lückenhaft und häufig oberflächlich. Ihr fehlt die historische Tiefe. Infolgedessen beruhen unsere heutigen Urteile über China auf den Maßstäben teilweise des knapp zweitausend Jahre alten Christentums, zum größeren Teil beruhen sie aber auf der seit drei Jahrhunderten anhaltenden europäisch-nordamerikanischen Aufklärung, und schließlich beruhen sie zu einem Teil auf den Erfahrungen mit der gegenwärtigen kapitalistischen Wirtschaft Chinas. Wenn wir dieselben Maßstäbe an die alten Kulturen des Zweistromlandes anlegten, an die alte Kultur der Ägypter oder der Mayas oder der Inkas oder der Griechen oder der Römer, dann könnten keine dieser ehrwürdigen Kulturen vor unserem besserwisserischen moralischen und politischen Urteil bestehen. Da diese Kulturen alle untergegangen sind, bleiben sie verschont von unserem negativen Urteil. Im Gegensatz dazu ist aber die chinesische Kultur nicht untergegangen. Sie hat zwar im Laufe von 4000 Jahren gewaltige Veränderungen erfahren, aber jeder von uns weiß, dass die Vitalität ungebrochen ist. Ein ganz erstaunlicher Vorgang, wenn Sie die Geschichte aller anderen Hochkulturen in der Geschichte der Menschheit in den Blick nehmen.

Anders als in den allermeisten Hochkulturen der Welt hat es in China niemals eine das ganze Volk umfassende Religion gegeben. Keine Göttervielfalt, keinen alleinigen Gott, keine maßgebenden Propheten. Zwar buddhistische Einflüsse, später islamische und christliche Einflüsse, aber es hat kaum jemals religiös aufgeladene Machtkämpfe gegeben auf dem Boden Chinas. Keine Reformatoren und keine Gegenreformatoren. Wichtiger waren immer Philosophen – die Philosophie war wichtiger, und die Ethik war wichtig. Konfuzius wie auch Laotse waren philosophische Lehrer, keine Religionsverkünder und auch keine Religionsstifter. Der Konfuzianismus, der erst viele Jahrhunderte nach dem Tode seines Begründers den Durchbruch erlebt hat, war im Kern Staatsethik, Gesellschafts- und Familienethik, die übrigens auch für den Kaiser Geltung hatte.

Ein anderes Charakteristikum zieht sich ebenfalls durch die Jahrhunderte hindurch: Kaum jemals hat ein chinesischer Kaiser mit Gewalt seine Macht territorial ausgedehnt. Es gab kaum jemals militärische Eroberungen durch die chinesischen Kaiser. Zum Beispiel die enorme Marine, welche die Chinesen hatten – Kriegsmarine und Handelsmarine –, die etwa gegen Ende des europäischen Mittelalters den Spaniern und den Portugiesen hoch überlegen gewesen ist – die Schiffe des Admirals Zheng He waren zwanzig Mal so groß wie hundert Jahre später die Schiffe von Vasco da Gama oder von Kolumbus –, diese Marine ist nicht zur Eroberung eingesetzt worden, und später wurde sie aus eigenem Entschluss abgewrackt und nicht unter irgendeinem feindlichen Druck.

Mit anderen Worten: Das Reich der Mitte war sich selbst genug. Es genügte, wenn die auswärtigen Mächte Besuch und Kotau machten, Geschenke mitbrachten, Tribut zollten, und dann wurden sie in Gnaden und auch durchaus würdig wieder nach Hause entlassen. Zwar kamen auch ausländische Eroberer (Dschingis Khan, Kublai Khan) und machten sich selbst zum Kaiser von China, Tataren kamen, Türken kamen, Mongolen kamen, Mandschus kamen, aber sie und ihre Dynastien auf dem Kaiserthron wurden in die chinesische Lebensweise und in die chinesische Kultur eingeschmolzen. Sie haben in der kulturellen Erinnerung des chinesischen Volkes kaum Spuren hinterlassen.

Bis ans Ende des europäischen Mittelalters war China wissenschaftlich und technologisch hoch überlegen. Die Chinesen konnten längst mit beweglichen Lettern ihre Bücher drucken, sie konnten längst Papier herstellen, sie konnten Stahl, Schießpulver, Bomben, Granaten, Kanonen, Raketen herstellen. Und trotz Marco Polo ist der hoch überlegene Stand der chinesischen Wissenschaft und Technik den Europäern damals nicht bewusst gewesen. Für mich erscheint die Leistung der angewandten naturwissenschaftlichen Forschung in China, im China jener Jahrhunderte, erstaunlich, weil ja gleichzeitig die Bildung und Ausbildung der Herrschaftsklasse der Mandarine, das heißt der politischen Beamtenschaft, ganz stark auf die Kenntnisse der Literatur und nicht etwa der Naturwissenschaften oder der Ingenieurwissenschaften konzentriert war – auf die alte chinesische Literatur.

Wer zu höherem Rang aufsteigen wollte, der hatte eine Prüfung zu bestehen, er hat im Laufe seines Lebens viele Prüfungen bestehen müssen. Und heute kehrt offensichtlich die zunächst von Mao Zedong brutal abgebrochene konfuzianische Tradition zurück. Seit Deng Xiaopings Reformen arbeitet die kommunistische Führung mit großem Nachdruck am Ausbau und an der massenhaften Verbreitung der Universitäten, der Hochschulen, der Fakultäten und nicht zuletzt der Ingenieurwissenschaften und der Jurisprudenz. Wer heute in Partei und Staat aufsteigen will, der muss studieren, der muss seine Prüfungen machen. Das ist, wenn Sie so wollen, mindestens zum Teil eine Rückkehr des Konfuzianismus. Es liegt ungefähr ein Vierteljahrhundert zurück, dass ich einmal in einem Gespräch mit Deng Xiaoping halb im Spaß zu ihm gesagt habe: »Herr Deng, ihr nennt euch zwar Kommunisten, aber eigentlich seid ihr doch in Wirklichkeit Konfuzianer.« Worauf Deng nach einer Sekunde des Überlegens geantwortet hat: »So what?« Ich werde das Gespräch nie vergessen, das liegt jetzt lange, lange Jahrzehnte zurück. Heutzutage werden überall im Ausland Konfuzius-Institute errichtet, und zu Hause hat man einen Tempel für Konfuzius gebaut.

Ich will aber noch einmal zur Geschichte Chinas zurückkehren und auf den langsamen Rückgang der kulturellen Hochblüte hinweisen, einen Rückgang, der in China gegen Ende der Ming-Dynastie, die 1644 ihr Ende erreicht hat, und während der nachfolgenden Ching- oder Mandschu-Dynastie stattgefunden hat – bis 1911/912, als der Kaiser beseitigt und eine Republik ausgerufen wurde.

Bei diesem langsamen Verfall der kulturellen Hochblüte spielte der außenpolitische Machtverfall eine große Rolle. Ich denke zum Beispiel an das 18. Jahrhundert, zwei Opiumkriege gegen England und Frankreich, die beide verloren wurden; westliche Kolonien, damals Konzessionen genannt, wurden daraufhin in einer Reihe chinesischer Hafenstädte errichtet. 1895 dann ein chinesisch-japanischer Krieg, den die Chinesen ebenfalls verloren haben, in dessen Verlauf die Provinz Taiwan ein Teil Japans wurde. Übrigens hieß die Insel damals Formosa, das war ein Name, den die portugiesischen Seefahrer der Insel gegeben haben; jetzt heißt sie Taiwan. Dann kommt es zu Sun Yat-sens Revolution 1911/12 und zu der Abdankung des Kaisers. Und bald darauf das japanische Vordringen, zunächst auf der koreanischen Halbinsel, dann in die chinesische Mandschurei; 1937 sind die Japaner in Shanghai, in Nanjing (manche von uns haben von dem sogenannten Nanjing-Massaker gehört), das die Japaner zu verantworten haben. Gleichzeitig herrscht in China Bürgerkrieg. Sie erinnern sich an das Schlagwort von dem »Langen Marsch« der Kommunisten; gleichzeitig Krieg gegen Japan, und ich glaube der Zweite Weltkrieg war dann zugleich der Tiefpunkt der einstigen Macht Chinas.

Wenn man sich die innerlich und äußerlich zerrissene Lage Chinas vor Augen führt, wenn man bedenkt, dass der Kraftlosigkeit Chinas mindestens zwei, wenn nicht mehr Jahrhunderte des langsamen inneren Verfalls und mehr als ein Jahrhundert des äußeren Machtverfalls voraufgegangen waren, dann erscheinen der am Beginn des 21. Jahrhunderts in unserer Gegenwart offensichtliche Wiederaufstieg und seine Vitalität als ein Wunder. Niemand im Westen, niemand in Tokio hat am Ende des Zweiten Weltkrieges diesen Wiederaufstieg Chinas erwartet. Vielleicht waren allein Mao Zedong und seine Genossen in der Führung der chinesischen KP überzeugt von der Vitalität des eigenen Volkes. Immerhin war es Franklin Roosevelt, der bei der Konzeption der Vereinten Nationen davon ausging, dass China ein ständiger Platz im Sicherheitsrat einschließlich Vetorecht gebührt. Er war wahrscheinlich der Einzige im Westen und überhaupt der einzige politische Führer, der einen Animus hatte für die Möglichkeiten, die dem chinesischen Volke verborgen waren. Sie wissen, dass dann kurz darauf Chiang Kai-shek im Bürgerkrieg unterlag und den Sitz im Sicherheitsrat nach Taiwan mitgenommen hat, und es war wiederum Amerika, das dafür gesorgt und zugestimmt hat, dass der Sitz im Sicherheitsrat von Taipeh nach Peking zurückgegeben wurde, einschließlich des Vetorechtes. Als die Kommunisten 1948/49 den Bürgerkrieg siegreich beendeten und die Volksrepublik begründen konnten, haben sie geglaubt, China von Grund auf völlig umkrempeln und neu errichten zu müssen. Und sie haben geglaubt, das zu können.

Dann folgen mehr als ein Vierteljahrhundert revolutionäre Veränderungen und zugleich brutale Experimente. Zu den Veränderungen gehört die Gleichstellung der Frauen, eine unerhörte Leistung in ganz Asien, und die Befreiung von sowjetischer Bevormundung. Zu den brutalen Experimenten gehört die Kampagne des »Großen Sprungs« nach vorn, der viele Millionen von Menschen hat verhungern lassen. Weil die Landwirte gezwungen wurden, Hochöfen zu improvisieren, statt ihren Reis-Paddy zu bearbeiten. Und es hat die ekelhafte proletarische Kulturrevolution dazugehört, welche die alte

Kultur auslöschen wollte und ungezählte Menschen gequält und viele umgebracht hat. Als Mao 1976 starb, war einerseits die Einparteiherrschaft der KPC eindeutig konsolidiert, aber zugleich war der Lebensstandard der chinesischen Volksmassen auf niedrigerem Niveau als im 19. Jahrhundert. Der durchschnittliche Lebensstandard dieses riesenhaften Volkes und die Zukunft erschienen grau und ungewiss.

Außenpolitisch war China erstmalig im Zusammenhang mit dem Korea-Krieg als Großmacht ins Blickfeld des Westens geraten. Aber sie wurde vom Westen noch ein Jahrzehnt nach dem Bruch mit Stalin und seinen Nachfolgern als von Moskau abhängig fehlinterpretiert. Die USA standen auf Seiten Japans und Taiwans unter Chiang Kai-shek gegen China. Mao selbst fühlte sich in den 1960er Jahren bedroht – nicht nur von Amerika, sondern auch von der Sowjetunion, aber er glaubte, wegen der überlegenen chinesischen Volkszahl und wegen der Tiefe des chinesischen Raumes einen Krieg gegen diese Gegner gewinnen zu können und auch zu gewinnen. Im Gegensatz zu Breschnew hatte Mao keine Angst vor einem Krieg.

Ab 1972 trat eine zögerliche Auflockerung durch Nixon und Kissinger ein, ab 1979 kamen dann diplomatische Beziehungen zwischen Amerika und China hinzu. Dann starb Mao, und nach 1978 – Deng war inzwischen zum dritten Mal in seinem Leben an die Führung zurückgekehrt – wurde China gleichzeitig für die ganze Welt geöffnet. Damals und vielleicht für zehn weitere Jahre hat der Westen China als einen Absatzmarkt für westliche industrielle Erzeugnisse missverstanden. Lange Zeit hat der Westen, insbesondere Amerika, die ungeheuren Kräfte verkannt, die Deng freigesetzt hatte. Insbesondere hat der Westen lange Zeit die schnell zunehmende ökonomische, technologische, auch weltpolitische Wettbewerbsfähigkeit Chinas verkannt. Und mir scheint, dass große Bereiche der politischen Klasse in Amerika auch heute, im Jahre 2008, diese Wettbewerbsfähigkeit auf all den Feldern, die ich genannt habe, immer noch verkennen.

China wird lange vor der Mitte des 21. Jahrhunderts zur zweitgrößten Volkswirtschaft und zu einer ökonomischen, vielleicht auch zu einer finanzpolitischen Weltmacht aufsteigen – jedenfalls eine währungspolitische Weltmacht ist China heute schon, mit über 1600 Milliarden Dollar Währung zusammen. Ein solches Ausmaß an fremder Währung in der Hand eines anderen Staates hat es in der Weltgeschichte niemals gegeben. Obgleich militärisch-strategisch den USA noch lange Zeit unterlegen, wächst Chinas politischer Einfluss in Asien und darüber hinaus. Nicht nur in Asien, auch in erheblichen Teilen Afrikas und in Lateinamerika beginnt er sich auszuweiten. Aber mir scheint, bisher jedenfalls ist China dabei sehr vorsichtig und defensiv im Auftreten geblieben.

In Amerika hat man den Chinesen künftig expansivere, imperialistische Tendenzen unterstellt, hat deshalb Containment für geboten gehalten und hält einen militärischen Aufmarsch rund um China herum aufrecht: auf japanischem Boden, auf südkoreanischem Boden, dazu kommen die Pazifik-Flotte, die Luftwaffenstützpunkte in Zentralasien usw. Zugleich gibt es diplomatische, politische und auch publizistische Konfrontationen mit China, gleichzeitig auch mit Russland, den islamischen Großstaaten Irak und Iran, dazu Afghanistan, Syrien und möglicherweise demnächst Pakistan.

Auf der anderen Seite: Russland hat sich seit Gorbatschows Zeiten, einschließlich Jelzin und Putin, bis auf den heutigen Tag unter dem neuen Präsidenten nach außen deutlich friedlicher verhalten, als sich Russland jemals in den Jahrhunderten unter den Zaren oder unter Stalin und Chruschtschow verhalten hat; der Einmarsch in Afghanistan geschah unter Breschnew. Insbesondere muss erwähnt werden, dass das Verhältnis gegenüber China weitgehend entspannt erscheint, etwa im Vergleich zu früheren Jahrzehnten des 20. Jahrhunderts.

Die europäische Haltung gegenüber China und Russland ist deutlich verständnisvoller und kooperativer als die Haltung der Vereinigten Staaten. Die mögliche Konsequenz dieser Konstellation ist, dass Amerika in die Gefahr läuft, seinen künftigen politischen und finanzwirtschaftlichen Einfluss zu überschätzen, seine konventionellen militärischen Fähigkeiten zu überdehnen und mittelfristig, ich rechne in Jahrzehnten, sich erheblich von Europa zu isolieren.

Wenn ich einen Blick werfen darf auf die heutigen und auf die künftigen, vorhersehbaren Probleme Chinas. China hat nur ein einziges außenpolitisches Problem: Das einzige Problem von Gewicht ist die Rückkehr Taiwans. Ansonsten haben die Chinesen, wie mir scheint, keinerlei Interesse an einem Konflikt mit Amerika oder gar mit Indien oder Japan. China wird die Kooperation mit Europa, Indien und Russland fortsetzen. Es wird einen wachsenden Einfluss ausüben in Zentralasien, in Afrika sowie in Lateinamerika.

Aber dem stehen gewaltige innere Probleme Chinas gegenüber: Die Bevölkerungszahl steigt weiterhin, wenn auch nicht ganz so schnell wie ansonsten in großen Teilen Asiens. Aber lange vor der Mitte des 21. Jahrhunderts wird China 1500 Millionen Menschen zählen – trotz der Ein-Kind-Politik. Und die Mehrheit dieser Menschenmassen wird wahrscheinlich immer noch in ländlichen Verhältnissen leben. Gleichzeitig führt ein schnelles Wachstum der Städte zur Vermassung in den Städten, und diese Riesenstädte werden sehr schwierig zu regieren sein, übrigens nicht nur in China. Auch Riesenstädte wie Kairo, São Paulo oder Mexico City werden immer schwieriger zu regieren sein.

Das nächste dicke Problem sind die enormen Unterschiede des Lebensstandards, die sich im Laufe der letzten zwanzig Jahre ergeben haben zwischen einerseits den küstennahen Städten und Provinzen und andererseits den Regionen und Provinzen in Zentralchina, im Nordosten, im Westen, Tibet und so weiter. Dazu kommen soziale Spannungen zwischen Arm und Reich, keine nationale Altersvorsorge, begleitet von einer extrem hohen privaten Sparrate, die es auf der ganzen Welt nicht so hoch gibt wie in China.

Aber zur Zeit leben 600 oder 700 Millionen Menschen auf den Dörfern, wo sie eigentlich, nachdem die Landwirte ihren eigenen Boden beackern dürfen (und nicht den Boden einer Kollektive oder Volkskommune beackern müssen), nicht mehr gebraucht werden. Die chinesische Landwirtschaft ist weitgehend rationalisiert im Vergleich zu heute vor dreißig Jahren. Die Menschen werden dort nicht mehr gebraucht, und sie versuchen, in die Städte zu gehen, um wenigstens als sogenannte Wanderarbeiter vorübergehend in den Städten und den aufsteigenden Provinzen Arbeit zu finden. Alles das sorgt für Spannungen, was der gegenwärtigen chinesischen Führung offensichtlich voll bewusst ist, und sie versucht mit großer Kraft dafür zu sorgen, dass der wirtschaftliche Aufschwung auch nach Zentralchina und in den Nordosten sowie in den Westen ausgeweitet wird. Aber das ist mit der Schaffung moderner Infrastruktur, Autobahn und Eisenbahn nach Lhasa und Flughäfen alleine nicht zu schaffen. Das ist eine Anstrengung, die sicherlich ein bis zwei Generationen brauchen wird, bis dieses Problem gelöst ist.

Das Problem wird nicht leichter dadurch, dass mit der Industrialisierung und Motorisierung Chinas ungeheure Umweltprobleme entstanden sind. Ich will das nicht näher ausführen, denn das ist im Bewusstsein der Westeuropäer und Deutschen ziemlich klar geworden. Dazu kommt ein außenwirtschaftliches Problem, nämlich der hohe Importbedarf von Öl und Rohstoffen. Die hohen Ölpreise sind zu einem erheblichen Teil heute die Folge der ungeheuren chinesischen Nachfrage. Sie brauchen Energie von draußen, und ein Teil ihrer Außenpolitik hängt zusammen mit dem Wissen der chinesischen Führung um die Notwendigkeit, Öl und Energie importieren zu müssen. Gleichzeitig gibt es das außenwirtschaftliche Problem, das ich schon berührt habe, als ich von den Währungsreserven sprach, nämlich die enormen Exportüberschüsse von 200 bis 300 Milliarden Dollar pro Jahr.

Diese sozialen Konflikte können die ökonomische Stabilität gefährden. Allerdings, solche enormen Hungersnöte, wie sie zur Zeit Mao Zedongs geherrscht haben, muss man nicht befürchten. Insgesamt scheint mir die innenpolitische Stabilität als erstaunlich hoch oder, umgekehrt ausgedrückt: Für die Zukunft erscheint mir eine innenpolitische Instabilität als recht unwahrscheinlich. Die Zigtausend Demonstrationen, die es in China jedes Jahr gibt, die von der Regierung auch nicht publizistisch unterdrückt werden, richten sich bisher in den letzten anderthalb Jahrzehnten gegen lokale Missstände, sie richten sich nicht gegen das Regime der kommunistischen Partei. Lokale Missstände, lokale Parteisekretäre und lokale soziale Spannungen sind die Ursachen.

Die seit Deng Xiaoping ins Riesenhafte wachsende Zahl der Hochschulstudenten, Universitätsstudenten und der insgesamt erfolgreiche Nachdruck auf Ausbildung, Wissenschaft, Forschung und Entwicklung schaffen bisher jedenfalls sehr starke Gegengewichte zur innenpolitischen Unzufriedenheit. Es kommt hinzu, ich habe das vorhin schon mit anderen Worten angedeutet, dass es den heute lebenden chinesischen Massen materiell niemals in ihrem Leben besser gegangen ist als gegenwärtig im Jahre 2008.

Ein ganz dickes Problem in meinen Augen, vielleicht nicht unbedingt schon in den Augen der chinesischen Führung, liegt darin, dass die kommunistische Ideologie von Marx über Lenin bis zu Mao Zedong für die gegenwärtige Gesellschaft und Wirtschaft Chinas weitestgehend unbrauchbar geworden ist. Da ist ein ideologisches oder – wenn Sie so wollen – ein staatsphilosophisches Vakuum entstanden. Und deswegen wird es zunehmend denkbar, vielleicht sogar wahrscheinlich, dass wir eine Rückkehr des Konfuzianismus erleben werden, angepasst an die modernen Verhältnisse des modernen China. Das kann lange Jahrzehnte, das kann Generationen dauern. Auf der einen Seite sind die jungen Chinesen begeistert vom »American way of life«, der für die junge Generation hochattraktiv ist; aber gleichzeitig, wenn sie sich mit den jungen Intellektuellen unterhalten (ob sie Mitglieder der Kommunistischen Partei oder in der inneren Opposition sind, macht keinen Unterschied), werden sie spüren, dass der Nationalismus fast das ganze Volk der Han-Chinesen erfasst hat. Der Nationalstolz ist weit verbreitet. Zu Zigtausenden kehren chinesische Studenten aus Europa, aus Nordamerika, aus Kanada zurück nach China und machen dort Karriere. Das hat es heute vor zwanzig Jahren nicht gegeben. Die bisherigen Versuche, das ideologische Vakuum zu füllen, zum Beispiel durch Jiang Zemin und neuerdings durch Hu Jintao, die sind, wie ich glaube – ich möchte mich vorsichtig ausdrücken –, bisher ohne greifbaren oder fühlbaren Erfolg. Ich glaube, dass das ideologische Vakuum möglicherweise das schwerste, am schwierigsten zu lösende innere Problem Chinas sein wird.

Der Rechtsstaat entwickelt sich langsam, aber ziemlich deutlich und ziemlich sicher. Und sogar ein bisschen Demokratie entwickelt sich auf zwei ganz verschiedenen Ebenen: ganz unten auf den Dörfern, wo ein Bürgermeister gewählt wird, und ganz oben im Standing Committee des Politbüros. Dazwischen nicht, das sind westliche Hoffnungen, die aus den Chinesen Demokraten machen wollen, und das ist ziemlich weit entfernt von der geschichtlichen als auch ziemlich weit entfernt von der Weltlichkeit des heutigen China.

Die Frage am Schluss ist, was der Westen von China zu erwarten hat. Mindestens für die nächsten beiden Jahrzehnte bis etwa 2025 wird ein für die ganze Welt überdurchschnittliches wirtschaftliches Wachstum in China stattfinden, ein schnelleres Wachstum, als es irgendein Land in Europa oder in Nordamerika erreichen kann. Man muss erwarten, dass der Lebensstandard sich weiterhin anhebt, aber China deswegen doch auf dem Niveau eines Entwicklungslandes oder eines Schwellenlandes bleibt. Selbst ein riesenhaftes Sozialprodukt bedeutet nicht, dass der durchschnittliche Lebensstandard auf französisches, deutsches, kanadisches oder US-amerikanisches Niveau ansteigt. Das geht viel langsamer, das mag bis an das Ende des Jahrhunderts, des 21. Jahrhunderts, oder noch länger dauern. Aber zugleich werden wir erleben und müssen uns darauf einstellen, dass in den Naturwissenschaften und in allen Technologien eine schnelle weitere Annäherung an europäisches Niveau und nordamerikanisches Niveau anschließt.

Nach meiner Einschätzung wird China außenpolitisch vorsichtig bleiben, von sich aus keinem Konflikt mit einer anderen Weltmacht Vorschub leisten oder dazu Anlass bieten. Es wird eine Anlehnung geben an die 2000 Jahre alte Tradition, sich als ein großes Reich zu betrachten, das Expansion und Eroberung nicht nötig hat. Zugleich wird man darauf dringen, dass China respektiert wird, und auf dem Völkerrecht und insbesondere auf der Charta der Vereinten

Nationen beharren. Etwaige Provokationen durch andere Mächte wird man wie bisher gelassen abwettern. Die einzige große Ausnahme von der zu erwartenden Vorsicht der chinesischen Außenpolitik kann im Falle einer etwaigen Souveränität Taiwans geschehen, die von anderen Mächten anerkannt wird. Das wird den vom Regime durchaus auch geschürten Nationalstolz der Chinesen, der durch das ganze Volk geht, provozieren, und das würde die Gefahr einer bewaffneten Auseinandersetzung möglicherweise auslösen – und solch eine Auseinandersetzung könnte sich ausweiten.

Man muss sich bei der Einschätzung der chinesischen militärischen Macht dessen bewusst sein, dass die Volksrepublik China schon seit 1967 die Wasserstoffbombe hat und Plutoniumbomben sogar schon etwas länger. Das heißt, China ist seit langen Jahrzehnten atomar bewaffnet. Mir scheint aber, dass China kaum sonderlich aufrüsten wird. Die vom Pentagon zu Zeiten von Donald Rumsfeld verbreiteten Vorstellungen über eine riesige chinesische Rüstung sind Unfug. Wenn man überhaupt die militärische Verteidigung oder die Militäretats Chinas und der Vereinigten Staaten vergleicht, ist das sehr schwierig – weder die Wohnungsparitäten noch Kaufkraftparitäten sind geeignet. Aber wenn man sie überhaupt vergleichen kann, dann ist die chinesische Rüstung oder, ich will mich korrigieren, der chinesische Rüstungsetat ungefähr bei einem Fünftel oder einem Sechstel des amerikanischen Militäretats, wobei ich auf amerikanischer Seite die Kriegskosten im Irak gar nicht mitgerechnet habe. China hat keine weitreichende Kriegsmarine, keine Flugzeugträger und keine weitreichende Luftwaffe; und wenn nicht in Sachen Taiwan herausgefordert, geht nach meiner Überzeugung von China überhaupt keine Gefahr für den Weltfrieden aus.

Die Frage zum Schluss: Was soll der Westen eigentlich tun?

Ich meine, es wird Zeit für die Regierungen in Europa und in Nordamerika, sich darüber klar zu werden, was die künftige Rolle Chinas sein wird. Im Durchschnitt ist der Westen in Bezug auf China unsicher und unentschlossen. Wenigstens drei Elemente, denke ich, sollten als geboten erscheinen:

- Zum einen Verzicht auf Überheblichkeit und Herablassung und Verzicht auf politische Belehrung. Stattdessen Respekt gegenüber der bei weitem ältesten heute lebenden Kulturnation der Welt. Und das gilt auch für Berlin. Respekt.
- Zweitens. Einbeziehung Chinas in das kooperative Management der Weltwirtschaft, des Klimas, der Abrüstung, Einbeziehung in alle Felder der internationalen Zivilisation als ein großer, den USA, Indien, Russland, der Europäischen Union gleichberechtigter Partner. Wobei man wissen muss, dass es in China Personen gibt, die die Weltwirtschaft besser beurteilen können als manch ein Regierungschef im Westen. Ich halte einen Mann wie Zhu Rongji oder den gegenwärtigen Chef der chinesischen Zentralbank in dem Fach ökonomische Politik oder in dem Spezialfach Währungspolitik für absolut gleichwertig mit Leuten wie Ben Bernanke, wie Jean-Claude Trichet oder Alan Greenspan.
- Der dritte Punkt: Der Westen muss die aus ökonomischen Gründen zu erwartende Annäherung Taiwans an Mainland China und schließlich die friedliche Wiedervereinigung der chinesischen Nation ohne politische Obstruktionen zulassen, schließlich ist Taiwan seit Jahrhunderten ein Teil Chinas. Zwischendurch unterbrochen durch ein halbes Jahrhundert japanischer Besatzung und ein weiteres halbes Jahrhundert Abspaltung unter Chiang Kai-shek.

Es gibt überhaupt kein vitales Interesse der USA oder Japans oder Europas daran, die Teilung zwischen Mainland China und Taiwan aufrechtzuerhalten. Ist das unser Interesse? Es gibt kein Interesse, das wir an dieser Sache hätten. Übrigens muss man sich immer die Größenordnung vor Augen stellen: Bevölkerungszahlen vom Mainland China im Vergleich zu Taiwan fünfzig zu eins. Die Mehrheit der taiwanesischen Unternehmer hat die größeren Teile ihrer für unternehmerische Investitionen verfügbaren Finanzmassen längst im Mutterland investiert. Die Unternehmer in Taipeh sind sehr viel klüger als manche der dortigen Politiker. Sie wissen, dass aus ökonomischen Gründen die Vereinigung stattfinden wird, die Frage ist nur wann. Aber dass sie stattfinden wird, davon geht jeder taiwanesische Unternehmer aus.

Zurück zum Westen: Die westlichen Politiker müssen begreifen, dass harter Wettbewerb und gleichwohl politische Zusammenarbeit sich keineswegs gegenseitig ausschließen, das haben wir doch schon einmal im Jahre 1868 erlebt. Das bis dahin von der Welt abgeschlossene Japan erlebte die Meiji-Restauration und die Öffnung Japans für die westliche Welt, machte alles nach, was wir im Westen technologisch und wissenschaftlich entwickelt hatten, und war dann nach weniger als einem halben Jahrhundert, 1914, als der Erste Weltkrieg ausbrach, industriell und militärisch absolut gleichwertig. Und gleichwohl – trotz dieses neuen Konkurrenten Japan – haben die Europäer es fertiggebracht, den eigenen Lebensstandard, den Lebensstandard der europäischen Massen zu heben und zu einem Sozialstaat zu öffnen: die größte kulturelle Leistung, die die Europäer im 20. Jahrhundert zustande gebracht haben. Das heißt, der Aufstieg Japans zu einer wirtschaftlichen Weltmacht hat uns nicht geschadet. Der Aufstieg später, nach dem Zweiten Weltkrieg, also nicht nur der Wiederaufstieg Japans nach einem verlorenen Weltkrieg, sondern auch der Aufstieg Südkoreas, Taiwans, Hongkongs, Singapurs hat uns nicht geschadet. Das heißt, wir haben schon mehrfach erlebt, dass ein bisher völlig unwichtiges, ökonomisch total unwichtiges Land plötzlich zum Wettbewerber und zum erfolgreichen Wettbewerber wurde. Man muss sich das ins Bewusstsein heben, es gehört auch in den Zeitungen und im Fernsehen dazu, dass es richtig dargestellt wird.

Auf jeden Fall, das ist mein letztes Wort: Der Westen muss wissen – und das muss er auch seinen Menschen sagen –, dass er den weiteren ökonomischen und technologischen und wissenschaftlichen und politichen Aufstieg Chinas nicht verhindern kann. Zumindest wäre er gut beraten, diesen Aufstieg als »Fact of life« zu betrachten, den der Westen nicht beeinflussen kann.

Schönen Dank.

Anhang

Verzeichnis sämtlicher Vorträge

1. Sitzung
11. Okt. 1985
HELMUT SCHMIDT
Veränderungen der Weltkonstellation durch den Aufstieg Chinas und Japans

2. Sitzung
8. Nov. 1985
MAX WARBURG
Die Akzeleration internationaler finanzieller Verflechtung

3. Sitzung
14. Feb. 1986
GERHART LAAGE
Einfluß des Bauhauses auf die Architektur in den USA

4. Sitzung
14. März 1986
SIEGFRIED LENZ
Geschichte erzählen

5. Sitzung
11. April 1986
HENNING VOSCHERAU
Politische Entwicklung innerhalb der Sozialdemokratie seit dem Machtverlust in Bonn

6. Sitzung
10. Okt. 1986
MICHAEL OTTO
Der Einfluß der neuen Kommunikationstechniken auf die Betriebsformen im Einzelhandel

7. Sitzung
14. Nov. 1986
HELMUT SCHMIDT/VOLKER RÜHE
Reykjavik – Mißachtung der Verbündeten

8. Sitzung 12. Dez. 1986	VOLKER RÜHE **Kontinuität und Wandel der deutschen Außenpolitik seit 1982**
9. Sitzung 13. Feb. 1987	ALFONS PAWELCZYK **Die psychologische Situation Uniformierter in Polizei und Bundeswehr**
10. Sitzung 13. März 1987	HÉLÈNE LIEBERMANN **Weiter so?** **Die französisch-deutschen Beziehungen**
11. Sitzung 10. April 1987	HEINZ SPIELMANN **Kategorien des Kunsturteils – heute**
12. Sitzung 9. Okt. 1987	PETER SCHULZ **Einflüsse der Amerikanischen und der Französischen Revolution auf die deutschen Verfassungen von 1849, 1919, 1949**
13. Sitzung 13. Nov. 1987	HEINER GRETEN **Panoramawandel in der inneren Medizin**
14. Sitzung 11. Dez. 1987	JUSTUS FRANTZ **Über Zwölftonmusik (am Flügel)**
15. Sitzung 12. Feb. 1988	MARTIN WILLICH **Neue Medien: Kunst oder Kommerz?**
16. Sitzung 11. März 1988	VOLKER SOERGEL **Einfluß der Spurengase in der Atmosphäre auf das Klima**
17. Sitzung 8. April 1988	THEA SCHÖNFELDER **Menschenbilder in der Psychiatrie**

18. Sitzung 7. Okt. 1988	HEINZ SPIELMANN **Russische Kunst (Schloß Gottorf)**
19. Sitzung 11. Nov. 1988	SIEGFRIED LENZ **Etwas über Phantasie**
20. Sitzung 9. Dez. 1988	HELMUT SCHMIDT **Die ökonomische und strategische Lage der Welt – Gefahren und Chancen**
21. Sitzung 10. Feb. 1989	PETER SCHULZ **Ein chancenloser Vorschlag für eine Justizreform**
22. Sitzung 10. März 1989	VOLKER SOERGEL **Elementarteilchen-Physik (DESY)**
23. Sitzung 14. April 1989	GERHART LAAGE **Stadt-Utopien heute**
24. Sitzung 13. Okt. 1989	HELMUT SCHMIDT **Jugendjahre in Nazi-Zeit und Krieg**
25. Sitzung 10. Nov. 1989	MARTIN WILLICH **Deutsche Frage heute**
26. Sitzung 8. Dez. 1989	PETER SCHULZ **Eine Jugend unter Ulbricht**
27. Sitzung 9. Feb. 1990	MICHAEL OTTO **Festung Europa – Mythos oder Realität?**
28. Sitzung 9. März 1990	SIEGFRIED LENZ **Etwas über nordamerikanische Literatur und ihren Einfluß auf Europa**

29\. Sitzung — HEINZ SPIELMANN
12\. April 1990 — **Assimilation und Verwandlung fremder Einflüsse in der japanischen Kunst**

30\. Sitzung — HENNING VOSCHERAU
12\. Okt. 1990 — **Der deutsche Föderalismus**

31\. Sitzung — JUSTUS FRANTZ
9\. Nov. 1990 — **Appassionata (am Flügel)**

32\. Sitzung — MAX WARBURG
14\. Dez. 1990 — **Mergers, Acquisitions und leveraged Buy-outs**

33\. Sitzung — HEINER GRETEN
8\. Feb. 1991 — **Alternativmedizin**

34\. Sitzung — ALFONS PAWELCZYK
8\. März 1991 — **Sozialdemokratie und Streitkräfte**

35\. Sitzung — VOLKER RÜHE
12\. April 1991 — **Ergänzung/Revision des Grundgesetzes**

36\. Sitzung — HEINRICH LEHMANN-GRUBE/
11\. Okt. 1991 — MANFRED KLAUS KILIMANN
Ohne Konzepte geht es nicht. Über Chancen der Städte und Menschen im Osten

37\. Sitzung — MANFRED STOLPE/ALFRED GOMOLKA
8\. Nov. 1991 — **Situation und Zukunft in den neuen Bundesländem**

38\. Sitzung — HELMUT SCHMIDT
13\. Dez. 1991 — **Konzept der Deutschen Nationalstiftung**

39\. Sitzung — SIEGFRIED LENZ
14\. Feb. 1992 — **Der Mensch – ein Probewesen**

40. Sitzung 13. März 1992 — THEA SCHÖNFELDER
Funktionszusammenhänge von rechter und linker Gehirnhälfte

41. Sitzung 10. April 1992 — MICHAEL OTTO
Die Entwicklung der Immobilienmärkte in USA, Großbritannien, Japan, Ungarn und Deutschland sowie ihre Wirkung auf die jeweiligen Volkswirtschaften

42. Sitzung 9. Okt. 1992 — PETER SCHULZ
Über den Entwurf einer europäischen Verfassung

43. Sitzung 13. Nov. 1992 — VOLKER SOERGEL
Die Verantwortung des Naturwissenschaftlers in der Gesellschaft

44. Sitzung 11. Dez. 1992 — JOHANAN MEROZ
Das Trauma jüdischer Geschichte im Denken und Handeln Israels

45. Sitzung 12. Feb. 1993 — MARTIN WILLICH
Der Zustand der politischen Parteien in Deutschland

46. Sitzung 13. März 1993 — REIMAR LÜST
Raumfahrt – Zielsetzung, Aufwand und Ertrag

47. Sitzung 8. April 1993 — HENNING VOSCHERAU
Die Arbeit der gemeinsamen Verfassungskommission

48. Sitzung 8. Okt. 1993 — KATHARINA TREBITSCH
Gesellschaftliche Wirkungen von Fernseh- und Video-Industrie

49. Sitzung 15. Nov. 1993	HEINER GRETEN **Immunschwäche Aids: Pathogenese, aktuelle soziale und medizinische Probleme**
50. Sitzung 10. Dez. 1993	HEINZ SPIELMANN **Westliche Einflüsse auf russische Architektur**
51. Sitzung 11. Feb. 1994	HENNING VOSCHERAU **Neugliederung der Länder**
52. Sitzung 11. März 1994	JUSTUS FRANTZ **Entwicklung des Klavierkonzertes bei Beethoven (am Flügel)**
53. Sitzung 8. April 1994	MICHAEL OTTO **Mode und internationales Modeverhalten**
54. Sitzung 14. Okt. 1994	SIEGFRIED LENZ **Das Erscheinungsbild des Politikers in der deutschen Nachkriegsliteratur**
55. Sitzung 11. Nov. 1994	GERHART LAAGE **Gesellschaftliche und städtebauliche Entwicklung der vereinigten Hauptstadt Berlin**
56. Sitzung 9. Dez. 1994	PETER SCHULZ **Über die Rechtsprechung des Bundesverfassungsgerichts zur deutschen Vereinigung**
57. Sitzung 10. Feb. 1995	MARTIN WILLICH **Zur Krise von Gesellschaft und politischer Klasse**
58. Sitzung 10. März 1995	KLAUS FUSSMANN **Malerei in der DDR**

59. Sitzung
17. April 1995
MICHAEL OTTO
Otto-Versand: Situation und Perspektiven

60. Sitzung
13. Okt. 1995
HEINZ SPIELMANN
Neue Stiftungen auf Schloß Gottorf: Künstlergemeinschaft »Brücke«, Sammlung Hermann Gerlinger, Stiftung Rolf Hom und Kunst des 20. Jahrhunderts

61. Sitzung
10. Nov. 1995
ERNST-L. WINNACKER
Gentechnologie: Erwartungen und Chancen – Überflüssige und gerechtfertigte Befürchtungen

62. Sitzung
8. Dez. 1995
REIMAR LÜST
Wissenschaftliche Aktivitäten im Weltraum

63. Sitzung
9. Feb. 1996
LOKI SCHMIDT
Entwicklung der Pflanzenwelt von der Eiszeit bis heute

64. Sitzung
8. März 1996
HENNING VOSCHERAU
Zustand und Perspektiven der öffentlichen Finanzen in Deutschland

65. Sitzung
12. April 1996
HELMUT SCHMIDT
Währungsunion und deutsche Außenpolitik

66. Sitzung
11. Okt. 1996
VOLKER RÜHE
Der Osten Mitteleuropas, Rußland und die NATO

67. Sitzung
8. Nov. 1996
GERHART LAAGE
Architektur und Garten als Gesamtkunstwerk

68. Sitzung 13. Dez. 1996	JUSTUS FRANTZ **Über die Rolle der Literatur in der Musik (am Flügel)**
69. Sitzung 14. Feb. 1997	KLAUS FUSSMANN **Die Erfindung der abstrakten Malerei**
70. Sitzung 14. März 1997	MAX WARBURG **Strukturelle Gefahren der Finanzmärkte**
71. Sitzung 18. April 1997	HENNING VOSCHERAU **Nichts bleibt, wie es war: Hamburg vor der Brücke ins neue Jahrhundert (Bootsfahrt auf der Elbe)**
72. Sitzung 10. Okt. 1997	ROGER DE WECK **Unsere Infotainment-Gesellschaft. Die Medien und die Politik an der Oberfläche**
73. Sitzung 14. Nov. 1997	GERHART LAAGE **Gelungene städtische Plätze**
74. Sitzung 12. Dez. 1997	H.-J. MAATZ **Psychosoziale Fragen im Zusammenhang mit der deutschen Vereinigung aus der Sicht eines Psychotherapeuten**
75. Sitzung 13. Feb. 1998	TYLL NECKER **Verbandswesen und Verbandsunwesen in der deutschen Wirtschaftsgesellschaft**
76. Sitzung 13. März 1998	HAUKE TRINKS **Über Pläne einer englischsprachigen Campus-Universität, verschwistert mit der TU Hamburg-Harburg**

77. Sitzung
3. April 1998
SIEGFRIED LENZ
Refrain der Zeit: Altersbilder in der Literatur

78. Sitzung
19. Juni 1998
HERMANN HIPP
Architektur und Stadtgeschichte anhand von Bauten und Landschaften an der Alster und ihren Seitenarmen (Bootsfahrt auf der Alster)

79. Sitzung
9. Okt. 1998
KATHARINA TREBITSCH/ MANFRED LAHNSTEIN
Zeitgenössische Kunst und die Galerie der Gegenwart

80. Sitzung
13. Nov. 1998
HEINER GRETEN
Zur Lage des Gesundheitswesens

81. Sitzung
11. Dez. 1998
HELMUT SCHMIDT
Das ganz andere 21. Jahrhundert

82. Sitzung
12. Feb. 1999
KLAUS ASCHE
Erfolgreiche Arbeitsmarktpolitik in Holland und Dänemark

83. Sitzung
13. März 1999
RICHARD SCHRÖDER
Wiedergewinnung einer gemeinsamen deutschen Identität

84. Sitzung
9. April 1999
REIMAR LÜST
Kometen – faszinierende kosmische Objekte

85. Sitzung
8. Okt. 1999
VOLKER RÜHE
Bewertung und Konsequenzen der aktuellen Situation in Serbien/Kosovo

86. Sitzung
12. Nov. 1999
CHRISTIAN SCHMIDT-HÄUER
Situation und Perspektive Rußlands

87. Sitzung 10. Dez. 1999	MAX WARBURG **Kapitalmärkte und Handelsaktivitäten im Händlerraum**
88. Sitzung 11. Feb. 2000	SIEGFRIED LENZ **Entstehung einer Erzählung**
89. Sitzung 10. März 2000	HANS-JOCHEN JASCHKE **Die Situation der römisch-katholischen Kirche in Deutschland und der Welt**
90. Sitzung 14. April 2000	HELMUT SCHMIDT **Europäische Union – Bevorstehende Entscheidungen und mutmaßliche Konsequenzen**
91. Sitzung 13. Okt. 2000	HUBERT MARKL **Forschung und Innovation in Deutschland**
92. Sitzung 10. Nov. 2000	REIMAR LÜST **Die Lage der deutschen Universitäten**
93. Sitzung 8. Dez. 2000	WOLF SINGER **Vom Gehirn zum Bewußtsein**
94. Sitzung 9. Feb. 2001	PETER SCHULZ **Die Situation der Linken in Europa**
95. Sitzung 9. März 2001	GERHART LAAGE (Old Commercial) **Die weltweite Entwicklung der Architektur am Ende des 20. Jahrhunderts**
96. Sitzung 6. April 2001	HELMUT SCHMIDT **China im 21. Jahrhundert**
97. Sitzung 12. Okt. 2001	VOLKER RÜHE **Die erwartete Weltpolitik der USA**

98. Sitzung
9. Nov. 2001
HEINZ SPIELMANN
Vom Westen nach Osten und vom Osten nach Westen – Künstlerische Impulse entlang der Seidenstraße

99. Sitzung
14. Dez. 2001
HAUKE TRINKS
Expedition nach Spitzbergen – Auf der Suche nach dem Ursprung des Lebens

100. Sitzung
8. Feb. 2002
KLAUS ASCHE
Wohlstand in Deutschland

101. Sitzung
8. März 2002
VOLKER STANZEL
Die zukünftige Entwicklung Indiens – ökonomisch und außenpolitisch

102. Sitzung
12. April 2002
UDO STEINBACH
Die Diversität islamischer Gruppierungen in Europa, Afrika und Asien (Sharia oder staatliche Gesetze)

103. Sitzung
6. Juni 2002
PETER DIETRICH
Der Hamburger Hafen – Vergangenheit und Zukunft

104. Sitzung
11. Okt. 2002
JÜRGEN FLIMM
Die Inszenierung der Klassiker auf den deutschen Bühnen

105. Sitzung
8. Nov. 2002
TOMMASO PADOA-SCHIOPPA
Die Lage und Entwicklung der globalen Finanzmärkte – Institutionen und Instrumente

106. Sitzung
13. Dez. 2002
JÖRN WALTER
Eindrücke und Urteil zur Städteplanung im Großraum Hamburg

107. Sitzung — HENNING VOSCHERAU
14. Feb. 2003 — **Zukunft des deutschen Föderalismus**

108. Sitzung — MANFRED LAHNSTEIN
14. März 2003 — **Israel nach den Wahlen**

109. Sitzung — HEINER GRETEN
11. April 2003 — **Zukunft der Medizin – Medizin der Zukunft**

110. Sitzung — HELMUT SCHMIDT
10. Okt. 2003 — **Die Transformation der weltpolitischen Konstellationen. Eindrücke aus Washington und Moskau**

111. Sitzung — KLAUS ASCHE
14. Nov. 2003 — **Hamburg und Preußen**

112. Sitzung — JOCHEN CREMER
12. Dez. 2003 — **Über heutige Herzchirurgie**

113. Sitzung — SIEGFRIED LENZ
13. Feb. 2004 — **Über Wahrnehmung und Darstellung historischer Figuren in der schönen Literatur**

114. Sitzung — HORST KÖHLER
12. März 2004 — **Die Lage der Weltwirtschaft**

115. Sitzung — REIMAR LÜST
2. April 2004 — **75 Jahre Quantentheorie und Werner Heisenberg**

116. Sitzung — MICHAEL BEHRENDT
8. Okt. 2004 — **Die Rolle der Schiffahrt im Rahmen der Globalisierung**

117. Sitzung — VOLKER RÜHE
12. Nov. 2004 — **Die neue transatlantische Agenda**

118. Sitzung — HANS-JOCHEN JASCHKE
10. Dez. 2004 — **Religion in der globalen Welt. Die islamistische Bedrohung als Herausforderung an eine wahre Religion**

119. Sitzung — LOKI SCHMIDT
11. Feb. 2005 — **Pflanzen an extremen Standorten**

120. Sitzung — KUAN YU CHIEN
11. März 2005 — **Das moderne China und seine Wurzeln in der alten Kultur, Geschichte und der Mentalität der Chinesen**

121. Sitzung — WOLFGANG PEINER
8. April 2005 — **Hamburg im Jahr 2015**

122. Sitzung — PETER SCHULZ
14. Okt. 2005 — **Rechtsentwicklung in China**

123. Sitzung — GERHART LAAGE
11. Nov. 2005 — **Demokratie als Bauherr, zum Beispiel Hamburg**

124. Sitzung — ULRICH CARTELLIERI
9. Dez. 2005 — **Vom Bankgewerbe zur Finanzindustrie – ein deutscher Sonderweg ins Abseits?**

125. Sitzung — ROSEMARIE WILCKEN
10. Feb. 2006 — **Die psychologische Situation der Ostdeutschen heute**

126. Sitzung — MANFRED LAHNSTEIN
10. März 2006 — **Antisemitismus – zur Geschichte eines Vorurteils**

127. Sitzung 14. April 2006	KLAUS FUSSMANN **Kunst – und Kunstpolitik heute**
128. Sitzung 15. Juni 2006	**Besichtigung des Airbus 380**
129. Sitzung 13. Okt. 2006	GIOVANNI DI LORENZO **Wohin geht Italien?**
130. Sitzung 10. Nov. 2006	HANS KÜNG **Die drei abrahamischen Religionen**
131. Sitzung 8. Dez. 2006	BERNHARD ANDREAE **Cleopatra und die Caesaren**
132. Sitzung 9. Feb. 2007	RICHARD VON WEIZSÄCKER **Nach 200 Jahren Lösung der offenen deutschen Frage am 1. Mai 2004**
133. Sitzung 9. März 2007	SIEGFRIED LENZ **Über Märchen**
134. Sitzung 13. April 2007	REIMAR LÜST **Über die Entstehung des Universums**
135. Sitzung 12. Okt. 2007	KLAUS-MICHAEL KÜHNE **Logistik und Globalisierung**
136. Sitzung 9. Nov. 2007	JEAN-CLAUDE TRICHET **The Euro Area After Eight and a Half Years – Successes and Challenges**
137. Sitzung 14. Dez. 2007	JAWAD AHMAD AL-ANANI **The Early History of Gulf Arabs and How to Explain What Goes on in the Gulf Region Now**

138. Sitzung
8. Feb. 2008
MICHAEL OTTO
Unternehmerische Verantwortung im Rahmen der Globalisierung

139. Sitzung
14. März 2008
MARTIN WILLICH
Warum und wann es möglich wurde, nicht nur das Leid der Opfer, sondern auch das der Deutschen infolge des Zweiten Weltkrieges in Filmen wie zum Beispiel »Die Flucht« oder »Dresden« zu thematisieren

140. Sitzung
11. April 2008
HENNING VOSCHERAU
Rückkehr des »Gerechten Krieges«?

141. Sitzung
15. Mai 2008
Besuch der HafenCity

142. Sitzung
10. Okt. 2008
HELMUT SCHMIDT
Die aufsteigende Weltmacht China

143. Sitzung
14. Nov. 2008
MICHAEL BLUMENTHAL
Wohin gehen die USA?

144. Sitzung
12. Dez. 2008
BARTHOLOMÄUS GRILL
Afrika und die Globalisierung

145. Sitzung
13. Feb. 2009
KLAUS ASCHE
Wohin geht Russland?

146. Sitzung
13. März 2009
SIEGFRIED LENZ
Geschichte erzählen – und Geschichten erzählen. Jorge Semprún

147. Sitzung
3. April 2009
HEINER GRETEN/REIMAR LÜST
Das Exzellenz-Problem der Wissenschaft in Deutschland

148. Sitzung
9. Okt. 2009
VOLKER PERTHES
Wohin geht Israel?

149. Sitzung
13. Nov. 2009
MANFRED LAHNSTEIN
Die Lage der Weltwirtschaft

150. Sitzung
11. Dez. 2009
STEFAN KORNELIUS
Wohin geht Afghanistan?

151. Sitzung
12. Feb. 2010
THEO SOMMER
Indien – Asiens zweiter Gigant

152. Sitzung
12. März 2010
REIMAR LÜST
Kernfusion und die Energieprobleme der Welt

153. Sitzung
9. April 2010
PETER SCHULZ
Die Wirklichkeit der Jugendstrafjustiz und des Vollzuges

Die Mitglieder der Freitagsgesellschaft

KLAUS ASCHE

geboren 1933 in Helmstedt, war nach dem volkswirtschaftlichen und juristischen Studium und der Promotion von 1970 bis 1996 im Vorstand der Holsten-Brauerei AG tätig, davon sechzehn Jahre als Vorstandsvorsitzender. Zahlreiche öffentliche Ämter, so unter anderem 1990 bis 1996 Präses der Handelskammer Hamburg, Vorstandsmitglied der ZEIT-Stiftung.

JUSTUS FRANTZ

geboren 1944, Schüler von Eliza Hansen an der Hamburger Hochschule für Musik und Darstellende Kunst, zählt seit den siebziger Jahren zu den erfolgreichsten deutschen Pianisten. Gründete 1986 das Schleswig-Holstein Musik Festival, dessen Intendant er bis 1994 war.

KLAUS FUSSMANN

geboren 1938 in Velbert, Maler und Grafiker. Seine Arbeiten wurden in zahlreichen Ausstellungen im In-und Ausland gezeigt und sind in vielen großen Sammlungen und Museen der Welt vertreten. 2008 umfassende Ausstellungen im Schleswig-Holsteinischen Landesmuseum Schloss Gottorf, in der Freien Akademie der Künste Hamburg sowie im Kunstverein Mannheim. 2009 erschienen von ihm Essays über bildende Künste (»Wahn der Malerei«, Pantheon Verlag). Vielfach ausgezeichnet, darunter mit dem Preis der Villa Romana Florenz, war er von 1974 bis 2005 Professor an der Hochschule der Künste, Berlin.

HEINER GRETEN

geboren 1939 in Bremen, 1980 bis 2004 Inhaber des Lehrstuhls für Innere Medizin an der Universität Hamburg und Ärztlicher Direktor am Universitäts-Krankenhaus Hamburg-Eppendorf. Mitglied der Deutschen Akademie der Naturforscher und Ärzte, Leopoldina, Halle, der Heidelberger Akademie der Wissenschaften und anderer wissenschaftlicher Gesellschaften. 1995/96 Präsident der Deutschen Gesellschaft für Innere Medizin.

HANS-JOCHEN JASCHKE

geboren 1941 in Beuthen/Oberschlesien, katholischer Theologe. 1967 Priesterweihe im Dom von Osnabrück, 1974 Promotion in Regensburg bei Joseph Ratzinger, 1989 Weihbischof in Hamburg und Schleswig-Holstein, 1995 Ernennung zum Weihbischof im Bistum Hamburg. 2000 war er Beauftragter der Bischofskonferenz zur Vorbereitung des Katholikentages und des Heiligen Jahres. Innerhalb der Bischofskonferenz ist er Mitglied der Ökumene-Kommission, der Kommission Weltkirche und Vorsitzender der Unterkommission für den interreligiösen Dialog.

GERHART LAAGE

geboren 1925, seit 1954 selbstständiger Architekt, 1961 Studienaufenthalt in der Villa Massimo, seit 1963 ordentlicher Professor an der Universität Hannover. 1955 bis 1970 Vorstandsmitglied und Ausschussvorsitzender im Bund Deutscher Architekten (BdA), 1990 bis 1992 Präsident der Bundesarchitektenkammer. Berater der Bundesregierung für die Hauptstadtplanung Bonn von 1977 bis 1982.

MANFRED LAHNSTEIN

geboren 1937 in Erkrath. Der Manager und Unternehmensberater war 1980 Chef des Bundeskanzleramtes, 1982 Bundesminister der Finanzen und ab 1983 tätig für die Bertelsmann AG, von 1998 bis 2004 als Sonderbeauftragter des Vorstandes. Zahlreiche Tätigkeiten in Unternehmensberatungen und Investmentgesellschaften. Seit 1986 lehrt er außerdem als Professor für Wirtschaftswissenschaften an der Hochschule für Musik und Theater in Hamburg.

SIEGFRIED LENZ

geboren 1926, zählt zu den bedeutenden und meistgelesenen Schriftstellern der Gegenwart. Für sein Werk wurde er mit vielen wichtigen Preisen ausgezeichnet, unter anderem mit dem Goethe-Preis der Stadt Frankfurt am Main und 2009 mit dem Lew-Kopelew-Preis für Frieden und Menschenrechte. Zuletzt veröffentlichte er die Novelle »Schweigeminute«, 2009 das Stück »Die Versuchsperson« sowie den Kurzroman »Landesbühne« und 2010 die Anthologie »Wasserwelten«.

HÉLÈNE VIDA-LIEBERMANN

geboren 1938, Fernsehjournalistin aus Frankreich, heiratete 1985 Rolf Liebermann, den im Januar 1999 verstorbenen Intendanten der Hamburger Staatsoper; schrieb das Libretto für Liebermanns letzte Oper »Foret«.

URSULA LINGEN

geboren 1928 als Tochter des Schauspielers Theo Lingen und der Sängerin Marianne Zoff. Begann ihre Bühnenlaufbahn 1947 am Volkstheater Wien, spielte dann in Berlin und seit den späten fünfziger Jahren vornehmlich am Bayerischen Staatsschauspiel München. Wurde 1989 als Nachfolgerin von Ida Ehre zur Prinzipalin der Hamburger Kammerspiele berufen, Rücktritt im Juli 1991.

REIMAR LÜST

geboren 1923 in Barmen, Astrophysiker. Gastprofessuren für Mathematik und Aeronautik am MIT (Massachusetts Institute of Technology) und für Astronomie und Aeronautik am Caltech (California Institute of Technology). Von 1963 bis 1972 Leiter des

Max-Planck-Instituts für Extraterrestrische Physik in Garching, 1972 bis 1984 Präsident der Max-Planck-Gesellschaft, von 1984 bis 1990 Generaldirektor der European Space Agency (ESA) und von 1989 bis 1999 Präsident der Alexander von Humboldt-Stiftung. 1998 engagierte er sich für die Neugründung und Entwicklung der International University Bremen (IUB), der er bis heute eng verbunden ist.

MICHAEL OTTO

geboren 1943, Aufsichtsratsvorsitzender der Otto Gruppe. 1981 bis 2007 Vorstandsvorsitzender der Otto Group, Hamburg. 1986 und 2001 Manager des Jahres. Zahlreiche Ehrenämter und Aufsichtsratsmandate, diverse Auszeichnungen, darunter der Deutsche Umweltpreis 1997 der Bundesstiftung Umwelt. Die 1993 von ihm gegründete Stiftung für Umweltschutz setzt sich für nachhaltige Entwicklungen ein mit dem Ziel, nachfolgenden Generationen eine lebenswerte Umwelt zu erhalten.

ALFONS PAWELCZYK

geboren 1933, in den fünfziger Jahren Polizeibeamter in Berlin, anschließend bis 1969 Angehöriger der Bundeswehr (Oberst a.D.). Seit 1961 Mitglied der SPD, von 1969 bis 1980 Mitglied des Deutschen Bundestages, seit 1980 Mitglied des Senats der Freien und Hansestadt Hamburg, 1980 bis 1984 und 1986/87 Präses der Behörde für Inneres, 1986 bis 1988 Senator für das Personalamt.

WOLFGANG PEINER

geboren 1943 in Hamburg, nach der Ausbildung zum Speditionskaufmann Studium der Betriebswirtschaftslehre, 1973 Promotion, 1978 Zulassung als Wirtschaftsprüfer. 1990 bis 2001 Vorsitzender des Vorstands des Gothaer Versicherungskonzerns, 1993 bis 1998 im Verwaltungsrat der Treuhandanstalt. 2001 bis 2006 Finanzsenator der Freien und Hansestadt Hamburg sowie Bundesschatzmeister der CDU; seit 2009 Vorsitzender des Verwaltungsrats des NDR.

VOLKER RÜHE

geboren 1942 in Hamburg, von 1968 bis 1976 im Hamburger Schulwesen tätig (Oberstudienrat a.D.). Seit 1963 Mitglied der CDU, seit 1976 Mitglied des Deutschen Bundestages. Von 1982 bis 1989 und von 1998 bis 2002 stellvertretender Fraktionsvorsitzender der CDU/CSU-Bundestagsfraktion, 1989 Generalsekretär der CDU. Von 1992 bis 1998 Bundesminister der Verteidigung. 1998 bis 2000 stellvertretender Bundesvorsitzender der CDU. 2002 bis Oktober 2005 Vorsitzender des Auswärtigen Ausschusses.

HELMUT SCHMIDT

geboren 1918 in Hamburg. Nach den dem Militärdienst Studium der Volkswirtschaft. Von 1961 bis 1965 Innensenator in Hamburg, von 1967 bis 1969 Fraktionsvorsitzender der SPD-Bundestagsfraktion, von 1969 bis 1972 Bundesminister der Verteidigung, 1972 bis 1974 Bundesfinanzminister. Von 1974 bis 1982 Bundeskanzler. Seit 1983 Mitherausgeber der Wochenzeitung *DIE ZEIT*.

THEA LOUISE SCHÖNFELDER

geboren 1925 in Hamburg, war nach dem Medizinstudium von 1957 bis 1987 Kinder- und Jugendpsychiaterin an der Universitätsklinik Hamburg-Eppendorf mit dem Schwerpunkt Familientherapie und körperbezogene psychotherapeutische Verfahren; von 1970 bis zu ihrer Emeritierung 1987 zugleich Lehrstuhlinhaberin und Abteilungsdirektorin.

PETER SCHULZ

geboren 1930 in Rostock. Sommer 1949 Flucht in den Westen. Studium der Rechte in Hamburg, seit 1959 Rechtsanwalt. SPD-Mitglied. 1961 Wahl in die Bürgerschaft der Freien und Hansestadt Hamburg, von 1966 bis 1970 Justizsenator, 1970/71 Schulsenator, von 1971 bis 1974 Präsident des Senats, danach wieder Rechtsanwalt und Gründung der Sozietät »Schulz, Noack, Bärwinkel«. Von 1978 bis 1986 Präsident der Bürgerschaft. Nach dem Fall der Mauer

Aufbau einer Anwaltskanzlei in Rostock. 1995 Gründung einer Niederlassung in Shanghai. 2006 Verleihung der Ehrendoktorwürde durch die Universität Rostock.

VOLKER SOERGEL

geboren 1931 in Breslau, Studium der Physik an der Universität Freiburg, 1967 bis 1996 Professor der Physik an der Universität Heidelberg; 1979/80 Mitglied des CERN-Direktoriums, 1981 bis 1993 Vorsitzender des Direktoriums der Stiftung Deutsches Elektronensynchrotron DESY. 1996 bis 2000 geschäftsführender Direktor des Max-Planck-Instituts für Physik, München.

HEINZ SPIELMANN

geboren 1930 in Hattingen/Ruhr, Studium der Architektur, Kunstgeschichte und Philosophie in Aachen und Stuttgart, promovierte 1959 über Palladio und die Antike; seit 1960 Leiter der modernen Abteilung des Museums für Kunst und Gewerbe in Hamburg, 1986 bis 1998 Landesmuseumsdirektor des Landes Schleswig-Holstein und Direktor des Schleswig-Holsteinischen Landesmuseums. 2002 bis 2005 Direktor des Bucerius Kunst Forums. Herausgeber der Schriften von Oskar Kokoschka. Verfasser der Werkverzeichnisse zur Druckgrafik von Willi Baumeister.

KATHARINA TREBITSCH

geboren 1949 in Hamburg, Studium der Rechtswissenschaften in München. 1980 Eintritt in die 1960 von Gyula Trebitsch gegründete Film- und Fernsehproduktionsgesellschaft, 1991 bis 2004 geschäftsführende Gesellschafterin und Vorsitzende der Geschäftsführung der Trebitsch Produktion. 2004 Gründung der Filmproduktionsfirma Trebitsch Entertainment GmbH.

HAUKE TRINKS

geboren 1943 in Berlin, aufgewachsen in Schweden, Studium der Physik in Bonn und Freiburg, Professor für Messtechnik mit den

Forschungsschwerpunkten Satellitentechnik, Umweltmesstechnik und elektromagnetische Verträglichkeit. Von 1974 bis 1982 Professor an der Universität der Bundeswehr in Hamburg, seit 1982 an der Technischen Universität Hamburg-Harburg, von 1993 bis März 1999 deren Präsident.

HENNING VOSCHERAU

geboren 1941 in Hamburg, Studium der Volkswirtschaftslehre und der Rechtswissenschaften, 1969 Promotion, seit 1974 Notar in Hamburg. 1966 Eintritt in die SPD, von 1974 bis 1997 Mitglied der Bürgerschaft. Von 1988 bis 1997 Erster Bürgermeister der Freien und Hansestadt Hamburg, von 1992 bis 1994 Vorsitzender der Gemeinsamen Verfassungskommission des Deutschen Bundestages und des Bundesrates. Seit 2003 gehört er dem Vorstand der Deutschen Nationalstiftung an.

MAX M. WARBURG

geboren 1948 in New York als Sohn von Eric M. Warburg. Studium der Volkswirtschaftslehre und der Rechtswissenschaften in Hamburg, Freiburg und Heidelberg. 1978 Eintritt in die M.M. Warburg & CO KGaA, Hamburg, seit 1982 Mitinhaber des Bankhauses, das er in den letzten Jahren durch Übernahme verschiedener deutscher Privatbanken und anderer Unternehmen entscheidend vergrößert hat.

MARTIN WILLICH

geboren 1945 in Erfurt, Studium der Rechtswissenschaften, 1978 Promotion. Anschließend Justitiar im Vorstandsbüro der Firma Reemtsma. 1980 Mitglied der Geschäftsführung der Studio Hamburg GmbH, seit 1984 als Vorsitzender, CDU-Mitglied seit 1965, 1982/83 und 1986/87 Präsident der Hamburgischen Bürgerschaft, der er bis 1997 angehörte. 2005 wurde er ins Hamburgische Verfassungsgericht gewählt.

Die Gastredner

BARTOLOMÄUS GRILL

geboren 1954, berichtet seit fast zwei Jahrzehnten für die *DIE ZEIT* aus Afrika. Für seine journalistische Arbeit erhielt er zahlreiche Auszeichnungen, unter anderen den Egon-Erwin-Kisch-Preis. Sein Bestseller »Ach, Afrika« wurde vom *Spiegel* als bestes deutschsprachiges Buch über den Kontinent gefeiert.

HANS KÜNG

geboren 1928 in Sursee/Schweiz, studierte an der Päpstlichen Universität Gregoriana in Rom Philosophie und Theologie und nahm als Experte am Zweiten Vatikanischen Konzil teil. Der wohl bekannteste katholische Kirchenkritiker ist Präsident der von ihm gegründeten »Stiftung Weltethos«.

HUBERT MARKL

geboren 1938 in Regensburg, Studium der Biologie, Chemie und Geographie, hat Biologie in Frankfurt, Darmstadt und Konstanz gelehrt. Von 1996 bis 2002 war er Präsident der Max-Planck-Gesellschaft, seit 2010 gehört er dem Kuratorium der ZEIT-Stiftung an.

LOKI SCHMIDT

geboren 1919, arbeitete über dreißig Jahre lang als Lehrerin in Hamburg. 1976 gründete sie die »Stiftung zum Schutz gefährdeter Pflanzen«, 1989 erhielt sie für ihre Verdienste um den Naturschutz den Professorentitel der Universität Hamburg. Sie ist seit 1942 mit Helmut Schmidt verheiratet und seit 1985 Gastgeberin der Freitagsgesellschaft.

WOLF SINGER

geboren 1943 in München. Der Neurophysiologe und Hirnforscher ist seit 1981 Direktor am Max-Planck-Institut für Hirnforschung in Frankfurt. 2004 gründete er das Frankfurt Institute for Advanced Studies (FIAS), dessen Ziel die Förderung der Spitzenforschung auf den verschiedenen Gebieten der theoretischen Naturwissenschaften ist.

RICHARD VON WEIZSÄCKER

geboren 1920 in Stuttgart, hatte nach einer erfolgreichen Karriere in der Industrie zahlreiche öffentliche Ämter inne. Er war unter anderem Präsident des Evangelischen Kirchentags, Regierender Bürgermeister von Berlin und von 1984 bis 1994 der sechste Bundespräsident.